D0563978

L'homme au déficient manteau

Du même auteur

Un minou fait comme un rat, Leméac, 1982.

Croquenote, La Courte Échelle, 1984.

De Laval à Bangkok, Québec/Amérique, 1987.

Guy Lafleur. L'Ombre et la lumière, coédition Art Global/ Libre Expression, 1990.

Overtime, Viking, 1991.

Christophe Colomb. Naufrage sur les côtes du paradis, Québec/ Amérique, 1991.

Le Moulin Fleming, LaSalle et ministère des Affaires culturelles, 1991.

Québec-Québec, Art Global, 1992.

Inuit. Les Peuples du froid, Libre Expression, 1995.

Le Génie québécois. Histoire d'une conquête, Libre Expression et Ordre des ingénieurs du Québec, 1996.

Céline, Libre Expression, 1997.

Le Château, Art Global, 2001.

Les Coureurs des bois. La Saga des Indiens blancs, Libre Expression et Musée canadien des civilisations, 2003.

Thérèse Dion. La vie est un beau voyage, Libre Expression, 2006.

Georges-Hébert Germain

L'homme au déficient manteau

Libre Expression
QUEBECOR MEDIA

Catalogage avant publication de Bibliothèque et Archives Canada

Germain, Georges-Hébert, 1944-

    L'homme au déficient manteau

    ISBN 978-2-7648-0340-0

    1. Favreau, Marc, 1929-2005. 2. Humoristes québécois – Biographies.
I. Gérin, Micheline. II. Titre.

PN2308.F38G47 2007   792.2'3092   C2007-941867-8

Édition
ANDRÉ BASTIEN
Direction littéraire
ROMY SNAUWAERT
Conception de la couverture
MARIKE PARADIS
Infographie et mise en pages
ÉDISCRIPT

Remerciements

Les Éditions Libre Expression reconnaissent l'aide financière du gouvernement
du Canada par l'entremise du Programme d'aide au développement de l'industrie
de l'édition (PADIÉ) pour ses activités d'édition. Nous remercions le Conseil des Arts
du Canada et la Société de développement des entreprises culturelles du Québec
(SODEC) du soutien accordé à notre programme de publication. Gouvernement
du Québec – Programme de crédit d'impôt pour l'édition de livres – gestion SODEC.

Les Éditions Libre Expression
Groupe Librex inc.
La Tourelle
1055, boul. René-Lévesque Est
Bureau 800
Montréal (Québec) H2L 4S5
Tél. : 514 849-5259
Téléc. : 514 849-1388

Dépôt légal – Bibliothèque et Archives nationales du Québec
et Bibliothèque et Archives Canada, 2007

ISBN 978-2-7648-0340-0

Diffusion au Canada
Messageries ADP
2315, rue de la Province
Longueuil (Québec) J4G 1G4
Téléphone : 450 640-1234
Sans frais : 1 800 771-3022

Diffusion hors Canada
Interforum

Les clowns seuls n'ont pas de problèmes de vie et de mort vu qu'ils ne se présentent pas au monde par voie familiale. Ils ont été inventés sans lois de la nature et ne meurent jamais, car ce ne serait pas drôle.

Émile Ajar
La Vie devant soi

Le samedi des cendres

Le 10 juin 2006, une grosse pluie froide battue par de méchants vents tombait, inlassable et entêtée, sur les Cantons-de-l'Est. On se serait cru en novembre. Tout était gris, agité et mouillé. Micheline, ses enfants, Marie-Claude et Patrice, ses petits-enfants, son gendre Philippe et Claude sa belle-fille, quelques très proches amis, sont allés le matin au cimetière d'Abercorn mettre en terre les cendres de leur cher Marc. Pas toutes ses cendres, cependant... En fait, Micheline avait d'abord pensé les étendre toutes au pied d'un saule qu'on allait planter dans l'après-midi quand tous les amis seraient réunis. C'était ce que Marc avait souhaité. Quelques jours avant son grand départ, dans les tout derniers moments qu'il passait avec Micheline, comprenant tous deux l'inéluctable, il avait dit qu'il voulait que ses cendres soient mêlées à cette terre d'Abercorn qu'il avait tant aimée, travaillée, défrichée, parcourue de long en large depuis près de quarante ans.

« Je pourrais planter un arbre et les mettre au pied », avait-elle proposé. Il avait bien aimé l'idée. « Quelle sorte d'arbre tu voudrais ? » a-t-elle demandé. Elle pensait qu'il choisirait un chêne, un hêtre ou un noyer, peut-être un cerisier d'automne, un grand arbre noble au bois dur et utile, de ceux qu'il aimait. Il a répondu : « Un saule ornemental. » C'est une petite chose souple et échevelée, jolie et inutile, dont les feuilles vert panaché rosissent à l'automne. C'était l'arbre qu'il avait choisi, à quelques jours de sa mort.

En attendant le printemps, les cendres ont passé l'hiver dans une urne de bois d'érable posée sur le piano de la grande maison. La femme de ménage, Mme Marchessault, d'abord effrayée, s'est habituée à leur présence et parfois leur parlait, quand elle époussetait les meubles ou passait l'aspirateur dans la grande pièce.

Un jour d'hiver, Marie-Claude a pensé que si jamais on vendait un jour Abercorn (c'est ainsi qu'on désigne dans la famille le domaine que Marc et Micheline ont construit à l'écart de ce charmant petit village des Cantons-de-l'Est, à deux pas de la frontière américaine)... si jamais on vendait Abercorn, on n'aurait plus accès à Marc. Micheline est donc allée acheter un terrain au cimetière du village pour y inhumer une partie des cendres de l'homme de sa vie. Un artisan de Sutton est venu chercher une grosse pierre à l'orée du bois, derrière la maison. Il l'a polie et a gravé dessus *Marc Sol Favreau* (1929-2005).

Ce matin, donc, Micheline est montée dans la voiture de Daniel Roussel, le metteur en scène avec qui Marc avait plusieurs fois travaillé, qu'il tenait en grande amitié et avec qui il entretenait encore des projets au moment de sa mort. Elle tenait sur ses genoux la petite urne qui contenait une partie des cendres de son mari. Patrice et Marie-Claude avaient cueilli des fleurs, ses fleurs, autour de la maison. Fleurs de saison, lilas, pivoines, quelques iris hâtifs, quelques trilles. Il pleuvait toujours des cordes quand ils ont traversé le village et sont entrés au petit cimetière tranquillement étendu à flanc de colline. Micheline a placé l'urne dans la fosse où s'amassait l'eau de pluie. Chacun y a jeté un peu de terre.

Claude, la femme de Patrice, avait apporté une orange coupée en deux moitiés qu'elle a placées de chaque côté de la stèle. L'orange était le fruit emblématique de Marc. Il lui prêtait des vertus thérapeutiques, quasi magiques. Tous les matins que le bon Dieu amenait, à Abercorn, à Montréal, à Paris ou ailleurs, où qu'ils fussent, Marc faisait du jus d'orange pour tout le monde. Pour lui d'abord, parce qu'il était presque toujours le premier levé, le premier arrivé dans la cuisine. Pour Miche ensuite. Puis, au fur et à mesure qu'émergeaient les enfants, les invités, les amis. Et il insistait pour qu'on le boive tout frais pressé, « autrement, disait-il, tu perds du goût et beaucoup de vitamines ». Il s'activait donc sur son presse-jus chaque fois que quelqu'un apparaissait dans la cuisine. Marc était le grand maître du jus d'orange. Ainsi commençait, de son vivant, chacune de ses journées. Ainsi commença sa première journée d'inhumé au cimetière d'Abercorn. Sous la pluie et dans le parfum de la terre mouillée, des fleurs de saison et de l'orange.

Marc parti, Miche et les enfants ont continué de faire du jus d'orange tous les matins. En pensant chaque fois à lui, immanquablement. Pour tous ceux de la tribu des Favreau, parents et amis, l'orange est à jamais un fruit, un goût, un parfum « marqué ». On ne boit pas de jus d'orange sans penser à lui. Les petits matins aussi font souvent penser à lui, parce qu'il les aimait et les fréquentait. Et les fêtes, bien sûr. « Il nous a donné le sens de la fête », disent souvent ses amis.

Plus tard, en cette journée du 10 juin 2006, autour de Micheline, de Marie-Claude et de Patrice, quelque soixante-quinze amis se sont réunis pour célébrer la mémoire de Marc. Il faisait toujours un temps de chien. Micheline avait fait dresser un grand chapiteau tout blanc près du potager, devant la grande maison. Les tables étaient couvertes de nappes blanches, avec des fleurs au milieu. Le vent secouait violemment les murs de toile. Mais nous étions bien, comme dans une sorte de nacelle, emportés, hors du monde. Et on a fait bonne chère et bu de grands vins. Tout le monde était là, les amis, jeunes et moins jeunes, sauf quatre ou cinq, des artistes en tournée à l'autre bout du Québec ou en Europe ou ailleurs.

Même David Stansfield et sa femme Denise Boiteau étaient arrivés la veille au soir de Los Angeles. D'autres étaient venus de Paris, de Bordeaux, de Provence. Aucun des membres de la famille biologique de Marc n'était là, ses deux grands frères étant décédés et la santé de sa sœur aînée et de son frère puîné ne leur permettant pas de participer à un tel événement. La famille de Micheline, par contre, y était au grand complet, sa sœur Denyse, ses frères Claude, Pierre, André.

Il y avait la table d'Abercorn autour de laquelle se trouvaient Sylvie Lebel, l'horticultrice ; Mme Huguette Marchessault, la femme de ménage avec qui Marc aimait tant rire ; M. Richard Daigneault, l'indispensable homme à tout faire, l'homme de confiance de Marc et Micheline qui en leur absence prenait soin de tout. Ils ont été, autant que les artistes, les comédiens, les écrivains assis aux tables voisines, des amis très chers, des complices pour qui le défunt maître de céans n'était surtout pas Sol, mais M. Favreau ou Marc. La famille de Micheline, par contre, se trouvait au centre du chapiteau. Nous étions groupés autour d'elle, attentifs, émus et remplis d'une sereine et paisible joie.

Dans les conversations, on a entendu plusieurs fois : « Si Marc nous voit dans le moment, c'est sûr qu'il rit. » De son vivant, voir l'ordre des choses dérangé lui faisait toujours infiniment plaisir… Et ce jour-là, il était servi : le temps était proprement espiègle, le vent fripon, polisson, gredin, délinquant, toutes qualités qu'adorait et que cultivait Marc Favreau. Une belle journée bien sage, un gros et chaud soleil dans un ciel lisse et bleu, sans histoire, l'auraient sans doute ennuyé. Et nous aurions été moins ensemble ; nous nous serions éparpillés dans la magnifique nature qui nous entourait. Le mauvais temps, en nous enfermant sous le chapiteau, nous a rapprochés. Et nous étions contents de parler de lui, de ses passions et de ses dons, de ce qu'il aimait, la forêt, le vent, le vin, la fête, de ce qu'il détestait, les imbéciles, le pouvoir aveugle, les guerriers, les gros riches, les repus, les satisfaits d'eux-mêmes...

Rarissimes étaient ceux parmi nous qui, en temps normal, en dehors de cette nacelle, douillet cocon, croyaient en Dieu le Père tout-puissant ou en un au-delà accueillant. Mais ce jour-là, tout le monde parlait de Marc comme s'il était « toujours vivant », comme s'il était entré dans un autre monde, inconnu, mais confortable et fort agréable, le paradis, en quelque sorte, auquel ce jour-là, à Abercorn, sous la pluie battante et brutale, tout le monde croyait.

Il y eut des discours. Touchants, souvent très drôles, qui tournaient immanquablement en de longues discussions auxquelles plein de gens participaient. Benoît Girard a parlé de son ami Marc, l'homme surdoué, insaisissable, éparpillé, tant dans la mort que de son vivant, l'incorrigible saltimbanque, le nomade qui ne pouvait évidemment pas se contenter d'un seul lieu de repos. Et on s'est rappelé que Marc et Miche ont presque toujours eu trois pied-à-terre, au moins, Paris, Montréal, Abercorn, et qu'ils se trouvaient le plus souvent dans leur « char », en tournée ou en train de faire des courses à gauche et à droite parce qu'ils se préparaient à recevoir des amis.

Et, de table en table, on s'interrogeait sur la sorte d'homme qu'avait été ou qu'avait voulu être Marc. Plus artiste qu'intellectuel sans doute, meilleur dessinateur que musicien, plus fin causeur que polémiste engagé. Mais tout cela, certainement. Et un bricoleur d'une stupéfiante habileté, un forestier, un défricheur, un travailleur de la terre. Un rieur invétéré, mais aussi un grincheux, un chialeux, comme disait sa fille qui l'aimait tendrement.

On a parlé aussi, au moins cent fois, de son grand amour pour Micheline et de la chance inouïe qu'il avait eue qu'elle soit dans sa vie. Quelqu'un a dit qu'il voulait plaire à tout le monde, qu'il détestait l'esbroufe, mais qu'il aimait bien qu'on remarque ses savoir-faire. Et de nombreux verres de rouge et de blanc se sont levés pour célébrer sa passion du bon boire et du bon manger, son amour de la vie. L'unanimité fut faite sur un point : cet homme était doué pour le bonheur. Tout le monde s'entendait là-dessus : Marc Favreau a été un homme heureux et il a mené une vraie belle vie.

Vers 15 heures, nous déployâmes nos parapluies, fîmes un grand cercle dans l'herbe mouillée, au centre de cette immense clairière que Marc a créée au cœur de la forêt, dans laquelle il a érigé maisons et bâtiments et où avec Miche il a reçu mille et une fois des amis, car Abercorn a toujours été un lieu de très haute convivialité. Patrice et Sylvie, la jardinière des lieux, ont planté le petit saule décoratif dans une bonne terre à jardin mélangée à une partie des cendres de Marc. Et on a posé à son pied menu une pierre où Micheline avait fait graver ces mots : « Mon amour, mon ami. » Et nous sommes restés un moment silencieux, recueillis. Il y eut une petite accalmie ; on a vu, un court moment, quand entre deux masses nuageuses est paru un pâle soleil, l'univers de Marc et de Micheline se déployer autour de nous, très vert, luisant. La grande maison, le jeu de croquet qu'il avait tenu à installer en terrain accidenté, le foyer extérieur qu'il avait construit avec Patrice, la piscine là-bas entourée de si jolies plates-bandes, le hangar où dormaient son tracteur et son très cher VTT, sa tronçonneuse, sa déchiqueteuse et tous ses moteurs, la remise où il rangeait ses innombrables outils, presque maniaquement, parce qu'il aimait l'ordre, et là-bas, derrière les bâtiments, ses chemins qui s'enfonçaient dans les bois, les beaux grands arbres sous le vent et la pluie revenus.

Ce printemps-là, le premier depuis la mort de Marc, un ours était venu quelques fois rôder autour de la maison d'Abercorn. M. Daigneault l'avait aperçu un matin. Mme Marchessault aussi, un jour qu'elle secouait les tapis... Des voisins l'avaient vu aussi, en plein jour, très calme, tout à son affaire. Quelqu'un a dit alors : « C'est peut-être Marc qui s'est réincarné en ours », ce qui a fait rire Micheline. « Rien ne ressemble moins à Marc qu'un ours », disait-elle. Marc Favreau était en effet tout le contraire d'un ours, il aimait voir plein de monde, il aimait être le centre d'attraction, faire rire, faire penser, faire fâcher, mystifier aussi et parfois parler pour parler, s'obstiner sur des riens, jouer des tours. « Il était plutôt du genre renard », pensait Micheline. Et elle ajoutait : « Mais comme il aimait jouer des tours, justement, ça se pourrait bien qu'il ait décidé de se réincarner en ours. Avec lui, faut s'étonner de rien. »

En fait, de son vivant, Marc Favreau se plaisait à dire à ses frères humains qu'il aurait assez aimé être une pieuvre pour pouvoir, dans une réception ou un cocktail, tenir en même temps un verre, un mouchoir, un canapé, une cigarette... et serrer des mains et faire des caresses aux belles femmes.

Mais encore plus qu'en pieuvre, c'est probablement en chat qu'il aurait aimé se réincarner. Il lui trouvait, au chat, les plus belles qualités : la force, la ruse, la souplesse et surtout la suprême indépendance. Il disait que le meilleur ami de l'homme, c'est le chat, pas le chien, qui est servile et chauvin.

Marc Favreau ne fut ni pieuvre, ni chat, ni ours, ni renard. Il fut un homme de son temps, un homme, totalement, tout simplement, tout bonnement.

1

Enfance

Marc Favreau, l'homme, n'avait rien d'enfantin. Qui l'a connu de son vivant (très bon vivant) vous le dira. Et aussi qu'il était peut-être la personne au monde qui ressemblait le moins à Sol. Rien d'innocent, chez lui. Marc était, être rare dans notre monde, un adulte accompli et assumé, vraiment pas naïf, pas du tout auguste, détenteur de nombreux savoir-faire manuels et surtout pas dépendant de qui que ce soit. Sauf peut-être de Micheline, la femme de sa vie, sa muse, de qui il avait choisi de son plein gré de dépendre. Marc Favreau était un être autonome, hautement civilisé, rationnel et réfléchi, inquiet, comme il se doit, de voir le monde aller de mal en pis, mais capable néanmoins de profiter des douceurs de la vie, d'en apprécier les charmes, d'en goûter les beautés et même les délicieux et doux poisons – tabac, whisky, foie gras – auxquels Sol, lui, n'aurait jamais touché.

Quand Marc Favreau a vu le jour, c'était la nuit, en fait, autour de 5 heures du matin, le 9 novembre 1929, un samedi, seize jours après le Black Thursday du grand krach de Wall Street qui allait plonger l'Amérique et, à sa suite, le monde presque entier dans une superdépression qu'on a appelée fort joliment la Grande Crise. Marc Favreau a dit et répété qu'il n'y était absolument pour

17

rien. Et, puisque sa famille n'a pas semblé être sérieusement touchée par le sinistre économique, il en a conclu qu'il était sans doute arrivé au bon moment, peut-être même « comme une espèce d'antidépresseur ».

Les natifs du 9 novembre 1929 sont du signe du Scorpion. Dans l'astrologie chinoise, ce sont des Serpents. Pour Marc Favreau, l'astrologie n'était ni plus ni moins qu'une aimable niaiserie. Contrairement à beaucoup d'artistes, il n'était pas superstitieux, vraiment pas, ni religieux. Il était encore à l'école qu'il se disait agnostique. Il se faisait quand même un plaisir, quand on lui demandait ses signes, de se déclarer bien fièrement Scorpion et Serpent. Parce que ce sont des signes mal-aimés de la majorité des gens ; le serpent et le scorpion sont en effet des animaux pas très recommandables, auxquels personne ne désire ressembler et que personne ne souhaite même avoir dans sa cour ou sa maison. La majorité des gens voudraient, paraît-il, avoir pour signes le Lion et le Dragon ou le Singe ; Marc, lui, aimait faire autrement, désirer autrement, aimer autrement, vivre autrement que tout le monde.

Voyons quand même ce qu'on trouve au sujet du Serpent et du Scorpion, quand on jette un rapide coup d'œil à la grande Toile. Le Serpent, nous dit-on, se sait craint, mais il aime plaire. Il fait tout pour être vu de tous ceux qui l'entourent et il n'hésite pas à rechercher de la compagnie par tous les moyens. Beau parleur, il drague sans cesse, pas nécessairement pour nourrir ses appétits sexuels, mais pour le pur plaisir de séduire. Le Serpent est un agréable compagnon.

En prenant de l'âge, s'il n'est pas trop malmené par la vie, le côté « sage » de sa personnalité prendra le dessus, et si sa tendre moitié ne flamboie pas trop fort et ne lui fait pas trop d'ombre, il sera un excellent compagnon, loyal, très serviable, soumis même, faisant tout pour que l'autre soit heureux.

Marc a passé sa petite enfance en milieu bourgeois, dans la classe moyenne aisée et cultivée, à Saint-Léonard-de-Port-Maurice dans la partie nord-est de l'île de Montréal, encore très rurale à l'époque. Il était le quatrième d'une famille qui allait, moins de deux ans après sa naissance, avec l'arrivée de Bernard, le petit dernier, compter cinq enfants : Renée, l'aînée, la seule fille, Jules-André, Gérald, Marc, Bernard. Mme Favreau avait eu, en plus, deux enfants morts en bas âge et deux fausses couches. Neuf grossesses, quelques fantômes, des mystères... Famille normale.

Marc a beaucoup écrit et monologué sur l'enfance, cet « heureux âge où on peut s'instruire dans le plaisir, sans contrainte ni obligation, où on est son propre professeur ». Mais il parlait de l'enfance en général, l'enfance idéale, rêvée. Très peu de la sienne, en fait, qui n'a jamais semblé l'inspirer beaucoup.

Il gardait tout de même quelques souvenirs qui remontaient à sa petite enfance, des souvenirs qui n'en étaient parfois pas vraiment, mais plutôt des histoires qu'on lui avait racontées et qu'il s'est maintes fois remémorées devant ses amis parce qu'elles le faisaient rire. Celle-ci, par exemple.

Il avait quatre ou cinq ans. La famille habitait encore à Saint-Léonard. Une voisine avait donné un chaton aux Favreau. Marc était très content et jouait avec la jolie petite bête. Il aimait déjà les chats plus que les chiens. Sa mère, une jeune femme digne et polie ayant été élevée à Westmount et éduquée par les bonnes sœurs de Villa Maria, lui a dit qu'il devait aller remercier la voisine. Quand il a aperçu la dame dans son jardin, Marc est allé lui parler sous l'œil attendri de sa maman. La voisine a demandé si le chaton était heureux chez lui. Et l'enfant a répondu que oui. « Il joue avec la mousse qu'il y a sous les lits. »

Quand il racontait cette histoire, qu'il tenait, croyait-il, de Renée sa sœur aînée, Marc finissait par dire : « Vous auriez dû voir la tête de ma mère quand, le soir, elle a raconté à mon père ce que j'étais allé dire à la voisine. » Il adorait cet humour naïf et innocent, cadeau du hasard et du ciel. Comme cette trouvaille dont il parlera souvent aux journalistes, l'attribuant tantôt à son fils Patrice, tantôt à son petit-fils Laurent qui, vingt ou trente ans plus tard, ayant entendu à la radio que les cols bleus allaient être en grève, a demandé à son père ou à son grand-père : « Elle est où, Marc, l'école bleue ? »

Marc n'était pas innocent. « Innocent », ça peut vouloir dire : qui n'est pas souillé par le mal. Mais nous parlons ici de l'innocence épaisse et naïve de ceux qui croient aux chimères, qui gobent fadaises et balivernes. Selon Bernard, aujourd'hui seul témoin de l'enfance de Marc, celui-ci ne s'en laissait pas conter, même s'il a passé son enfance dans un monde qui respectait plein de dogmes, avalait sans trop réfléchir des vérités fondamentales, incontestables et indiscutables imposées par une autorité cassante et aveugle, sûre de sa légitimité. Et il a su très vite se soustraire à cette autorité, à toute autorité. Marc Favreau a toujours été un esprit libre, comme disaient certains de ses amis, un *lonesome cowboy*.

Il n'est donc pas resté proche de sa famille. Il a toujours dit qu'il était content de ne pas être l'aîné (« Aîné, tu dois donner l'exemple ou être un modèle, rien de pire que les exemples ou les modèles »), ni le benjamin, le petit dernier (« Petit dernier, tu te fais chouchouter, rien de pire ; tu étouffes »). Marc, enfant, n'avait envie ni de responsabilités ni de chouchoutages. Marc adulte non plus. Il a été un mari et un père tout à fait convenable et responsable (« J'assomme mes responsabilités », disait-il). Mais il s'est toujours senti très libre. A toujours été totalement indépendant, faisant son affaire, ses affaires, comme il l'entendait. Il l'a souvent dit d'ailleurs, par le truchement de Sol : « La seule chose à faire dans la vie, c'est de suivre sa voix. Pas n'importe quelle voix. T'occupe pas des voisins, t'occupe pas des voisines, c'est des voix d'évitement. Tu suis ta petite voix qui monte de l'intérieur et qui te dit de faire l'enfant. »

Faire l'enfant, ce n'est pas être un enfant, c'est jouer à l'enfant, pour échapper aux contraintes, aux ordres. Lisez Marc Favreau, écoutez ses monologues ; son œuvre est une perpétuelle tentative d'évasion. Mieux, c'est une évasion réussie. Marc Favreau a vécu, mine de rien, parmi nous, en faisant vraiment ce qu'il voulait faire.

Quand il était tout petit, il adorait son grand-père Favreau, menuisier de son métier, qu'il décrivait comme très grand, très fort, avec une barbe blanche, des mains énormes. Personne parmi ses proches, pas même Miche, n'ayant connu ce grand-père, il a pu le grandir, l'agrandir, le magnifier à sa guise. Et il ne s'en est sans doute jamais privé. Ce grand-père était son héros. Peut-être un peu aussi sa créature, un personnage à lui.

Les grands-parents Favreau avaient eu treize enfants, dont Paul, le père de Marc, était l'aîné. Celui-ci avait dû quitter l'école très tôt pour aider la famille. Mais il s'était malgré tout instruit, il était habile de ses mains, il avait toujours beaucoup lu, dessiné et peint, il savait lire la musique et jouait bien du piano. Il gagnait fort bien sa vie en rénovant les succursales de la Banque provinciale du Canada (aujourd'hui la Banque nationale du Canada, après la fusion, en 1979, avec la Banque canadienne nationale), agissant comme architecte même s'il n'avait pas de diplôme. L'Ordre des architectes du Québec, qui régit et encadre la profession, a été créé en 1973 seulement. À l'époque, dans les années 1930 et 1940, il suffisait d'avoir du talent pour exercer la profession. Et Paul Favreau, s'il n'avait pas de diplôme, avait suffisamment de talent pour s'être taillé dans ce milieu une enviable réputation.

Est-ce à cause de ce père qui pratiquait une profession sans diplôme que Marc, homme de culture et d'étude, n'a jamais aimé les collèges, les ordres, les unions, les écoles, et qu'il n'a jamais eu de diplôme, jamais même terminé son secondaire ? Marc Favreau, parfait individualiste, a été un autodidacte. Il a toujours vu dans l'individu la suprême valeur, que ce soit dans le domaine politique, culturel ou social. L'individu était pour lui responsable de ses actes et l'artisan de son bonheur ; idéalement, il ne devait rien à personne.

Paul Favreau, son père, a eu du succès. Il a été le chef d'une bonne famille bourgeoise. Lui et sa femme Esther ont inculqué aux enfants le goût de l'art. Tout le monde dans la famille dessinait et lisait, faisait ou écoutait de la musique. Le dimanche, après le repas du midi, Paul accompagnait sa femme au piano. Elle chantait bien, des arias, des romances et des airs d'opéra, des lieder de Schubert. Est-ce en raison de ces parents qui faisaient de la musique ensemble, qui parlaient ensemble de leurs lectures que Marc, cet incorrigible individualiste, ce fieffé *lonesome cowboy*, a toujours vu le couple, un homme et sa femme, une femme et son homme, comme fondamental, nécessaire ? Marc et Miche, comme Paul et Esther, ont formé un couple inséparable. Et ce couple a eu toute sa vie, plus d'un demi-siècle, des amis… de couple, Lise et Jean, Françoise et Gilles, Monique et Benoît, Clémence et Louise, etc.

Esther, la mère de Marc, une Renaud, était née dans une famille bien nantie. Enfance à Westmount, grande maison victorienne en pierre, trois étages, rue Greene, près de Sherbrooke. Deux bonnes, une grosse automobile. Le père Renaud était un important homme d'affaires et un bâtisseur associé à de puissants Anglais de Montréal. Il avait de grandes terres à bois, dont il tirait des grumes, des billes de chêne, de merisier, de cerisier, de noyer, les plus nobles espèces de la forêt laurentienne. Il importait également des meubles haut de gamme et des bois précieux d'Afrique et d'Amérique latine, que les ébénistes et les artisans pouvaient se procurer dans son magasin situé à

22

l'angle sud-ouest des rues Guy et Sainte-Catherine. Esther eut une enfance et une adolescence heureuses… Et puis, quelque chose a cafouillé qu'on n'a jamais vraiment compris ou voulu comprendre, dans la famille. Qui peut savoir ou comprendre pourquoi un homme d'affaires brillant et puissant se retrouve du jour au lendemain ruiné, doit vendre sa belle grande maison, fermer son commerce? Dans la famille, on a dit que le père Renaud avait été floué ou roulé par l'un de ses associés anglais. Sa fille Esther, la mère de Marc, n'a jamais oublié. Même des années plus tard, atteinte de la maladie d'Alzheimer, elle est restée en maudit contre les Anglais parce que l'un d'entre eux, disait-elle, avait ruiné son père.

Marc adorait sa sœur aînée, Renée, qui, elle, adorait son père. Comme lui, elle dessinait, peignait, jouait du piano. Elle lisait beaucoup aussi, toujours plusieurs romans de front; Paul, son père, lisait des journaux, des essais, des encyclopédies. Marc, tout jeune, lisait des deux, de la fiction, des magazines, des journaux… Plus vieux, il délaissera la littérature pour les encyclopédies, les guides, les dictionnaires…

Tous les enfants de Paul et Esther Favreau ont fait leur vie proche du monde des arts. Très certainement que Marc, même si par la suite il n'a pas entretenu de liens très étroits avec sa famille, a été profondément influencé et orienté par elle, surtout par Renée et Bernard, qui ont tous deux étudié à l'École des beaux-arts. Mais sa vraie famille, il l'a choisie, il se l'est faite dans le monde des arts, du théâtre et du spectacle, du côté de Micheline, en fait. Il lui semblait sans doute que cette famille qu'il s'était donnée, qui l'avait adopté, était plus fascinante et stimulante que la sienne. Chez les Gérin et au théâtre, dans ces milieux si riches où il avait choisi d'aller, où il a eu la chance et l'audace d'entrer, il a trouvé d'autres frères et d'autres sœurs, ses meilleurs amis.

« D'une certaine manière, nous le comprenions, dira Bernard. Moi, en tout cas, je le comprenais. Il n'a jamais été proche de nous, sauf de nos parents et de notre sœur Renée. En fait, nous n'étions pas très unis dans notre famille. Chacun de son côté, on regardait à l'extérieur où se trouvait à nos yeux la vraie vie. Et nous rêvions de partir, d'entrer dans la vraie vie. Marc, lui, est vraiment parti. »

Bernard se demande si ce n'est pas dans ce genre de milieu, dans des familles pas très unies, des familles froides, que naissent les vrais clowns. « Marc avait besoin de l'attention, du regard et du rire des autres. Et il l'a eu, parce qu'il avait le pouvoir et le plaisir de faire rire. En fin de compte, c'est peut-être un peu à cause de nous qu'il a réussi cela. Parce que nous ne riions jamais beaucoup à la maison, il a eu envie d'un monde plus drôle, plus rieur ou plus facile à faire rire. Et il est parti. Il a bien fait. »

2

À Notre-Dame-de-Grâce

Pendant l'été de 1935, les Favreau ont déménagé de Saint-Léonard à Notre-Dame-de-Grâce (NDG). Sans doute que Paul Favreau a été encouragé dans cette entreprise par son épouse Esther, qui souhaitait revoir les paysages et les visages de son enfance et élever ses enfants dans un beau quartier qui sentait encore le neuf, très vivant, prospère, sans être trop cossu. Leur nouvelle demeure, sise au 4178, rue Northcliffe, juste au nord du boulevard Notre-Dame-de-Grâce, se trouvait tout près du collège Villa Maria qu'elle avait fréquenté lorsqu'elle était jeune fille.

La rue Northcliffe alignait de solides maisons de brique aux façades desquelles s'accrochaient de grands balcons de bois. Devant chacune, un orme croissait, bien droit, dans un carré de pelouse. La ruelle, derrière, était plantée d'érables argilières. Tous les voisins avaient des enfants. Plusieurs, comme les Favreau, possédaient une automobile.

Les Favreau vivront à huit dans une maison de quatre chambres. Au rez-de-chaussée, celle des parents et celle que Renée, la grande sœur, partageait avec une tante. À l'étage, une minuscule chambre qu'occupait l'aîné des garçons et une autre un peu plus grande où couchaient les trois autres. La promiscuité ne faisait peur à personne, à l'époque. Le Québec, qui comptait alors quelque trois millions et demi d'habitants, soit moitié moins qu'aujourd'hui, faisait, bon an mal an, un peu plus de cent mille enfants, soit autant, sinon plus, que le Québec des années 2000. On vivait – veut, veut pas – les uns contre les autres. Les maisons étaient bondées, les cours d'école étaient toujours extrêmement animées. Le dimanche matin, les familles emplissaient les églises.

Marc ne semblait pas avoir gardé de très heureux souvenirs de cette époque. Il avouait cependant que cette promiscuité dans laquelle il avait été forcé de vivre (à trois dans une chambrette, à huit autour de la table et dans le salon quand, le soir, on écoutait la radio) l'avait amené à développer un sens de l'ordre qu'il a toujours gardé. Et toujours aimé. Il a toujours eu de l'ordre, dans ses livres, ses vêtements, ses idées, ses outils, ses sentiments.

En septembre 1935, à l'âge de cinq ans et dix mois, il est entré en classe préparatoire. Il savait déjà lire couramment (sa sœur Renée, dont il était le chouchou, le lui avait montré). Et compter jusqu'à un milliard ou même cent mille milliards, « si tu m'en laisses le temps ». Or, en classe préparatoire, on montrait aux enfants à colorier et à chanter des comptines. L'ennui est donc venu bien vite. Et un besoin quasi irrépressible d'y échapper, d'aller voir ailleurs, dans la lune. Il avait donc très hâte d'entrer en première année pour enfin passer à autre chose. Il allait effectivement y faire de troublantes découvertes. Mais connaître d'abord une cruelle déception.

C'était l'époque où, dans les écoles, garçons et filles étaient séparés. Or, cette année-là, à la rentrée, parce qu'on manquait d'espace ou de personnel chez les frères, les garçons de première année ont été envoyés chez les sœurs. Avec les filles. Au couvent ! Quelle humiliation !

La journée des « couventins » était ponctuée par la présence d'un instrument détestable, tout à fait disparu de nos jours, le claquoir, fait de deux petites pièces de bois dur reliées par une charnière de cuir ou une délicate penture, une sorte de castagnettes, en fait. Mais, contrairement aux castagnettes, le claquoir ne rendait qu'un son, toujours le même, un clac bien sec, mais les enfants entendaient : « Silence ! Tous en rang ! Assis ! Debout ! Bonjour, monsieur l'inspecteur ! » Régime odieux, quasi militaire, que Marc a détesté d'emblée, assez pour en parler longuement quand, soixante ans plus tard, Radio-Canada lui a demandé de raconter ses souvenirs d'enfance.

Un matin, la sœur supérieure, préfiguration sans doute de la grande « noire sœur » qui a fasciné Sol, vint annoncer aux enfants qu'ils allaient faire leur première communion. On les a donc conduits à l'église où ils allaient se préparer à la grandiose cérémonie. À grands coups de claquoir, on a parqué les filles du côté gauche de la nef ; les garçons, de l'autre côté. Au moment de la communion, chacun devait sortir de son banc, les yeux baissés et les mains jointes, descendre l'allée du bas-côté, s'agenouiller à la sainte table, communier et remonter l'allée centrale jusqu'à son banc.

Or, il y avait dans la classe une petite splendeur, Mauricette Gervais. Marc l'avait tout de suite remarquée. Elle fut son premier amour. « De toutes les filles qui nous entouraient, disait-il lors de ses évocations radiophoniques, c'était vraiment la plus attirante, ni ronde ni fluette, parfaite. Avec des yeux noisette cachés sous la frange brune de ses cheveux. Je la devinais secrète et la voulais inaccessible. » Il découvrait à six ans le goût des femmes, qui ne le quitterait jamais.

Comme ils étaient de même taille, Marc et Mauricette occupaient des bancs de la même rangée, ils descendaient l'allée du bas-côté en même temps et s'agenouillaient côte à côte à la sainte table. Bonheur ! Vive l'église ! Vive le claquoir ! Vive les sœurs ! Après la première répétition, Marc était amoureux fou. Lors de la deuxième, lorsqu'ils furent face à face, elle leva les yeux vers lui et esquissa un sourire « qui me vrilla le cœur et qui est resté à jamais gravé dans ma mémoire. Soixante ans plus tard, je vois encore son sourire et ses yeux, deux magnifiques boules de velours. Je voulais lui prendre la main, la toucher, l'enlever ».

Le grand jour venu, ils se sont agenouillés tous les deux à la sainte table, comme un petit couple nuptial, attendant de recevoir le bon Dieu en personne. Quand le prêtre est arrivé à leur hauteur, Marc, n'en pouvant plus, a risqué un œil du côté de Mauricette qui tirait sa jolie langue pour recevoir l'hostie. Ce qu'il vit alors le glaça d'horreur. Pendant plusieurs secondes qui lui parurent une éternité, l'être aimé fixait intensément, droit dans les yeux, non pas le prêtre, mais l'enfant de chœur, un beau garçon aux cheveux frisés, aux larges épaules, onze ans, qui lui caressait le menton avec sa patène !

Marc a regagné sa place, complètement défait, rongé par le vert petit serpent de la jalousie. Il venait d'avoir sept ans, il était au milieu de sa première année ; il savait déjà lire et écrire, et il connaissait déjà l'amour et la peine d'amour. Que pouvait-il bien apprendre d'autre ?

Après l'école ainsi que les samedis et dimanches, les frères Favreau et les garçons du voisinage jouaient dans le parc de Villa Maria et dans ce qu'ils appelaient le petit bois de la côte Saint-Luc. Ils y construisaient des cabanes dans les arbres. Ils se « gossaient » des revolvers, des *sling shots* et des frondes qu'il fallait cacher aux parents. Les plus vieux ont également fabriqué une voiturette avec une caisse d'oranges (on vendait à l'époque les oranges dans des boîtes faites d'étroites planches embouvetées) sous laquelle ils avaient fixé de vieux patins à roulettes. L'hiver, on glissait en traîne sauvage dans le parc, on faisait du ski-bottines, du *joring*, dans les rues du quartier, on jouait au hockey dans les rues avec des pommes de route bien gelées, on allait patiner au parc NDG. Et on écoutait le hockey à la radio. Un jour, Paul Favreau a emmené ses garçons au Forum pour qu'ils voient à l'œuvre le plus grand joueur de tous les temps, Howie Morenz.

Marc aimait beaucoup jouer dehors. Mais les activités organisées et encadrées ne l'intéressaient pas, non plus que les sports d'équipe, hockey, baseball ou balle molle, que pratiquaient tous les jeunes, presque obligatoirement. « Marc faisait toujours ce qu'il voulait, raconte son frère Bernard. On aurait dit, à même pas six ans, qu'il n'avait plus besoin de sa mère, ni d'une maîtresse d'école pour lui dire quoi faire, quoi lire, quoi apprendre. Il voulait toujours tout faire tout seul. Ou avec des étrangers. »

Marc adorait la nature, cependant. Et il bougeait énormément. Quand, à l'heure du souper, Esther Favreau appelait les enfants, très souvent, Marc ne répondait pas à l'appel. Il fallait l'attendre, parfois envoyer les plus vieux à sa recherche. Et quand finalement il daignait arriver, on ne savait jamais vraiment d'où il sortait, où il était allé, ce qu'il avait fait, qui il avait vu. Il y avait la ruelle entre Northcliffe et Décarie, avec ses chats, ses chiens, ses poubelles, ses bagnoles. Et surtout cet extraordinaire terrain de jeu qui s'offrait aux enfants du voisinage, le parc de Villa Maria. On remontait Northcliffe sur une centaine de mètres, on tournait à droite dans la petite rue Brillon, on faisait vingt pas, on se retrouvait devant une haute grille de fer forgé qui fermait le parc, on se glissait sur la gauche, il y avait là une brèche dans la clôture, la liberté était à soi, un boisé, des fourrés, de la pelouse, il y avait même un ruisseau qui descendait de la montagne, des « ménés », des écrevisses sous les roches, et on pouvait se rendre jusqu'à la Côte Saint-Luc, en plein bois, on entendait au loin les rumeurs de la ville, on était seul, libre. Sans doute que les sœurs de Villa Maria voyaient les garçons du voisinage entrer dans leur parc et jouer aux cowboys. Mais elles avaient choisi, semble-t-il, de laisser faire.

À l'école, cependant, la maîtresse ne pouvait pas toujours laisser faire. Marc était certes un sympathique petit sacripant, mais certains jours – était-ce ce qu'il avait mangé ? Était-ce le temps à l'orage ? Ou cette petite fille aux yeux noisette près de lui ? – toujours est-il qu'il était sans cesse agité, il ne pensait qu'à faire rire les autres.

La première fois que la maîtresse l'a mis à la porte de la classe, Marc a été assez décontenancé. Il a vite pris goût, cependant, à ces moments de liberté qu'il avait mérités parce qu'il était resté trop longtemps dans la lune ou qu'il avait fait rire les autres enfants par ses pitreries. À la porte de la classe, il pouvait rêver tout son saoul. En fait, ce n'était que lorsque la maîtresse le rappelait dans la classe et lui disait de retourner à sa place qu'il se sentait réellement puni.

* * *

Il y avait au mur de la classe un grand crucifix de bois avec un Christ aux chairs éburnéennes et un portrait de George VI, qui venait d'accéder au trône d'Angleterre après que son frère Édouard VIII eut été forcé d'abdiquer parce qu'il voulait vivre ses amours avec Mme Simpson, une Américaine divorcée. Ni l'une ni l'autre de ces figures imposées n'émouvaient vraiment le petit Favreau. Ses parents allaient à la messe du dimanche, mais ils n'étaient pas très pieux et ils n'éprouvaient pas beaucoup de respect pour le roi du Canada.

Le grand catéchisme qu'étudiaient les enfants leur proposait des visions d'horreur. Aux portes de l'enfer rempli de damnés livrés à d'horribles souffrances étaient gravés ces mots : « Toujours ! jamais ! toujours ! jamais ! » « Toujours souffrir, jamais sortir », avait précisé la sœur catéchiste. Autour de Marc, certains enfants étaient complètement terrorisés ; il était, lui, fasciné par les dessins à l'encre qu'il trouvait remarquablement bien faits et qu'il tentait d'imiter.

C'était là l'un des grands bonheurs hérités de son père, le goût de l'art. Et, tout aussi dévorant, celui des actualités.

Paul Favreau et sa famille suivaient avec passion les désolantes péripéties de la guerre civile d'Espagne. Pendant le souper, tous se taisaient pour écouter les nouvelles à la radio. Et, pendant la vaisselle, Paul Favreau lisait les journaux à haute voix. On appuyait évidemment le Front populaire, contre les nationalistes de Franco dont Hitler et Mussolini, peut-être même le pape Pie XI, s'étaient faits les complices. Ainsi, comme ses frères et sa sœur, Marc a acquis très jeune, beaucoup grâce à son père, le besoin et le goût de savoir ce qui se passait dans le monde… Acquis aussi la certitude qu'il apprendrait infiniment plus de choses par lui-même et avec ses parents et sa sœur Renée qu'à l'école. Il avait entrepris en solitaire l'infinie exploration du monde.

L'été, Paul Favreau louait pendant quelques semaines un chalet près d'un lac des Laurentides, de Lanaudière ou des Cantons-de-l'Est. Marc, comme ses frères, adorait nager, pêcher, jouer dans la forêt. Mais encore là, si on se fie aux souvenirs de cette époque que garde son jeune frère, il faisait ses affaires à lui, il jouait à ses jeux à lui… et avec des étrangers ou des gens du cru plus volontiers qu'avec ses frères.

« Moi, qui étais le plus petit, j'aurais aimé qu'il s'occupe de moi, avoue Bernard. Mais je ne l'intéressais pas beaucoup. Aussi loin que je me souvienne, il était toujours sorti, toujours sur la trotte, il allait loin, le plus loin possible, il voulait toujours aller voir ailleurs, au bout de tous les chemins. On ne l'intéressait pas, nous, mais il avait le don de se "connecter" à d'autres mondes, aux garçons, aux filles du quartier, même quand c'étaient des Anglais. »

À l'école, Marc s'était fait quelques amis, certains qu'il gardera fort longtemps, presque toute sa vie. Gilles Derome, surtout, dont il fut longtemps inséparable. Gilles habitait rue Marcil, au 4032, juste en haut de Notre-Dame-de-Grâce, à cinq minutes à pied des Favreau. Son père avait fait ses études de médecine à Paris. La maison des Derome, comme celle des Favreau, était remplie de tableaux, de bibelots, de livres, de musique... À table, il y avait souvent du vin, des fromages, des mousses de foie, de l'huile d'olive, du café frais moulu, toutes choses rarissimes à l'époque, évoquant d'autres cultures...

Marc et Gilles feront toute leur école « brimaire » ensemble, auront les mêmes enseignants, vivront les mêmes expériences. Un prêtre venait, une fois la semaine, enseigner aux enfants « le mystère de la Première Communion » et leur parler de « l'arbre de la science du bien et du mal ». Il y avait aussi une garde-malade (« Brossez vos dents, lavez vos mains, mangez des pommes ») et un agent de police (« Regardez des deux côtés avant de traverser la rue, ne vous accrochez pas aux *bumpers* des autos, ne parlez pas aux étrangers ») qui passaient de temps en temps admonester et terroriser les enfants. Et, deux ou trois fois par an, M. l'Inspecteur venait évaluer le travail de la maîtresse titulaire.

Celle-ci, Mme Kirby (on prononçait « Cœur B », comme on a longtemps cru que ça s'écrivait), a laissé chez les deux garçons d'impérissables souvenirs. Elle était responsable de trois matières : arithmétique, alphabet, atlas-géographie.

Quand les enfants avaient été sages, Mme Cœur B leur lisait des contes de sorcières et de fées. Marc adorait, même s'il disait ne rien croire de toutes ces histoires. Il riait ouvertement de celles, invraisemblables, que racontait le prédicateur. L'aventure de Jonas, qui aurait passé trois jours dans le ventre d'une baleine, et celle, fatale, de la femme de Loth, qui aurait été changée en statue de sel parce qu'elle avait désobéi à son mari et qu'elle avait regardé derrière elle pour voir brûler Sodome, la ville qu'elle venait de quitter et où peut-être elle laissait des êtres chers, lui semblaient toutes deux totalement incroyables. Il aurait voulu savoir pourquoi la femme de Loth tenait tant à regarder en arrière. Or, l'histoire ne le disait pas, ou bien Mme Cœur B ne savait pas ou ne voulait pas le savoir. Elle se servait simplement de cette histoire pour démontrer les méfaits et les dangers de la curiosité.

Marc avait confié à ses amis et à ses frères qu'il ne croyait pas du tout l'histoire de Jonas. Il n'y avait pas d'air dans une baleine, selon lui. Derome, au contraire, croyait qu'il y en avait, la baleine étant un mammifère portant mamelles et poumons. Un doute s'était donc installé à ce sujet. Dans le cas de la femme de Loth, il était tout aussi perplexe, plus même : pourquoi punir quelqu'un qui a été curieux ? Ou même qui a simplement voulu voir le fascinant spectacle d'une ville en feu ? Quand un camion de pompiers traversait le quartier en hurlant, tout le monde était surexcité et, si l'incendie n'était pas trop loin, on enfourchait sa bicyclette et on allait le voir.

Mme Cœur B racontait parfois une petite histoire de son cru et demandait aux enfants de la reprendre à leur manière en trouvant d'autres mots pour désigner les objets dont il était question. «Ne me dites pas qu'une maison est une maison et qu'un arbre est un arbre... trouvez d'autres mots.» Marc excellait à ce petit jeu. Il avait trouvé, dans l'*Encyclopédie de la jeunesse* Grolier, des dizaines de noms pour désigner une maison : cabane, tente, yourte, isba, hutte, igloo, tipi, château, chalet, etc. Quant aux arbres, grâce à son grand-père Renaud, il savait, à six ans, les reconnaître à leur port, à leurs feuilles, à leur bois.

Il aimait bien Mme Cœur B, il aimait bien NDG, il a sans doute aimé son adolescence, beaucoup plus que son enfance, parce qu'il était très libre. Et il prenait dès lors un réel plaisir à observer le monde qui se déployait autour de lui.

3

Le fanfaron

Le dimanche, parfois, Marc et ses amis prenaient le tramway de Remembrance Road et se rendaient au belvédère du mont Royal pour voir un moment le monde de haut. Là-bas, le fleuve, avec ses ponts, le vénérable Victoria, le récent Jacques-Cartier ; plus loin, les Montérégiennes parquées dans la vaste plaine ; à leurs pieds, au milieu de la ville, le bel édifice art déco de la Sun Life, qui faisait alors l'orgueil des Montréalais ! Il était à leurs yeux la preuve que leur ville était la petite sœur de New York !

Les gars rentraient à pied, guidés par Marc qui voulait toujours prendre un chemin différent. Le soir, ils se retrouvaient au Manoir NDG, dans le vieux Notre-Dame-de-Grâce, juste à côté de l'église et de son campanile. C'était une grande et très belle construction de bois dont la toiture à pignons était percée de lucarnes et dont la noble façade portait une large galerie de bois...

Au Manoir NDG, il y avait une bonne bibliothèque (livres français et anglais), un gymnase, des salles de réunion pour les scouts et les guides (français et anglais), des tables de ping-pong pour tout le monde et, fascinant, le Club des variétés oratoires. Les jours de fête, on transformait le gymnase en théâtre, il y avait des projecteurs et des micros, des coulisses, une petite scène où les plus grands présentaient des sketches qu'ils avaient écrits ou que leur avaient proposés ou imposés leurs profs. Pendant un temps, entre l'âge de dix et treize ans, Marc a fréquenté l'endroit très assidûment. Il empruntait beaucoup à la bibliothèque, Paul Féval, Raoul de Nevry, Alexandre Dumas, Jules Verne, Charles Dickens.

Une petite femme maquillée, parfumée, extrêmement dynamique, Géraldine Bourbeau, enseignait alors la peinture et le dessin. Elle fascinait les jeunes par sa vivacité, sa désinvolture. Elle s'était entichée de Marc, parce qu'il savait dessiner. Marc s'était entiché d'elle, parce qu'elle était vive, colorée, qu'elle savait rire des autres et d'elle-même.

Dans le grand parc NDG, juste en face du Manoir, il y avait des courts de tennis, un terrain de baseball, une patinoire, un terrain de croquet, jeu que Marc affection-nait entre tous parce qu'on pouvait converser gentiment tout en jouant. Il aimait bien le ping-pong aussi, et le billard.

Vers l'âge de douze ans, il a participé aux réunions de scouts au Manoir pendant quelques mois et a appris (et n'a jamais oublié) à faire des nœuds plats, doubles, en huit, en demi-clés, de Prussik, de cabestan, des épissures, des tours croisés. À monter une tente aussi. À faire une table avec de bonnes branches. Et à s'orienter dans le bois, à faire un feu avec une loupe, à lire une carte, à reconnaître les principales constellations d'étoiles, à pratiquer les plaisirs et les vertus de la débrouillardise et de l'ordre qu'il chérissait toujours… Mais il n'a jamais été un aussi fervent scout que son copain Gilles Derome ou que son petit frère Bernard. Il n'avait aucun goût pour les rassemblements, les chansons en chœur autour d'un feu de camp, les grands jeux pour lesquels on mobilisait toute la troupe et qui ne servaient à rien d'autre qu'à être ensemble, qu'à faire tous ensemble la même chose.

« Marc ne voulait jamais faire la même chose que les autres, se souvient son frère Bernard. Il n'était donc pas ce qu'on pouvait appeler un bon scout, tout dévoué à son équipe et à la troupe. Ce que les scouts ou les militaires appellent l'esprit de corps, ce n'était pas pour lui. »

Plus tard, pourtant, quand il sera grand, un homme, un mari, il continuera d'aimer la vie sous la tente et tous les travaux et les jeux de plein air. Et quand Miche ou ses amis s'extasieront devant ses savoir-faire et sa débrouillardise, il dira toujours, pour rire : « Scout un jour, scout toujours. »

Il a quitté la troupe de scouts avant même d'avoir été totémisé (quel dommage !), en fait dès qu'il a compris qu'il n'avait plus grand-chose à apprendre, ni chants, ni nœuds, ni noms de plantes, de bêtes ou d'étoiles.

Il va cependant rester longtemps un habitué du Manoir...

* * *

Paul Favreau partait, souvent pendant plusieurs jours, pour diriger des travaux de construction ou de réno-vation. Marc s'installait alors à sa table à dessin, faisait des plans de maison, dessinait, coloriait.

Quand son père était à la maison, il adorait le regarder travailler, debout près de la grande table inclinée. Et Paul Favreau, de temps en temps, expliquait à son garçon la perspective, le point de fuite, les ombres, les contours, les projections, le trompe-l'œil, etc.

Marc disait à ses amis : « Moi, je veux faire le même métier que mon père, je veux dessiner des plans de maisons. Et je ferai peut-être des gratte-ciel, un jour. »

Renée, la grande sœur bien-aimée, qui avait étudié à Villa Maria comme sa maman, était entrée à l'École des beaux-arts de Montréal, où elle apprenait le dessin, l'histoire de l'art, la sculpture, l'aquarelle, la gravure. Renée avait une âme et un tempérament d'artiste. Elle jouait du piano comme son père, elle chantait avec autant de justesse que sa mère. Elle passait des heures avec Marc à parler, à dessiner, à regarder des livres d'art. Elle lui a enseigné l'art de l'aquarelle, et surtout comment jouer avec les couleurs, les faire parler. Marc, adolescent, a barbouillé des hectares de papier. En écoutant tous les soirs, pendant des heures, la radio qui lui apportait la sémillante rumeur du monde.

C'était la guerre. Paul Favreau, esprit curieux, insatiable, suivait quotidiennement les événements dans les journaux. Il y intéressait ses enfants. Marc s'était passionné pour la guerre civile espagnole. Il avait appris avec son père à détester Franco et tous les fascistes. Ils avaient suivi par la suite, jour après jour, dans l'atlas familial, l'invasion de la Pologne, de la Belgique et de la France par les troupes nazies. À côté de ça, l'école faisait piètre figure. Selon Marc, on n'y apprenait vraiment pas grand-chose.

On pouvait toujours quitter la troupe de scouts. L'école, pas vraiment, même avec la certitude, peut-être non fondée, qu'on ne pouvait plus rien y apprendre. Tout était toujours trop lent, et même de plus en plus lent. Il apprenait plus en histoire et en géographie dans les livres de son père ou dans les conversations qu'il avait avec lui ou avec sa mère. En dessin, le prof lui-même avait dit à sa mère qu'il n'avait rien à lui apprendre. Et Marc, parce qu'il s'ennuyait (toujours) à l'école, faisait le pitre. Il dessinait des caricatures de profs ou des femmes toutes nues qui faisaient la joie de ses camarades... Il découvrait que faire rire était un voluptueux pouvoir.

De qui tenait-il ce goût de l'irrévérence et de l'inso-lence ? Et ce regard qui savait dénicher le comique dans des petits détails, dénicher chez tous et chacun la petite faille, traquer la petite bête du ridicule ? Même pour son frère Bernard, son premier fan, c'est un mystère. « Il était toujours poli avec les profs ou avec toute autorité, comme il l'était avec nos parents. Mais il ne pouvait s'empêcher de relever ou d'indiquer ce qu'il y avait de drôle ou de loufoque dans les gestes des profs, dans leurs accoutrements, leurs propos. »

Les profs étaient tolérants et patients parce que le garçon était spirituel et brillant. Mais Marc poussait toujours plus loin, jusqu'à ce qu'ils soient à bout de patience et fassent savoir aux parents que leur garçon dérangeait la classe entière.

Trop agité, trop « tête heureuse », trop dissipé, Marc fut envoyé à quatorze ans au collège des frères du Sacré-Cœur de Victoriaville, au cœur des Bois-Francs, où sa mère avait de la famille. Selon Bernard, son petit frère, il n'était pas du tout fâché de partir.

« Il a toujours été comme ça, toujours prêt à partir n'importe où, n'importe quand. À Victoriaville, il verrait d'autres visages, il connaîtrait d'autres gens. Et c'était exactement ça qu'il voulait. Tout le temps aller voir ailleurs… peut-être aussi tout simplement s'éloigner de nous. Mais on ne savait pas trop ce qu'il ressentait. En fait, il ne nous parlait pas beaucoup, il ne nous a jamais beaucoup parlé. Mais moi, son jeune frère, j'étais fasciné par lui. Et je le suis toujours resté. Je pense que nos grands frères étaient intrigués eux aussi, peut-être même, à leur corps défendant, fascinés eux aussi par lui, parce qu'il avait une façon unique de faire les choses et qu'il ne demandait jamais rien à personne. Marc a été le premier à quitter la maison. »

Il quittait également ses amis du Manoir. Sans manifester la moindre tristesse. Juste : « Salut, les gars. On se reverra aux Fêtes, si tout se passe bien. » Il partait, comme il l'a dit à Gilles Derome, « changer le mal de place ».

Il se retrouve donc, en septembre 1943, pensionnaire dans un collège tout neuf, situé sur une colline boisée, un peu à l'écart de la ville. Belle nature ! Et de grandes salles de récréation, avec des tables de billard et de ping-pong…

« On ne va pas s'ennuyer », s'est dit Marc. Les premiers jours se sont effectivement bien passés. Il s'est vite fait quelques amis et s'est familiarisé avec les habitudes et les règlements du collège. Mais, un beau matin, rassemblement général ! Très solennellement, le directeur du collège a rappelé aux élèves que le pays était en guerre et que le gouvernement avait demandé que tous les collèges à travers le pays mettent sur pied un programme d'entraînement militaire et constituent un corps de cadets. Le préfet de discipline a ensuite expliqué que tous les élèves sans exception devaient participer aux exercices.

Quelques jours plus tard, on distribua les costumes, répliques du *battle dress* de l'armée canadienne, en laine brute kaki. Les exercices ont commencé peu après. Il s'agissait de parader en costume, avec un fusil de bois sur l'épaule, en suivant les ordres du préfet. Chaque matin, pendant une grosse heure et demie : « En avant... arche ! Une, deux... une, deux... » Marc a tout de suite détesté passionnément.

Or, tout ce branle-bas nécessitait une certaine incitation rythmique. On avait donc réquisitionné la fanfare du collège, qui trombonait les très glorieuses marches militaires de Sousa, du colonel Bogey et compagnie.

Mais, jour après jour, ce rituel devenait de plus en plus pénible et fastidieux, tellement c'était répétitif. C'est alors qu'un matin, pendant qu'il marchait au pas avec les autres, Marc s'avisa que les musiciens de la fanfare jouissaient d'un statut très spécial. Le directeur musical avait décrété qu'ils étaient indispensables parce qu'ils insufflaient l'âme militaire et stimulaient les marches. Ils devaient donc être constamment disponibles afin que les exercices se déroulent bien. En échange de cette disponibilité, ils n'auraient pas à parader. Ainsi, exemptés de l'exercice, ils étaient confortablement assis sur le terre-plein, le col ouvert et déboutonné, protégés au besoin du soleil et de la pluie, soufflant dans leurs instruments ou fessant dessus sans se fatiguer à marcher.

Deux semaines plus tard, ayant maîtrisé quelques « pouet, pouet », Marc faisait partie de la fanfare en qualité de troisième trompette, bien assis entre les saxophones et les cors, le col ouvert, déboutonné.

Certains jours de fête, le corps de cadets sortait du collège et envahissait la rue principale de la ville, paradant fièrement ; la fanfare suivait en jouant l'ouverture de *Sémiramis* ou *Poète et paysan,* ou encore des valses de Strauss. L'année suivante, le corps de cadets et la fanfare, qu'on appelait désormais l'harmonie, se sont rendus à Princeville, Thetford Mines, Drummondville, pour défendre les couleurs de Victoriaville dans des compétitions intercollégiales.

Marc était fier de son coup. Jouer dans la fanfare ne comportait que des avantages. D'abord, faire de la musique est agréable. De plus, pendant les longues heures de répétitions, les gars étaient exemptés d'étude. Et surtout, quand on paradait en public, qui les filles regardaient-elles ? Les fantassins marchant au pas ? Mais non. Les filles regardaient les musiciens. L'un d'eux, un trompettiste, leur faisait des clins d'œil.

En devenant fanfaron, Marc avait découvert le secret du bonheur au pensionnat.

4

Le maître rire

Le prof de chimie au collège de Victoriaville était un homme rude, timide et fruste qui croyait que, en ayant l'air dur et fermé, il pouvait exercer sur ses élèves une incontestable et incassable autorité. Beaucoup plus tard, quand il connaîtra le père Ubu, Marc ne pourra s'empêcher de penser à ce pauvre et prétentieux épais, qui lui avait servi un jour, bien malgré lui, une inoubliable leçon de rire et d'humour.

Ce jour-là, à la fin de son cours de chimie, le frère avait annoncé à ses élèves qu'ils allaient étudier la semaine suivante les propriétés du chlore, qu'il leur décrivit brièvement comme un gaz toxique, jaune verdâtre, à l'odeur suffocante, plus lourd que l'air et terriblement corrosif.

Il arrive donc, la semaine suivante, avec huit grosses jarres de confiture remplies de chlore… « Nous allons commencer les expériences, dit-il à ses élèves, je vous demande d'être calmes, c'est extrêmement dangereux… » Devant les garçons surexcités, il a pris (quelle maladresse !) l'air triomphant d'un magicien qui s'apprête à éblouir son auditoire.

Il s'est emparé d'un pot et a entrepris d'en dévisser le couvercle de fer-blanc. Mais il avait beau y mettre toute sa force, il n'y arrivait pas… Et bientôt, toute la classe se regardait en pouffant de rire. Le frère était rouge comme une betterave. Il ne pouvait pourtant pas avoir oublié ce qu'il avait dit la semaine précédente : que le chlore était extrêmement corrosif, qu'il attaquait les métaux, qu'il avait vraisemblablement corrodé le couvercle et l'avait soudé à la jarre.

Et Marc a alors compris qu'avec de l'humour le frère prof de chimie aurait pu s'en sortir et mettre les rieurs de son côté... Il n'a jamais oublié la panique du bonhomme qui voyait fondre son autorité et qui savait qu'il était la risée de la classe. Quelques mots, un clin d'œil, un sourire auraient suffi à désamorcer l'humiliant fou rire général... Maladroit, le frère a fait une sotte colère et mis quelques rieurs à la porte. Tous ont été témoins de sa bêtise...

Marc a souvent rappelé cette anecdote à ses amis. Vraisemblablement, c'est à travers des événements de ce genre qu'il avait découvert, très tôt dans sa vie, la richesse et le pouvoir du rire. Et il a compris qu'il pouvait faire rire, ce qui est un atout formidable et une arme redoutable. Mettre les rieurs de son côté donne un pouvoir énorme, pratiquement irrésistible, capable de casser toute autorité, surtout celle d'un prof maladroit et sans humour. Marc aimait bien qu'on sache qu'il avait fait le pitre pendant toutes ses années d'école et avait pris un malin plaisir à caricaturer, mimer, miner toute figure d'autorité.

Parce qu'il dessinait bien, il avait été officieusement promu graphiste du collège. Il devait préparer, dans un petit atelier à lui seul réservé, les affiches annonçant toute manifestation religieuse, sportive, chorale, théâtrale ou militaire. « Je m'amusais comme un fou, dira-t-il. D'abord, j'avais congé d'étude. Ensuite, on me laissait totalement libre. » Trop, peut-être. Ses affiches étaient de plus en plus licencieuses et irrévérencieuses... Il a dessiné un jour le préfet de discipline, un tout petit homme très hautain, en train de donner un conseil au gardien de but du collège, un géant de près de deux mètres... Les élèves avaient grandement apprécié, mais le préfet de discipline, beaucoup moins... Il y eut sanction. Marc, puni, devenait un héros. Quand on a les rieurs avec soi, on ne peut pas perdre.

Mais faire le pitre, c'est aussi dresser un écran entre soi et les autres. C'est s'isoler et vivre sans se livrer vraiment, sans se laisser tout à fait découvrir, tapi, planqué derrière un personnage, derrière le pitre, le clown. C'est être un sniper, un tireur embusqué, qui voit tout, que personne ne voit. *I can see you, but you can't see me.*

Ainsi, en même temps qu'il découvrait le voluptueux pouvoir du rire, le rire comme moyen de communication, Marc se percevait comme un marginal, il le disait fièrement, il l'a écrit: «À l'école et au collège, j'ai toujours cultivé la marginalité.» Celui qui veut faire rire ne peut être membre de la *gang*. Il doit rester à l'extérieur. Et c'est bien ce que faisait Marc, le *lonesome wolf* volontaire.

Il avait des amis, bien sûr, toujours plein d'amis qu'il faisait rire et auprès de qui il testait ses gags. Des amis aussi avec qui il échangeait sur ses lectures, car il était devenu un lecteur compulsif... Mais il n'était pas ce qu'on appelle un gars de *gang*. S'il avait voulu jouer dans la fanfare, c'était pour échapper au drill, sortir du troupeau, faire à sa tête.

Marc a quitté le collège de Victoriaville au printemps de 1946, sans regret, sans nostalgie, après avoir, de son propre aveu, appris fort peu de choses... Il s'était cependant considérablement amélioré au ping-pong, il était devenu pas mal bon au billard, il pouvait souffler quelques airs à la trompette, il avait appris aussi que les femmes aiment les gars qui font de la musique et des clins d'œil, il avait découvert également, en partie grâce à cet inepte prof de chimie, qu'il avait du talent pour faire rire les autres et qu'il en éprouvait, ce faisant, un indicible plaisir. Il avait compris que, par le rire, on peut obtenir énormément des autres, s'éviter bien des désagréments, obtenir beaucoup de sympathie, des faveurs. Bien sûr, le rire est une arme à deux tranchants. S'il permet parfois de se sortir des pires impasses, il peut aussi, mal placé, mal maîtrisé, attirer à son auteur de considérables ennuis.

* * *

À NDG, Marc allait retrouver la stimulante amitié de Gilles Derome, jeune homme féru de culture qui s'intéressait aux arts et aux us de tous les pays et de toutes les époques, ambitionnant de connaître tout le cycle des savoirs. Gilles était un étudiant sérieux, passionné de littérature, d'art, d'histoire, de latin et de grec, mais aussi de sciences naturelles et de physique, esprit gourmand, émerveillé, éclectique et résolument enchanté.

Marc et lui lisaient avec boulimie tout ce qui leur tombait sous la main, tout ce qu'ils pouvaient emprunter à la bibliothèque des dominicains, rue Girouard, où ils avaient leurs entrées. Des poètes surtout. Eluard et Aragon, bien sûr, et Supervielle, Apollinaire, Cendrars, ah ! Cendrars. Dans la famille Derome, on achetait beaucoup de livres, de romans et de recueils de poésie subversive publiés pendant la guerre à Genève, Buenos Aires, Mexico, New York, Montréal.

Marc s'était inscrit, à l'automne de 1946, comme étudiant externe au collège Saint-Laurent, tenu par les pères de Sainte-Croix. Ses parents étaient contents. Leur fils serait un professionnel, avocat, médecin, architecte... À l'époque, toute bonne famille canadienne-française rêvait de donner un fils à l'Église. Mais chez les Favreau, on n'était pas très religieux, juste assez pour ne pas passer pour des mécréants. Marc sera toujours reconnaissant à ses parents de ne pas avoir forcé leurs enfants à baigner dans l'eau bénite.

Il ne restera pas longtemps au collège Saint-Laurent. Il sera mis à la porte, après quelques semaines, pour avoir apporté à un copain pensionnaire un calendrier présentant une *pin-up* très légèrement vêtue, toute nue en fait, qu'on voyait de dos se cachant les fesses avec les mains, comme dans la chanson *23 décembre*, de Beau Dommage. Elle arborait un large sourire et faisait un clin d'œil à ceux qui la regardaient. Dans le contexte, celui d'un collège tenu par des religieux, à cette époque opaque et prude, c'était une véritable bombe. Un père enseignant a trouvé l'horrible chose, l'a confisquée… Qu'en a-t-il fait ? « La même chose que nous, a dit Marc en faisant ses adieux à ses camarades. Il l'a regardée. Et ça lui a fait du bien, que du bien, j'en suis sûr. »

Paul Favreau fut très profondément peiné que son fils soit ainsi mis à la porte du respectable collège. Marc, lui, était vaguement révolté et un peu scandalisé. Il ne comprenait pas et ne voulait pas comprendre ce dégoût qu'on devait obligatoirement et hypocritement afficher devant une belle fille, dégoût que par ailleurs aucun gars normalement constitué ne ressentait vraiment. Une sourde et ferme colère allait peu à peu s'installer en lui, la saine colère de l'adolescent qui découvre, en même temps que la sexualité et la beauté, la bêtise du monde et l'hypocrisie générale, institutionnalisée. Tous les gars qui avaient aperçu sa *pin-up* ou en avaient entendu parler voulaient se l'approprier, ils rêvaient de la serrer dans leurs bras, de la caresser, de dormir auprès d'elle. Qu'y avait-il de mal à cela ?

Marc avait seize ans, l'âge de toutes les audaces, de toutes les révoltes. Comme tous les jeunes de son âge, il rêvait d'échapper à la morale ambiante, d'écarter le lourd rideau de préjugés, d'interdits, de tabous qui pesait sur la société dans laquelle il vivait. « Mais sans vraiment se sentir victime ou prisonnier, rappelle Gilles Derome. Marc s'est toujours perçu et comporté comme un être libre. »

Après les Fêtes, il est entré à l'académie Querbes, à Outremont. Établissement d'enseignement tout aussi respectable, quoique moins renommé, que le collège Saint-Laurent, l'académie était tenue par les Clercs de Saint-Viateur. Marc y a fait la connaissance d'un professeur qui jouera un rôle important dans sa carrière, Maurice Leroux.

Leroux, vingt-deux ans, avait bien failli devenir prêtre, mais il venait de se rendre compte, après deux ans de théologie, qu'il n'avait pas vraiment la vocation et surtout qu'il ne saurait passer sa vie sans tenir de temps en temps, idéalement toutes les nuits, une femme dans ses bras. Il avait donc quitté les ordres et, en attendant de trouver mieux, remplaçait à Querbes le prof de français tombé malade peu avant les Fêtes. Marc et lui sont donc arrivés à l'académie à peu près en même temps.

Maurice Leroux se souvient que « Marc était un gars pas très liant ; il ne manquait pas de charme, mais il n'était visiblement pas intéressé à se lier d'amitié avec ses camarades. Tout le monde avait vite compris qu'il ne faisait que passer. Il était très autonome. Une planète à lui tout seul. Très à son affaire. Il savait cependant reconnaître les gens intelligents et fuir les imbéciles. Ou, s'il ne les fuyait pas, il les utilisait. Il aimait bien se tenir avec les *bullies*, les gros bras un peu cancres. Parce qu'il les faisait rire. Mais sans doute aussi parce qu'eux le faisaient rire. Il était un peu cynique, à l'époque, il aimait bien le spectacle de la bêtise, il s'en émerveillait ».

Un jour, un garçon avait dit qu'il sauterait sans peur du toit de l'académie si on lui donnait un habit de fer. Marc était ravi. Il ne lui a pas ri en pleine face, mais il a passé des jours littéralement et ostensiblement ravi. Il était le plus brillant de la classe, mais il semblait n'avoir que mépris pour ceux qui travaillaient fort dans le but de se ramasser de bonnes notes.

Et, encore une fois, il s'est mis à s'ennuyer furieusement. Et pour cause…

À l'époque, la pédagogie dictait que les profs, dans leur enseignement, devaient adopter le rythme des moins bons. Quand ceux-ci auront compris, leur disait-on, tout le monde aura compris. L'enseignement était donc épouvantablement lent, répétitif. Pour que les derniers comprennent, on révisait sempiternellement certaines règles de grammaire, l'accord du participe passé, par exemple, ou la règle de trois. Certains mettraient deux semaines à comprendre ou ne comprendraient jamais ce que Marc et quelques autres avaient assimilé en dix minutes. Et c'était comme ça dans tous les domaines. Marc avait lu déjà plus que tous les gars de la classe réunis (Derome, qui avait lu autant sinon plus que lui, étudiait à Brébeuf). Pendant les cours, il avait souvent un livre sur les genoux, un Mauriac, un Camus, un Claudel, un Jules Renard... Ou il couvrait des cahiers entiers de dessins d'édifices, d'animaux ou de caricatures. Ou il faisait le pitre.

Leroux a mis au programme Alphonse Daudet, *Lettres de mon moulin*. Marc avait déjà pratiquement lu l'œuvre complète du chantre de la Provence, dont il aimait la tendre ironie, surtout dans *Le Petit Chose*, et les personnages hâbleurs, tonitruants et truculents, particulièrement Tartarin de Tarascon. En histoire, Leroux devait enseigner la Révolution française et les guerres napoléoniennes. Marc pouvait discuter pendant des heures de Robespierre, Danton, Saint-Just et compagnie, de la Terreur et de l'Empire. Quant à l'anglais, il l'avait déjà si bien appris dans les rues de NDG et au Manoir qu'il pouvait lire, dans le texte, Charles Dickens (*David Copperfield*), Robert Louis Stevenson (*Treasure Island*), Daniel Defoe (*Moll Flanders* et *Robinson Crusoe*), Mark Twain (*The Adventures of Tom Sawyer, Huckleberry Finn*) et d'autres, tout ce qu'il pouvait sortir de la bibliothèque du Manoir ou emprunter à des amis.

Il a dit un jour au prof Leroux : «J'ai rien à faire ici, rien à apprendre. On peut pas apprendre une

49

chose deux fois. T'es d'accord ? » Le voilà qui tutoyait son professeur !

Celui-ci savait très bien qu'il ne pouvait lui opposer d'arguments susceptibles de le faire changer d'idée.

Marc avait une mémoire stupéfiante et une faculté de rétention hors de l'ordinaire. Il le savait. Il ne voulait surtout pas s'en vanter, la vantardise étant à ses yeux la plus formidable bêtise qui soit, mais il aimait bien que ça se voie, il aimait bien, il a toujours aimé, mine de rien, épater les autres par ses connaissances, son érudition et ses savoir-faire.

Et, en plus, il avait presque un métier déjà, avec lequel il pourrait gagner sa vie : il dessinait remarquablement bien. « Je serai dessinateur commercial, disait-il à Leroux. Peut-être architecte. Ou peintre. » Et il n'aurait même pas besoin de passer par la sinistre École des beaux-arts. Sa grande sœur y était allée et elle lui avait déjà appris tout ce qu'elle savait. Ou presque.

Jules-André, le deuxième de la famille, très doué lui aussi en dessin, faisait la même chose que leur père. Il redessinait ou redécorait des succursales de la Banque provinciale. Marc, lui, laissait entendre qu'il serait plus autonome, il ferait autre chose que son père. Celui-ci lui avait un jour mis dans la tête une idée qui n'allait jamais le quitter : « Les enfants doivent faire mieux que leurs parents, ils doivent aller plus loin, ils doivent vivre mieux. Et même être plus heureux. C'est comme ça que le monde évolue. »

Maurice Leroux le laissait donc le tutoyer et lire en classe ou fignoler ses petits dessins de lapins copulant ou de femmes toutes nues, ou encore des caricatures de ses camarades. Mais Marc ne pouvait s'empêcher de faire le pitre quand il sentait que la classe allait s'esclaffer. Un jour, à bout de patience, Leroux lui dit : « La prochaine fois, Marc, tu prends la porte. » Cinq minutes plus tard, Marc se retrouvait dans le corridor. « Pour tout l'or du monde, il n'aurait pas renoncé à un gag ou au plaisir de faire rire, dit Leroux. Et être mis à la porte de la classe ne lui faisait pas un pli sur la différence.» En fait, il avait, depuis la petite école, l'habitude des corridors... Et chaque fois qu'une autorité, parentale ou professorale, lui infligeait ce qu'elle croyait être une punition («On t'envoie à Victoriaville», «On te met à la porte»), il la recevait comme une faveur, un avantage.

Un peu avant la fin du cours, Leroux a laissé les élèves réviser la dictée qu'il venait de leur donner et est allé jeter un coup d'œil dans le corridor. Pas de Marc. Son cours terminé, il est descendu dans sa chambre (à l'époque, les profs étaient souvent logés par les établissements où ils enseignaient) et a trouvé Marc bien calé dans son fauteuil, les pieds sur son bureau, en train de fumer un de ses petits cigares. Il avait compris alors qu'aucune punition ne pouvait être infligée à ce garçon, «parce qu'il s'en foutait éperdument». Marc allait probablement laisser l'école à la fin de l'année et son prof ne trouvait aucun argument qui pourrait l'en dissuader. Et Marc, par son attitude, lui offrait son amitié.

En attendant la fin des classes, Leroux a décidé de monter une pièce d'Henri Ghéon, l'un des fondateurs de la *Nouvelle Revue française*, la fameuse *NRF* qu'animèrent également André Gide, Jacques Copeau, Jean Paulhan, Jacques Rivière, Pierre Drieu la Rochelle, plusieurs autres. Profondément catholique, Ghéon était mort quelques années plus tôt en odeur de sainteté, si on se fie aux thèmes qu'il avait abordés dans son théâtre. Mais ce n'était pas seulement pour ses édifiants propos que Leroux avait choisi cette pièce. *Le Bon Voyage* ou *Le Mort à cheval*, un miracle en trois tableaux inspiré du théâtre du Moyen Âge, ne comptait que des rôles masculins, sauf celui d'une vieille sorcière que Leroux avait confié au moins prometteur de ses jeunes comédiens. À Marc, qui n'avait pas manifesté le désir de jouer dans la pièce, il avait demandé de concevoir et de monter le décor. Trois jours plus tard, Marc avait lu la pièce et lui avait présenté des croquis originaux, impeccables.

Pendant que la petite troupe répétait, Marc construisait et peignait son décor. Le gars qui devait faire la sorcière était pénible à entendre. Il jouait faux, sa voix ne portait pas. Soudain, l'escabeau sur lequel Marc était « joqué » a basculé et le jeune décorateur est tombé au beau milieu du plateau. Pensant qu'il s'était cassé la gueule, les gars sont restés un moment stupéfaits. Marc s'est relevé avec lenteur, est resté courbé et a repris in extenso la réplique de la sorcière qu'il venait d'entendre. Tous se sont esclaffés.

« Il avait exactement le ton, les gestes, le débit », dit Leroux, qui relégua le piètre comédien au rôle de souffleur. C'est ainsi que Marc Favreau fit ses débuts au théâtre, dans le rôle d'une vieille sorcière acariâtre, mécréante, mise au ban de la société.

Avec Gilles Derome, dont il partageait les lectures, Marc avait développé une véritable fixation sur Henri Michaux et son surréaliste héros, Plume. Michaux, peintre et poète, était animé d'une défiance radicale à l'égard du langage et de ce qu'il appelait « sa fallacieuse cohérence ». Il le désarticulait donc dans ses textes, le déstructurait, brisait et concassait les mots, en faisait des agglomérés, des monstres. Lisant et relisant *Un barbare en Asie* ou *Connaissance par les gouffres*, Marc s'émerveillait des inventions lexicales de Michaux. Il ne souffrait pas, lui, de cette douloureuse difficulté de vivre qu'éprouvait le grand poète belge, ni de son anxiété originelle. Pas besoin, donc, de s'affranchir. Mais, à cet âge encore tendre qu'il avait, on endosse ou on envie souvent, par mimétisme, les états d'âme et les spleens des poètes les plus torturés… Pour le jeune homme qu'était Marc, l'expérience solitaire et pathétique de Michaux était fascinante, sa douleur presque enviable, sa science des mots tout à fait exemplaire.

Il y avait aussi Saint-Pol Roux, dit le Magnifique, le poète «pétri d'amour et de clarté, de tendresse et de flammes», avait écrit Paul Eluard. Derome avait mis la main sur une édition toute récente (Éditions du Seuil, 1946) du recueil *Anciennetés*, qu'ils ont lu jusqu'à en savoir par cœur de longs passages.

Marc fréquentait aussi Ponge et Saint-John Perse, deux poètes qui, comme Saint-Pol Roux, ont édifié, à l'écart des milieux littéraires et des grands courants du surréalisme, des œuvres monumentales, foisonnantes...

Francis Ponge a fait de l'humour un moyen de percevoir le monde. Il décrivait avec minutie, rigueur et objectivité un coquillage, un caillou, une feuille, une toupie, un escargot, un papillon. Son œuvre est une réflexion amusée sur le langage qui devient l'objet même de la poésie.

Saint-John Perse était à la fois poète et diplomate, mais aussi géologue, passionné de biologie végétale, de musique. Autre exemple pour Marc d'un être accompli, capable de naviguer dans les plus hautes sphères intellectuelles, mais aussi de goûter aux fruits de la terre, de marcher dans les forêts, de travailler de ses mains.

Ces quatre poètes, Michaux, Ponge, Roux, Perse, ont fortement influencé Marc qui, comme eux, se voulait autonome, indépendant, aventurier, homme de lettres et de sciences...

Quand, au printemps de 1947, à dix-sept ans et demi, Marc a laissé l'école, il possédait déjà une culture qu'on pourrait qualifier de très vaste, une culture littéraire, artistique, mais aussi générale. Il s'intéressait aux livres, à la poésie, au dessin, aux arbres, aux cailloux, aux étoiles et, bien sûr, aux filles.

Grâce à son père, qui avait des contacts dans ce milieu, il est entré à l'automne dans un atelier de dessin commercial où il a, du moins au début, travaillé dans la joie. Il a fait imprimer des cartes d'affaires en anglais et en français : « Marc C. Favreau, Commercial Artist. 4178 Northcliffe, N-D.G. Tél : Elwood 5185. » Il faisait du lettrage sur des camions de livraison et des affiches publicitaires, restaurants, cliniques dentaires (Atomic Constructions, Gendron Plumbing, Dumouchel Electric, etc.). Il créait aussi des logos, des affiches, des vitrines, et concevait des présentoirs de produits.

Il s'est amusé un certain temps. Mais il avait énormément de difficultés à rester assis. « J'étais trop agité », dira-t-il. Par quoi ? « Mais par tout ce qui se passait autour de nous. » Ce n'est que quinze ans plus tard qu'on se mettra à chanter que le monde et les temps changent (*The Times They Are A-Changing*, de Bob Dylan, 1962). Mais n'importe qui le moindrement attentif et curieux s'en était aperçu depuis belle lurette. En fait, le monde et les temps changent sans cesse. Et après la guerre, dans ce Canada français qu'on a longtemps considéré comme obtus, fermé et soumis, les choses avaient commencé à changer furieusement. Le clergé, de collusion avec le pouvoir politique, exerçait une autorité jamais ouvertement contestée sur la société de l'époque. Mais on sentait, dans les profondeurs, dans une certaine jeunesse, que des changements étaient en train de se produire, et que ça éclaterait avant longtemps. Et c'était excitant en diable. Mais il fallait être patient. Et Marc ne l'était pas beaucoup.

Certains qui l'ont côtoyé à cette époque disent qu'il n'était pas heureux, plutôt sombre, timide. Préoccupé et profondément insatisfait. Depuis plus de dix ans, depuis sa tendre enfance, il souffrait d'un mal terrible qu'il croyait incurable, l'ennui...

L'année suivante, les étudiants de l'Université de Montréal ont fait appel à Maurice Leroux, qui enseignait toujours à l'académie Querbes, pour faire la mise en scène de la revue *Bleu et Or* qui, présentée au Monument-National dans le plus pur esprit carabin, remportait chaque année un franc et sulfureux succès. On riait de tout le monde, en particulier, cette année-là, de l'ONU qui, deux ans plus tôt, avait remplacé la Société des Nations et prétendait pouvoir assurer le maintien de la paix et de la sécurité internationales. On se gaussait des profs également, du recteur. Même, mais pas trop parce qu'ils avaient encore le bras long et lourd, des curés. On savait parfaitement jusqu'où on pouvait aller. Et on poussait chaque année un peu plus loin, un peu plus haut.

Pour concevoir et monter le décor de la revue, Leroux a fait appel à Marc Favreau. Celui-ci a tout fait tout seul, conception et design, menuiserie, électricité, lettrage et peinture. Il a assisté à toutes les répétitions. Il a vu les étudiants retravailler leurs textes, s'amuser, rire surtout, rire. Il était bien sûr dans la salle le soir de la représentation, puis dans les coulisses après le spectacle. Il y avait là un monde qu'il a aimé d'emblée, au sein duquel il se sentait chez lui. Il y avait de l'irrévérence, de l'impertinence, beaucoup de liberté. Ce fut une révélation : on pouvait s'amuser en travaillant. Ce sera son but dans la vie.

« On a beaucoup parlé par la suite de la Grande Noirceur pour désigner cette époque, dit Gilles Derome. Mais on n'en souffrait pas. On vivait en fait dans une Grande Clarté où tout était vu, connu, rien de caché. Il y avait des règles, des punitions... Tout était clair et net, simple. On savait toujours à quoi s'attendre. On savait où étaient les limites, les interdits, les barrières, les conséquences que devaient subir ceux qui les transgressaient ou les franchissaient. »

Il y avait des interdits, bien sûr. Mais aussi des champs de liberté pratiquement infinis. Il y avait de l'ombre et de la lumière. Comme partout, comme toujours. Des lumières, il en venait de partout, parfois aveuglantes.

« Les intellectuels qui nous ont précédés étaient torturés et tordus. Ils voulaient sauver l'Église, dit Derome, sauver

55

les institutions. Pas nous. Nous n'avions pas de combat à mener. Qu'un énorme appétit. Et la possibilité de l'assouvir. Nous voulions tout connaître, tout lire, tout voir, goûter à tout. Et nous savions que c'était possible.»

On a énormément parlé de la Révolution tranquille des années 1960, comme si le Québec n'était fait que des idées et des œuvres de cette époque. Mais il y avait eu également à la fin des années 1940, au Canada français, une révolution culturelle et sociale très intense et très brillante, et pas du tout tranquille. Révolution au cours de laquelle Marc Favreau allait avoir vingt ans.

5

Les fontaines

Quelqu'un de la *gang*, Gilles Derome sans doute, a mis un jour la main sur un article de Louis Aragon intitulé « La conjonction ET » et paru quelques années plus tôt, en novembre 1942, dans *Les Cahiers du Rhône nº 5* (Éditions de La Baconnière, Neuchâtel). Imprimés en Suisse et distribués clandestinement dans la France occupée et profondément divisée, *Les Cahiers* avaient joué un rôle important pour l'édition française muselée par le fascisme et le pétainisme. Et, pendant les dernières années de la guerre, ils avaient propagé à travers l'Europe et la francophonie des idées neuves, fécondes, apaisantes, de maîtresses idées que Marc, Gilles et leurs amis avaient importées dans leur vie.

Aragon, dans l'article en question, réfléchissait à ce qui unissait ou devait unir les Français. Selon lui, le génie français était alors tributaire de deux grandes traditions, la chrétienne et la matérialiste. Il n'était pas que chrétien, pas que matérialiste ; il était l'un ET l'autre. D'où l'apologie qu'il faisait de la conjonction « et ». Il faut considérer toujours le double aspect des choses. Pourquoi choisir entre Corneille ou Racine, Pascal ou Montaigne, la tradition chrétienne ou la tradition matérialiste ? Le génie français est fait de tout cela, disait-il, de Corneille ET de Racine, de Pascal ET de Montaigne, de Voltaire ET de

Rousseau, de la tradition chrétienne ET de la tradition matérialiste, du système monarchique ET de la révolution. « Impossible n'est pas français ET impossible est français. »

Pour Gilles et Marc, « La conjonction ET » fut une sorte de révélation. Ils se rendaient compte, grâce à Aragon, que la vie était faite de rêve ET de raison, d'histoire ET de roman. Et il y avait, dans ce Canada français où ils vivaient, les Bleus ET les Rouges, hier ET demain, et partout et toujours et en toutes choses et dans toute âme, du vrai ET du faux, de la noirceur ET de la clarté. Et il fallait accepter tout cela. Ils lisaient Paul Valéry aussi : « Deux dangers nous menacent : l'ordre et le désordre. La blancheur et la noirceur. »

Autour d'eux, beaucoup d'intellectuels et d'artistes entretenaient une conception du monde farouchement manichéenne. De leur point de vue, il y avait d'un côté les absolument bons, de l'autre les totalement méchants ; là-bas les anglo-protestants, ici les franco-catholiques ; les unionistes de Duplessis contre les libéraux de *Cité libre*. Tout était tranché au couteau, divisé, pratiquement inconciliable… Et, d'un bord comme de l'autre, on jugeait toutes choses selon les principes du bien et du mal, sans nuance aucune. L'article d'Aragon proposait une tout autre vision du monde, une vision qui permettait de déceler qu'il y avait des imbéciles et des sots tant à gauche qu'à droite, tant hier qu'il y en aura demain, des lumières qui venaient de partout et, chez les uns comme chez les autres, de quoi rire et de quoi pleurer.

Ils se sont mis à regarder le monde sous cet angle et cet aspect. Cherchant à voir les deux côtés des choses et des êtres. Et, dès lors, ils trouvaient dans toute lecture, toute musique, toute œuvre d'art, de quoi se nourrir. Marc allait plus tard mener des guerres, prendre position, épouser des causes, livrer des combats (défense du français, protection des sans-abri, croisade d'Eau Secours), mais jamais il n'a milité au sein d'un parti politique, d'une union, d'un syndicat, jamais il ne s'est rangé dans une armée, une troupe ou une chorale. Il est toujours resté résolument individualiste, touche-à-tout, très libre penseur.

Déjà, dans ces années de l'après-guerre, il était, en littérature, en art, en musique, un grand omnivore, un insatiable goinfre (il le sera toujours, dans tous les domaines). En même temps qu'il lisait les poètes français, de Ronsard à Eluard, il dévorait les romanciers américains, le plus souvent en anglais, Faulkner, Hemingway, Dos Passos, et des ouvrages savants, Claude Bernard, Gaston Bachelard, Bertrand Russell, Claude Lévi-Strauss, des traités de philosophie, d'anthropologie, d'entomologie, tout y passait, pêle-mêle. Il adorait les *big bands*, aimait le *jitterbug*, écoutait du classique, du be-bop et de la chansonnette française. Et pas d'index ou d'interdits qui tiennent.

C'était avant que la télé assoie les gens dans leur salon. Il y avait la radio, bien sûr, mais elle laissait chacun libre de ses mouvements et ne proposait pas des dizaines de postes. On avait beaucoup plus de temps pour se parler, lire, aller au théâtre, au musée, réfléchir, s'ennuyer aussi, ce qui peut parfois être drôlement stimulant.

Contrairement à la majorité des amis qu'il côtoyait à l'époque et à ceux qu'il se fera plus tard, qui deviendront sa vraie famille et parmi lesquels il fera sa vie, Marc n'a pas fait son cours classique ou, comme on disait à l'époque, ses Humanités. « Mais il investissait systématiquement tous ses temps libres dans l'étude, raconte Derome. Autant sinon plus que nous qui, dans les grands collèges, à Brébeuf, à Sainte-Croix, à Saint-Laurent ou à Sainte-Marie, recevions une éducation bien programmée et bien encadrée. Il faisait, parmi nous, figure de marginal. »

Ainsi, les gars dans les grands collèges classiques « recevaient » une éducation et une formation. Lui, il se les donnait, les mêmes, à peu de choses près. Mêmes lectures, mêmes manuels de math, d'histoire ou de physique, mêmes études. Sauf qu'il se trouvait en dehors du cadre scolaire. Marc n'a jamais aimé les institutions, les unions, les troupes. Il s'est toujours posé fièrement, orgueilleusement, en *outsider*.

Il s'est donné une éducation centrée sur l'Europe, plus particulièrement sur la culture française, très proche de celle que recevaient ses amis. Il y a ajouté quelques tonnes de culture américaine, cinéma, littérature, musique. Mais la France exerçait, à cette époque et dans ce monde où vivait Marc, énormément d'attrait et d'ascendant.

Pendant la guerre (entre ses dix ans et ses seize ans), le Canada français avait été coupé de ses sources culturelles françaises. Il fallut par la suite un certain temps pour que les ponts soient rétablis. Toute une génération de lecteurs et d'amateurs de livres avait développé, pendant ce temps, une immense soif de la France, de Paris, et tous voulaient joindre les grands courants de la pensée créatrice contemporaine. Or, il fallait pour cela sortir du Canada français. Les plus fortunés, les plus audacieux allaient à New York voir les films d'Eisenstein, de Buñuel, de Carné ou de Cocteau, les toiles de Picasso (*Guernica*), le théâtre d'Anouilh (*Antigone*) qu'on ne présentait pas ici.

Après la guerre, on fut de nouveau branché sur l'Europe. Et un flot ininterrompu de livres, de films, de chansons *made in France* a inondé le Canada français. Des acteurs et des chanteurs français venaient, nombreux, envoûtants, Louis Jouvet, Madeleine Renaud, Gérard Philipe, Aznavour, et bien d'autres, laissant sur leur passage des rêves, des goûts de partir, de grandir.

Certains partaient à Paris. Des peintres, Borduas, Pellan, le sculpteur Robert Roussil, qui à seize ans est parti faire la guerre en Europe. Les comédiens Jean-Louis Roux et Jean Gascon sont allés, au lendemain de la guerre, étudier à Paris. «Nous partions retrouver nos racines, dira Roux, renouer avec notre culture, retrouver la mère patrie, sortir enfin de cette atmosphère lourde qui ici pesait sur tout. »

Il y avait tout de même, à Montréal, des lieux de liberté et d'invention, de fraîches fontaines où le jeune fauve qu'était Marc Favreau pouvait aller étancher sa soif. Parmi ces lieux, notons le Musée des beaux-arts de Montréal, qu'il fréquentait assidûment. Même s'il était, à cette époque, l'exclusive propriété de l'élite anglo-protestante de Montréal, le musée était branché lui aussi sur Paris, comme tous les musées du monde. De quelque côté qu'on se tournât, la France et ses lumières étaient là. Tous les chemins de la pensée nouvelle, même s'ils passaient par New York ou Chicago ou Londres ou Dublin, menaient tôt ou tard à Paris, où Henry Miller, Ernest Hemingway, Anaïs Nin, Pablo Neruda, Scott Fitzgerald, Samuel Beckett, James Joyce et bien d'autres écrivains, peintres et poètes latino-américains, irlandais, anglais ou américains partaient vivre, se nourrir…

Marc habitait toujours chez ses parents, rue Northcliffe, mais il était rarissimement à la maison. Il travaillait le jour dans l'atelier de dessin commercial ; il passait ses soirées avec ses amis, garçons et filles, anglos et francos, il allait au cinéma, au théâtre ou ailleurs, imprévisible, insaisissable, comme disait son frère Bernard. Il ne voyait pas beaucoup sa famille, surtout pas ses frères aînés. Il était cependant resté très proche de sa grande sœur Renée, qui avait fini ses beaux-arts et travaillait dans une entreprise de tissus et de papiers peints, où elle créait des motifs floraux ou géométriques. Ainsi, on pouvait voir dans les rues de Montréal une femme portant une robe à fleurs dessinées par Renée Favreau et des camions arborant des bannières commerciales peintes par son jeune frère Marc. Celui-ci cependant n'avait aucune envie de passer sa vie à dessiner des logos ou des cartes d'affaires ; mais il était très attiré par les beaux-arts. « Fais l'école », lui disaient ses amis qui admiraient son grand talent de dessinateur et de coloriste. Mais Marc, à dix-neuf ans, ne voulait toujours pas entrer dans un établissement, quel qu'il soit. Il avait été, il était, il restera un autodidacte pur et dur, persuadé qu'il est capable de s'instruire et de se former sans maître. Il se posait cependant en témoin attentif de la vie artistique montréalaise, très active à l'époque. Un *flash*, dans la noirceur, a infiniment plus d'éclat et d'impact qu'en pleine lumière. Et des *flashs*, en cette fin des années 1940, il en venait de tous bords tous côtés, surtout peut-être dans le monde des arts.

Renée, la sœur aînée de Marc, avait quelques fois croisé le grand Alfred Pellan qui, depuis 1943, enseignait à l'École des beaux-arts. Pellan avait vécu près de quinze ans à Paris, où il s'était frotté aux nouveaux courants de l'art et de la poésie. Quand il rentra au pays, au début de la guerre, il fut salué par beaucoup comme le grand maître de la tradition moderniste au Canada. Pour d'autres, cependant, le vrai maître de l'avant-garde restait Paul-Émile Borduas. Depuis le retour de Pellan, la rivalité entre les deux artistes n'avait cessé de s'accentuer, pour atteindre un véritable état de crise à la fin des années 1940. Les jeunes artistes se rangeaient derrière l'un ou l'autre. Mais ayant lu et relu « La conjonction ET », de Louis Aragon, Marc et ses proches amis refusaient de prendre parti, persuadés qu'ils pouvaient tirer « du bon miel » de ces deux écoles de pensée.

Borduas et les automatistes voyaient l'avant-garde comme un fer de lance pénétrant. L'artiste devait aborder son ouvrage sans que sa volonté y participe et l'exécuter sans réfléchir, avec colère et passion, sans compromis. Pellan proposait une tout autre vision de l'art et une tout autre conception du rôle de l'artiste dans la société. L'art n'était plus un fer de lance, mais un éclatement dans toutes les directions, une diffraction comme celle que subit la lumière traversant un prisme. De ce point de vue aussi, tout était possible et tout était légitime...

En 1948, les deux généraux publièrent un manifeste. Pellan organisa une exposition, *Prisme d'yeux*, d'abord présentée au Musée des beaux-arts, un soir seulement, le mercredi 4 février 1948. On y fit la lecture d'un manifeste rédigé par Jacques de Tonnancourt et signé par quinze artistes dont Louis Archambault, qui était l'idole de Gilles Derome, lequel à vingt ans avait choisi de devenir lui aussi sculpteur et céramiste... et poète et dramaturge et polémiste.

À l'automne, Borduas a publié *Refus global*, qu'avaient signé ses disciples. Il attaquait tout ordre établi, en particulier la sacro-sainte hiérarchie catholique. Il perdit son poste d'enseignant à l'École du meuble et s'exila aux États-Unis, puis à Paris.

Marc suivait avec passion ces débats et ces combats. Il rôdait autour de l'École des beaux-arts, où il avait des amis. Il passait à Sir George Williams University ou au School of Art du Montreal Museum of Fine Arts, s'est inscrit comme auditeur libre aux cours d'Arthur Lismer. À près de soixante-dix ans, Lismer, qui avait appartenu au Groupe des Sept, enseignait encore le dessin, formant des artistes de tous genres, figuratifs, non figuratifs, abstraits... Il a ainsi accompagné l'une après l'autre des vagues de jeunes créateurs qui venaient à tour de rôle briser l'ordre établi.

Des tensions de toutes sortes se faisaient sentir au sein de la société canadienne-française, entre riches et pauvres, entre francophones et anglophones, entre laïcs et religieux, tout cela exprimé à travers les œuvres et les discours de jeunes artistes qui avaient déjà commencé à ouvrir des chemins nouveaux et à explorer des territoires inconnus...

Il y avait au musée une petite salle, la fameuse Galerie XII, ouverte aux jeunes créateurs, quelles que fussent leurs allégeances esthétiques ou idéologiques. Des artistes, certains ayant participé à l'aventure de *Prisme d'yeux*, d'autres ayant signé ou défendu *Refus global*, s'y rencontraient, s'y disputaient, y montaient des expositions parfois très éphémères, mais toujours étonnantes, parfois choquantes, jamais insignifiantes. Le musée était alors dynamisé par eux, survolté…

Le jeune Marc Favreau observait tout cela de l'extérieur, toujours *outsider*, passionné par la peinture et les peintres, le théâtre et les comédiens, la musique et les musiciens, mais n'appartenant à aucune école, auditeur libre, spectateur indépendant, itinérant.

Mais, dans l'atelier de dessin commercial où il devait passer quarante heures par semaine, il commençait à s'ennuyer furieusement, comme il s'était ennuyé à l'école. Il savait que ce ne serait pas là sa vie. Mais où ? Mais quoi ? Mais quand ? Et comment ? Derome, lui, poursuivait ses études à Brébeuf. Il écrivait des poèmes, il peignait, il étudiait la céramique, le grec et la géologie… Tout, selon lui, était possible. Il suffisait d'être patient. Marc, lui, piaffait toujours d'impatience.

À Montréal, l'automne 1948 a été entre tous excitant. Plein de choses se sont produites cette année-là, tout bougeait. Il y eut *Refus global*, évidemment, qui fit grand bruit. Il y eut aussi la fondation par Jacques Giraldeau du premier ciné-club au Québec, celui de l'Université de Montréal, qui fut très vite reconnu comme l'un des plus dynamiques en Amérique du Nord. Claude Sylvestre, Michel Brault et Jacques Languirand en faisaient partie. La formule des ciné-clubs, déjà très populaire en France, eut un énorme et très rapide succès dans tout le Canada français. On projetait un film, parfois deux du même réalisateur ou inspirés des mêmes thèmes, puis on en discutait tous ensemble, on décortiquait le scénario, on s'interrogeait sur les intentions de l'auteur, sur le travail du scénariste, du monteur, du compositeur, sur le jeu des comédiens, etc. En 1948, rien n'était plus *in*, plus moderne, plus dans le vent qu'un ciné-club. Les grands cinémas proposaient des westerns, des films de pirates et des mélos. Mais il y avait un autre cinéma dit de répertoire, fait de l'ensemble des grands classiques européens ou américains qui avaient marqué l'époque et qu'on ne pouvait plus voir dans les grandes salles commerciales.

Le cinéma qu'on voyait alors à Montréal était très français. Presque autant que le théâtre. Les grandes *stars* qui faisaient battre les cœurs étaient Maria Casarès, Edwige Feuillère, Michèle Morgan, Madeleine Sologne, Danielle Darrieux, Louis Jouvet, Jean Marais, Gérard Philipe... C'était un cinéma très romantique, hautement poétique.

Mais il y avait, officiellement omniprésente et omnipotente, et pourtant frileuse et tatillonne, la censure, le Bureau de la censure qui semble avoir fait la joie du jeune Marc Favreau et de ses amis. Plus tard, Marc prendra plaisir à rappeler les cafouillages de cette stupide machine qui, selon lui, n'a fait que donner aux jeunes de sa génération une plus grande soif, un plus grand besoin de lumière et de grand air, un plus grand désir de briser l'ordre établi.

Le Bureau de la censure avait interdit, par exemple, la projection au Canada français des grandes fresques d'inspiration révolutionnaire comme *Alexandre Nevski*, œuvre du communiste athée Sergueï Eisenstein. Est-ce une légende urbaine ? On racontait alors, fin des années 1940, que la censure avait ordonné de changer l'ordre des scènes d'un film de série B. Dans la version originale, deux jeunes gens s'embrassaient (bien chastement, pourtant) avant d'être unis par les liens sacrés du mariage. Les idiots du Bureau de la censure ont exigé qu'on refasse le montage pour placer le mariage avant le baiser, de manière à rendre celui-ci légitime. Toute l'histoire prenait alors une allure totalement loufoque. « C'était à voir, dira Marc. Vraiment tordant. » Pour Marc et ses amis, la censure était un objet de rire, comme ce *bully* obtus qui, à l'académie Querbes, se serait jeté en bas de l'école s'il avait eu un habit de fer.

En principe, on ne pouvait pas lire Sartre, ni Camus, ni *Madame Bovary*, ni même *Notre-Dame-de-Paris* du père Hugo parce qu'il y avait dans cette histoire un prêtre renégat, Frolo, qui rêvait de baiser la belle Esmeralda. On ne pouvait lire non plus *La Puissance et la gloire*, de Graham Greene, pourtant auteur catholique, parce que le prêtre au centre de son histoire n'avait, lui, pas fait que rêver de baiser une femme mais avait réalisé son rêve. Quelques années plus tard, le père Georges-Henri d'Auteuil, recteur du collège Sainte-Marie qui, au Gesù, hébergeait la troupe du Théâtre du Nouveau Monde (TNM), refusera aux comédiens qu'ils mettent à leur programme la pièce adaptée du roman. Jean-Louis Roux, dans *Nous sommes tous des acteurs*, rappelle la réponse du père d'Auteuil presque mot à mot : « Je ne nie pas qu'un prêtre puisse boire. Je ne nie pas qu'un prêtre puisse avoir une maîtresse. Je ne nie pas que puisse naître un enfant de cette liaison. Mais il n'est pas bon que Mme Chose de la rue Montcalm le sache. »

Cette censure détestable et prétentieuse en enrageait plusieurs. Pas Marc, qui avait choisi d'en rire. Il avait l'intime conviction que, malgré elle, peut-être même un peu à cause d'elle ou en réaction à elle, les choses allaient changer et que le monde ne pouvait aller qu'en s'améliorant. Et il était plus amusé que scandalisé ou fâché par ces sottises qu'il considérait, comme son ami Derome, sans pouvoir et sans réelle malice, comme pratiquement innocentes. Et illusoire l'autorité que prétendaient exercer les forces religieuses et la censure. Marc Favreau a toujours été persuadé que la sottise ne pouvait triompher du bon sens. À preuve, dans la commedia dell'arte, les sots, qui sont souvent, presque toujours, des gens de pouvoir, gros bourgeois, rois, cardinaux, finissent immanquablement par se faire rouler.

Idem dans la vraie vie, selon Marc, tôt ou tard. La vie, tout le monde sait ça depuis Oscar Wilde, imite l'art et la poésie.

Il y avait certainement autant d'intelligence dans la société des années 1950 que dans celle d'aujourd'hui, autant de curiosité aussi, d'audace, de ruse, de rébellion, de plaisir... Gilles Derome se souvient: «En fin de compte, on lisait ce qu'on avait envie de lire, on voyait ce qu'on souhaitait voir, on vivait comme on l'entendait.»

Ils avaient vu, au ciné-club de l'Université de Montréal, le tout nouveau *Voleur de bicyclette*, de Vittorio De Sica, un film qui aura une influence considérable sur l'évolution du cinéma européen. Vu et revu également *Un chien andalou*, de Luis Buñuel et Salvador Dali, canular subversif devenu le film phare de l'avant-garde depuis la fin du muet. Et ce grand poème plastique qu'était *La Belle et la bête*, de Jean Cocteau, dont les décors et les costumes, le jeu, la musique, l'histoire même, ont fasciné Marc, qui en a parlé pendant des semaines, qui s'est mis à lire tout Cocteau et à vouloir voir et revoir tous ses films, *L'Éternel Retour*, *Le Sang d'un poète*... Bientôt, dans le cœur de Marc et dans son emploi du temps, les beaux-arts ont fait place au cinéma. Il courait de cinémas en ciné-clubs, voyait tout.

Bientôt, McGill a suivi, puis l'École technique de la rue Sherbrooke, puis l'Université Laval, puis l'Université de Sherbrooke, le collège Brébeuf... Les ciné-clubs poussaient partout comme des champignons. Maurice Leroux, qui avait définitivement laissé l'enseignement et faisait son droit à McGill, s'occupait activement du réseau de ciné-clubs de la Jeunesse étudiante catholique, dont la centrale se trouvait au 430, rue Sherbrooke Ouest. Avec d'autres passionnés de cinéma, il partait fonder des clubs à Amos, Trois-Rivières, Nicolet, Rigaud, etc., qu'ils plaçaient sous l'égide de la JEC.

Le mouvement jéciste comptait alors quelque vingt mille membres à travers le Québec. La guerre avait considérablement ralenti la progression de la JOC, le mouvement de la Jeunesse ouvrière catholique, mais pas celle du mouvement étudiant qui allait se poursuivre tout au long des années 1950. Plusieurs futurs leaders politiques (Gérard Pelletier, Jeanne Sauvé et Claude Ryan, entre autres) figuraient alors parmi les piliers de la très puissante JEC... à laquelle Marc, le *lonesome wolf,* n'avait évidemment pas adhéré, mais il vivait dans cette ambiance, dans cette mouvance et, d'une certaine manière, il profitait de la force et de l'élan de ce mouvement.

Bientôt, en effet, l'idée de fonder un ciné-club était venue rôder au Manoir NDG. Il suffisait de se brancher sur le réseau de la JEC. La salle, on l'avait. Il y avait même un vieux projecteur. Et pour l'écran, on n'avait qu'à coudre ensemble deux vieux draps. Derome animerait et dirigerait les discussions. Marc, plus ferré en technologie, serait le projectionniste. Les gars s'étaient finalement trouvé deux projecteurs, de sorte qu'ils pourraient présenter les films sans interruption.

Marc a communiqué avec l'ami Leroux, qui est venu aider à organiser le ciné-club et a mis Derome et Favreau en contact avec les distributeurs et les administrateurs de la JEC. Bientôt, le ciné-club NDG présentait ses premiers films, *Antoine et Antoinette,* de Jacques Becker, *Quai des brumes,* avec Jean Gabin, Michèle Morgan, Michel Simon, Pierre Brasseur, scénario de Pierre Mac Orlan, dialogues de Jacques Prévert, film tourné en 1938, mais qu'on n'avait jamais vu à cause de la guerre et dont Marc, un demi-siècle plus tard, pouvait encore citer par cœur de longues tirades, dont la célèbre « T'as d'beaux yeux, tu sais » de Gabin à Morgan, tirade dont il s'était abondamment inspiré à l'époque pour chanter la pomme aux filles, à toutes les filles, car pour Marc chanter la pomme aux filles était un devoir sacré auquel était tenu tout jeune homme bien élevé.

Le ciné-club NDG a vite connu un gros succès. Si bien qu'on dut rapidement songer à déménager. Les dominicains de la rue Girouard ont fait savoir qu'ils avaient une belle grande salle pouvant leur être prêtée un ou deux soirs par semaine. Mais avant d'accepter la dominicaine proposition, Marc a tenu à rencontrer le supérieur pour lui demander de ne pas imposer d'aumônier au jeune ciné-club.

À l'époque, toute association – sociétés savantes ou cercles d'amateurs, organismes de bienfaisance ou d'affaires à but lucratif ou non, clubs sportifs, ciné-clubs, cénacles littéraires, groupements de passionnés d'histoire naturelle, de philatélie, de géologie ou de généalogie –, tous et toutes devaient avoir un aumônier, qui souvent intervenait dans le choix du contenu des lectures, des visionnements, des sorties, des discussions.

Marc expliqua au dominicain que ses amis et lui désiraient connaître le langage cinématographique. « Si on s'attarde à décortiquer le film sous l'angle moral, on n'en comprendra jamais la structure, le montage, les intentions... » Le bon père a accepté, ce qui valut à Marc l'admiration des copains. On ferait, bien sûr, une petite prière avant la projection (toute activité, repas, débat politique, match de baseball ou de hockey, cours de latin ou de math, commençait et se terminait obligatoirement par la prière). Mais, au moins, on discuterait librement d'art et de technique cinématographiques.

Parmi les œuvres qui ont le plus touché Marc à cette époque et contribué certainement à former sa conception de l'art et du monde, il faut mentionner d'abord et avant tout celles de Marcel Carné. *Quai des brumes, Hôtel du Nord, Les Visiteurs du soir,* tous les films de Carné tournaient dans les ciné-clubs après avoir rempli les cinémas pendant des mois. Son film le plus achevé et le plus percutant, film fétiche de Marc, film culte de sa génération, a été certainement *Les Enfants du paradis,* qui a eu à la fin des années 1940 un impact comparable à celui qu'aura par exemple *Sgt. Pepper's Lonely Hearts Club Band* des Beatles vingt ans plus tard.

Ce film, la production la plus prestigieuse entreprise en France sous l'Occupation, ne fut achevé qu'après la Libération. L'action se passe dans le Paris du milieu du XIXe siècle, boulevard du Crime, parmi un petit peuple de saltimbanques, de voleurs, de comédiens, dans un grouillement de figurants et de décors habilement utilisés.

L'histoire s'appuie sur une galerie de personnages, plusieurs ayant réellement existé, d'autres étant des amalgames inspirés de personnages réels. Le film, ouvert et clos par des rideaux, est une mise en abîme de la représentation théâtrale où se mêlent fiction et réalité et où se confondent tous les genres : kermesse, pantomime, mime, comédie, mélodrame, petit et grand guignol, tragédie, carnaval. C'est à la fois une réflexion sur la représentation sociale et sur les rôles que chacun endosse ou est forcé de jouer. Les dialogues de Jacques Prévert étaient parfaits, percutants, gouailleurs. Marc et ses amis connaissaient par cœur de nombreuses répliques. Après avoir baigné dans les beaux-arts, puis dans la littérature, puis dans le cinéma, voilà Marc passionné de théâtre. À travers cette première grande leçon que lui avaient servie Prévert et Carné, il découvrait, émerveillé, la fonction sociale du grand jeu théâtral.

Au moment de sa sortie, en 1946, le film de Carné avait été interdit par la censure canadienne. Le consulat français en avait néanmoins reçu une copie et se proposait de procéder à quelques visionnements privés à Montréal et à Québec, sans avoir préalablement obtenu l'autorisation du Bureau de la censure. Maurice Duplessis lui-même est intervenu et a interdit la représentation, jugeant immoral ce film qu'il n'avait jamais vu... Il lui suffisait de savoir qu'il y avait là-dedans, aux yeux de la société bien-pensante, des choses intolérables, de véritables ignominies. On voit par exemple la belle Arletty (Garance) laisser Pierre Brasseur (Frédérick) entrer dans sa chambre, alors qu'elle ne l'aime même pas, simplement pour le plaisir évident de coucher avec lui. « Comme des bêtes », avait dit un professeur de Brébeuf, devant qui plusieurs des gars s'étaient esclaffés. Ils avaient pratiquement tous vu le film, même si leur directeur de conscience le leur avait fortement déconseillé. Et ils avaient adoré Arletty, l'irradiante pierre de touche du récit de Prévert et de Carné autour de qui gravitent, en un ballet amoureux désordonné, imprévisible, des hommes hypnotisés, Brasseur, Jean-Louis Barrault. Arletty était devenue la femme mythique du cinéma français.

Ainsi, pour les jeunes gens cultivés, de surcroît passionnés de théâtre, le film de Carné, par ses thèmes mêmes, par les paroles de Prévert et par l'interprétation magistrale de tous les comédiens, a pris figure d'icône rayonnante, icône magnifiée par son interdiction.

Cette interdiction, comme tous les interdits et tabous, conforta la jeunesse dans la certitude que ce qui était interdit était bon, intelligent, moderne. L'interdiction était une indication, une balise, un signe, un repère sur le chemin du progrès, de l'évolution. «Va là, fais ci, fais ça, c'est interdit.» La jeunesse s'épanouit dans la transgression. Et il y avait, en ce temps-là, énormément de choses à transgresser. La jeunesse était donc magnifiquement épanouie, dynamique, créatrice. Et il y eut cet inoubliable moment, un véritable cadeau, le jour même des vingt ans de Marc Favreau, le 9 novembre 1949. À la faveur de la nuit, de jeunes artistes sont allés placer un étrange objet au centre du jardinet de l'École d'art et de design du Musée des beaux-arts, avenue Ontario (aujourd'hui avenue du Musée). Le lendemain matin, grand émoi dans la cité. Il s'agissait d'une sculpture sur bois (de l'épinette enduite de cire rouge) de plus de 3 m de hauteur, pesant quelque 275 kg, représentant un homme debout et une femme agenouillée à ses pieds tenant un enfant dans ses bras. Flambant nus tous les trois. Quelle horreur! Quelle audace!

La police est venue enlever le répugnant objet pour l'amener dans son panier à salade au poste numéro 10, à l'angle des rues Saint-Marc et Saint-Luc. Le soir même, les médias s'étaient emparés de l'affaire, qui eut des échos jusqu'à Québec, Ottawa et Toronto.

Le jeune artiste qui avait créé *La Famille* était un professeur de l'École d'art, Robert Roussil, vingt-cinq ans, en qui le très respecté Arthur Lismer avait pleine confiance. Roussil perdit sa *job*, mais acquit du jour au lendemain une enviable notoriété. Quelques semaines plus tard, on a fait à la librairie Tranquille une parodie de procès au « sans-culotte » de Roussil, procès qui était en fait un pied de nez aux autorités.

Marc, comme tout jeune artiste ou intellectuel curieux, fréquentait la librairie Tranquille, désaltérante fontaine dont il suivait les activités. C'était juste en face de la Comédie canadienne, à deux pas du Gesù. Pellan y avait repris son exposition *Prisme d'yeux*. Le *Refus global* de Borduas y était vendu en exclusivité, aucun autre libraire canadien n'osant affronter l'ire du clergé qui avait condamné l'auteur. Henri Tranquille, lui, participait à tous les débats littéraires qui agitaient alors le pays. L'année suivante, alors que le Canada français profond, mobilisé par le clergé, était occupé à fêter l'année mariale, Henri Tranquille invitait auteurs et lecteurs à la célébration du centenaire de la mort de Balzac, ce que réprouvait véhémentement le Comité diocésain d'action catholique de Montréal dirigé par Mgr Valois, qui n'était pas un fan de l'auteur de *La Comédie humaine*.

Toutes ces activités de censure réjouissaient Marc, toujours ravi, comme autrefois au collège, par les propos des imbéciles. Il n'y voyait pas de danger. Sans doute qu'à ses yeux Mgr Valois était un pauvre sot sans malice et décidément sans génie. Et il y avait dans cette ville, dans cette société, tant de lumière, d'intelligence, qu'il valait mieux rire de tout cela et s'émerveiller du reste.

Il demeurera toute sa vie un fervent admirateur de M. Tranquille.

Il dévorait donc livres, films, théâtre, *shows*, trouvant, tant du côté de *Tit-Coq*, des *Fridolinades*, du *Beu qui rit* de Jacques Normand, Denis Drouin, Paul Berval, des farces de Ti-Zoune, des revues burlesques présentées, entre autres, au Continental, rue Sainte-Catherine (là où se trouve aujourd'hui le complexe Desjardins), des *strip-teases* de Lili Saint-Cyr, que du côté des Molière, des Racine, des Labiche et des Claudel présentés par des troupes françaises ou par les Compagnons de Saint-Laurent, de quoi nourrir son très éclectique esprit.

Marc, à vingt ans, découvrait que le théâtre veut dire quelque chose et peut changer le monde. Il découvrait également qu'il se passait énormément de choses dans ce milieu au Canada français. Le théâtre était un autre de ces lieux de liberté et de création, une autre de ces rafraîchissantes fontaines où un jeune homme curieux pouvait se désaltérer, se nourrir.

Le théâtre de l'époque, ce fut d'abord et avant tout la troupe des Compagnons de Saint-Laurent, une sorte de nébuleuse extrêmement dynamique qui semblait attirer tous ceux et celles que les arts de la scène intéressaient. C'était le père Émile Legault qui, en 1937, avait fondé cette troupe avec des étudiants du collège Saint-Laurent, auxquels s'étaient par la suite joints des gars de Sainte-Croix, de Sainte-Marie, de Brébeuf, quelques filles de Jésus-Marie, de Marguerite-Bourgeoys. Bien qu'amateurs, les Compagnons sont rapidement devenus la compagnie la plus influente au Canada et ont obtenu une grande notoriété auprès d'un fervent public. Ils jouaient surtout les grands classiques français, tels Molière, Racine, Corneille, mais aussi Jacques Copeau, Marcel Pagnol, avec de fréquentes et opportunistes incursions dans le théâtre chrétien. Il le fallait bien pour se mériter l'approbation du clergé, essentielle à cette époque, et l'appui des pères de

Sainte-Croix, qui finançaient très généreusement et hébergeaient confortablement la jeune compagnie qui se produisait un peu partout à travers le Québec. Plusieurs comédiens et comédiennes ont commencé leur carrière avec eux : Charlotte Boisjoly, Lionel Villeneuve, Jacques Létourneau, Gabriel et Jean Gascon, Jean-Louis Roux, etc.

Ces deux derniers avaient vingt ans à peine qu'ils faisaient déjà parler d'eux dans le milieu culturel. En 1942, ils obtenaient un rôle dans *L'Échange*, de Claudel, mis en scène par Ludmilla Pitoëff. Ils s'étaient inscrits en médecine (personne à l'époque n'osait imaginer pouvoir gagner sa vie au Canada français en faisant du théâtre), mais continuaient de jouer avec les Compagnons. En 1946, Pitoëff, revenue à Montréal avec sa compagnie, les a fait jouer à ses côtés dans *Phèdre*, de Racine, et *Le Pain dur*, de Claudel. Et elle les a convaincus d'aller étudier l'art dramatique à Paris. Roux a reçu une bourse et est parti l'année même ; Gascon le suivra un an plus tard. « Le théâtre ne nous faisait pas vivre, dira Jean-Louis Roux. Et pourtant, on ne vivait que de théâtre. »

À la toute fin des années 1940, les Compagnons avaient leur théâtre, une salle magnifique aménagée dans une ancienne église située rue Sherbrooke, côté sud, tout juste à l'ouest de l'avenue de Lorimier. Mais c'était, on le sentait, les dernières années des Compagnons, non pas qu'il y eût un désintérêt de la part du public pour la chose théâtrale, mais bien au contraire parce que tout commençait à bouger dans ce milieu, qu'on cherchait du sang neuf et surtout qu'on voulait échapper un peu au carcan religieux. D'autre part, les pères de Sainte-Croix, qui avaient soutenu les Compagnons, commençaient à trouver leur répertoire bien audacieux, souvent irrévé-rencieux, frôlant parfois le paganisme.

Marc, lui, allait au théâtre. Il voyait tout. Mais il n'entrait pas dans le milieu, il n'y connaissait personne. Il était comme une mouche sur une cloche de verre, bourdonnant, regardant, attendant. Il restait, diront ceux qui l'ont connu à l'époque, un jeune homme plutôt secret, très discret, sombre parfois, se livrant peu. Ou ne se livrant qu'à travers un théâtre très personnel fait de bouffonneries, de grimaces et de mimiques. Il voyait vite la bêtise chez les autres et se faisait un plaisir de la débusquer. Il adorait laisser les gens aller au bout de leur sottise ou de leur bêtise, il les encourageait. « Et il le faisait finement, sans méchanceté. On aurait dit qu'il les purgeait de leur niaiserie », dit Leroux. Mais il était réellement fasciné par la sottise qui le faisait rire, la vraie sottise.

Mais qui serait-il ? Que ferait-il de sa vie ? Il était financièrement indépendant. Il payait une petite pension à ses parents. Il avait amplement de quoi s'acheter des livres, des disques, des cigarettes, toutes choses qu'il consommait abondamment, de quoi aussi aller au cinéma, au théâtre, au musée, au concert… Il riait beaucoup, d'un rire souvent grinçant. Mais au fond, il n'était pas vraiment de bonne humeur. Ceux qui l'ont côtoyé à l'époque sont unanimes : Marc n'était pas un jeune homme épanoui, heureux. Il avait trop faim de tout, d'idées, de folie, d'amour, de voyages en mer, d'ailleurs…

Or, le vaste monde était là, offert, ouvert, tout proche, livré à domicile et pourtant inaccessible. La radio apportait chaque jour de la musique et des chansons neuves, et toutes sortes d'histoires, vraies ou inventées, des radioromans et des nouvelles de partout, bonnes ou mauvaises, des actualités. On avait suivi la guerre jour après jour, le procès de Nuremberg, l'assassinat de Gandhi, les fulgurantes montées de Maurice Richard. Tout un monde connu à la radio, Pie XII, Staline, la mort de George VI. Et la radio laissait place à l'imagination ; chacun forgeait ses propres images de guerre, de hockey.

Marc restera jusqu'à la fin de sa vie totalement accro à la radio, cent mille fois plus qu'à la télévision, qu'il n'aura de cesse de décrier, de critiquer, d'appeler « l'odieux-visuel » ou « la rétrovision » ou « le plus grand dominateur commun », même s'il y a longtemps (et fort bien) gagné sa vie. En écoutant la radio, il prenait le pouls du monde, il entendait battre son cœur. Mais il n'appartenait pas à ce monde, n'y jouait aucun rôle, n'y faisait ni amours ni voyages. Il était rivé quarante heures par semaine à sa table à dessin industriel, rongeant son frein...

6

Entrée des artistes

Au milieu des années 1930, encore étudiant à l'École des beaux-arts de Montréal où il avait côtoyé Renée Favreau, la sœur aînée de Marc, Jacques Pelletier créait des décors pour la Société canadienne d'opérette et pour les Variétés lyriques. Il a par la suite étudié l'éclairage et la scénographie à New York. Rentré à Montréal, il a travaillé régulièrement aux *Fridolinades* de Gratien Gélinas et signé les décors de son *Tit-Coq*. Nul mieux que lui, artiste de la lumière, ne savait créer des atmosphères, des ambiances.

Quand Jean-Louis Roux et Jean Gascon, rentrés d'Europe au printemps de 1951, ont fondé le Théâtre du Nouveau Monde (TNM), avec l'aide d'Éloi de Grandmont, c'est à lui qu'ils ont confié la scénographie. Au cours de l'été, Pelletier a proposé à Marc Favreau, dont il appréciait les talents de dessinateur, l'humour caustique et les savoir-faire manuels, de travailler avec lui aux décors de la première pièce qu'allait présenter la toute nouvelle troupe, *L'Avare*, de Molière. Marc venait d'entrer dans la place ; il allait enfin découvrir les coulisses, la scène, toute cette machine animée, inspirée, fascinante qu'est une troupe de théâtre.

Les décors étaient alors construits directement sur la scène, en l'occurrence celle du Gesù où logeait la troupe du TNM. Le Gesù, comme le collège Sainte-Marie, était la propriété des pères jésuites, lesquels avaient évidemment un droit de regard sur la programmation.

Le 9 octobre 1951, le rideau s'est levé sur la première production du TNM : mise en scène de Jean Gascon, qui tenait également le rôle de Harpagon, décors et éclairages de Jacques Pelletier et Marc Favreau. Par sa qualité et son audace, cette production a fait école dans la jeune histoire du théâtre au Québec, et le TNM s'est tout de suite imposé comme le grand théâtre canadien-français.

Au public montréalais avide de nouvelles expériences, Gascon et Roux ont par la suite proposé un répertoire très éclectique, qui allait de Paul Claudel à Henry de Montherlant en passant par Eugène Labiche et Sacha Guitry. Mais c'est surtout par ses relectures de Molière dans les années 1950 que le TNM va s'illustrer : les mises en scène très physiques des *Trois farces* et du *Malade imaginaire* ont marqué l'histoire de l'interprétation moliéresque au Québec.

Ainsi, Marc Favreau, vingt-deux ans, découvrait au TNM la richesse, l'audace et la puissance du théâtre de Molière. Il découvrait comment celui-ci posait, dans ses comédies, des problèmes moraux que ses contemporains refusaient bien souvent de considérer. Il leur disait sans ménagement des vérités qu'ils refusaient de considérer, parce qu'elles allaient briser l'ordre établi et les priver de leurs privilèges. Et peu à peu, et pour le mieux, il changeait cet ordre et ce monde.

Le théâtre est une quête du sens de la vie, de la mort, de l'histoire, une quête de justice, aussi, d'idéal, d'absolu. Et Marc s'approchait au plus près de cette force, ce mystère, ce bienveillant pouvoir qu'il découvrait sur la scène, dans l'écriture, dans le jeu des comédiens, dans la passion de tous ces gens, eux aussi fascinés par l'œuvre, costumiers, machinistes, accessoiristes, peintres, souffleurs et éclairagistes, spectateurs, critiques, formant une grande et accueillante famille. Il avait trouvé. Ce sera son monde, son avenir, toute sa vie, sa vraie famille.

Un jour, il est allé voir, au His Majesty's, une troupe française qui présentait *Arlequin serviteur de deux maîtres*, de Goldoni. Le comédien qui interprétait Arlequin portait, comme il se doit, le masque noir et le sabre de bois du roué valet, ainsi que son habit composé de petits morceaux de drap triangulaires de diverses couleurs. Marc a été ébahi par le jeu très physique de ce comédien qui animait son personnage avec une formidable énergie. Les quiproquos et les farces s'enchaînaient à une vitesse incroyable. Mais ce qui a surtout stupéfié Marc, c'est quand, après le spectacle, sous les ovations, le comédien est venu saluer la foule et qu'il a enlevé son masque. On a vu alors un homme d'une soixantaine d'années… qui, pendant près de deux heures, avait vécu dans la peau d'un autre homme, un tout jeune homme, fou, amoureux. Pour Marc, le personnage et le théâtre pouvaient donner à un homme une seconde jeunesse, une jeunesse durable. Le théâtre est une seconde vie.

Et bientôt l'assistant-décorateur du TNM sentit monter en lui, irrépressible, le goût de s'avancer sur les planches. Pour faire quoi, dire quoi, être qui, il ne savait pas trop. Ni par où commencer. Il n'y avait pas d'école d'art dramatique, à Montréal, nulle part où apprendre le métier d'acteur.

Le TNM avait une salle remarquable, un vaste répertoire, un public passionné, de généreux mécènes. « Tout ce qui nous manquait, dira Jean-Louis Roux, c'étaient de bons jeunes comédiens. » Certains de ceux qui gravitaient autour des Compagnons et plus tard du TNM avaient pris ici et là des cours privés de diction, de maintien, de pose de voix, et même ce qu'on appelait par dérision des cours de distinction, auprès de vieux artistes français venus jouir du prestige et de l'autorité morale dont ils étaient ici automatiquement entourés… Mais aucune école d'art dramatique ne dispensait une bonne formation générale. Pour que le TNM s'épanouisse, il devait pouvoir compter sur un bon bassin de comédiens. Comme on ne pouvait pas en importer indéfiniment, on a décidé d'en former sur place. Avec l'aide de Jean Dalmain et Guy Hoffmann fraîchement débarqués de Paris, Gascon et Roux ont fondé, dès l'automne 1951, l'école du TNM. Marc Favreau, qui passait déjà ses journées et ses soirées au Gesù, fut l'un des premiers élèves à s'y inscrire.

Les cours ont commencé après les Fêtes, en janvier 1952. Ils se donnaient le soir, au deuxième étage d'un vieil édifice qui se trouvait juste en face du Gesù, rue de Bleury, dans un grand local nu, un ancien atelier de peintre, muni d'une verrière. On y a installé une petite scène et une vingtaine de chaises dépareillées. Jean Gascon, Jean Dalmain et Georges Groulx enseignaient l'interprétation ; Guy Hoffmann, le mime et l'improvisation ; Roy Royal et Lucie de Vienne-Blanc, la pose de voix ; et Jean-Louis Roux, l'histoire du théâtre. Tous ces profs étaient dans la jeune trentaine, très « français », pour ne pas dire excessivement « français » de culture et de formation. Les élèves avaient dix ou quinze ans de moins qu'eux. Quand ils le pouvaient, ils payaient dix dollars par mois. Jacques Godin, Marcel Sabourin, Monique Miller, Claude Jutra, Marthe Mercure, Françoise Gratton, Georges Dor, Micheline Gérin, Monique Joly, Dyne Mousseau, Marc Favreau, Lise LaSalle, Guy Lécuyer et plusieurs autres comédiens qui ont connu, au cours des décennies suivantes, une longue et fructueuse carrière ont été formés dans cette éphémère école.

Mais qu'est-ce qui pouvait bien attirer au théâtre un jeune homme de vingt-deux ans et demi ? Et le pousser à monter sur les planches pour affronter le terrifiant public ? Plus tard, Marc réfléchira longuement, et très sérieusement, à ces questions. À sa mort, on a trouvé dans son ordinateur un texte de près de quatre mille mots,

Réflexion sur la corde raide, dans lequel il avoue qu'il y a d'abord une part de narcissisme. On devient comédien pour se connaître mieux ; et on y arrive, paradoxalement, en passant sa vie dans la peau d'un autre, de plusieurs autres. Mais le théâtre, pour Marc Favreau, c'est aussi une prise de pouvoir. Le comédien est un manipulateur, un tireur de ficelles, un marionnettiste. Et le pouvoir, c'est enivrant. « Quelle griserie que de sentir qu'on domine, qu'on a de l'influence sur son entourage ! »

Or, le comédien, nous raconte-t-il, se fait tôt ou tard prendre au jeu. Il entre au service de ses personnages. Et bientôt, c'est lui qu'on manipule. Il règne apparemment sur un petit monde très obéissant, dont il semble faire ce qu'il veut ; mais en réalité il est tributaire de ses créatures, il est leur obligé... S'il travaille bien, s'il est honnête, il arrive à cet état parfaitement absurde d'être en même temps le manipulateur et le manipulé ! Tout ça en jouant.

« Le comédien idéal, ayant passé sa vie dans la peau de tant de fantoches, est drôlement bien placé pour devenir sage, philosophe, conclut-il. Il n'est pas d'autre métier qui permette de voir vivre tout un monde de si près. »

Il n'en était pas encore là dans ses réflexions quand, à l'âge de vingt et un ans, il est entré à l'école du TNM. En fait, il l'avouera plus tard, il n'avait qu'une très vague idée de ce qu'il voulait faire. Ce milieu l'attirait, le fascinait. Il n'a pas su, pas voulu résister.

« Les premiers temps, quand Marc est arrivé à l'école, on ne le voyait pratiquement pas, raconte Françoise Gratton, qui s'était inscrite elle aussi aux cours du TNM. Il restait dans son coin, loin des autres, sans doute occupé à nous observer en se donnant l'air de ne pas le faire. On avait parfois l'impression qu'il ne voulait rien savoir de nous ou qu'il attendait que quelque chose se passe ou de comprendre ce qui se passait. »

81

On ne le voyait donc pas beaucoup. Il était pratiquement invisible, du moins au début. En fait, on l'a entendu avant de le voir. Il riait vraiment très fort, d'un rire qui faisait tourner les têtes. Surtout quand il était en compagnie de Marcel Sabourin.

Celui-ci, tout rond à l'époque, flamboyant, haut en couleur, étudiant en versification au collège Sainte-Marie, était, à seize ans, le plus jeune élève de l'école et l'un des plus passionnés. Il s'était rendu un soir au théâtre des Compagnons de Saint-Laurent voir un Labiche, *Célimare le bien-aimé*, interprété par Henri Norbert, un comédien français nouvellement établi au Québec. Ce fut une révélation. « J'ai décidé, ce soir-là, que je serais comédien. Je savais que ce serait ma vie. »

Or, ce jeune Sabourin, boute-en-train de l'école, était en admiration devant Marc, qu'il semblait être le seul à avoir remarqué. À ses yeux, Marc manifestait une grande indépendance d'esprit. Il percevait en lui quelque chose de sauvage, d'indompté. Marc Favreau, le gringalet qui portait des chandails élimés à col roulé et une maigre barbe rousse, n'était pas un gars comme les autres. Et tout en lui disant cela : « Je ne veux pas être comme les autres, ne sois pas comme les autres, jamais. »

La première fois que Marcel Sabourin l'a aperçu, Marc était assis dans son coin, totalement indifférent à ce qui se passait autour de lui (ou faisant semblant d'être indifférent à ce qui se passait autour de lui), en train de lire le *Traité du caractère* d'Emmanuel Mounier, le philosophe français qui venait de mourir. Mounier avait tenté, dans ses grosses briques arides, de faire une synthèse du christianisme et du socialisme. Qu'est-ce qui avait bien pu attirer Marc Favreau vers cette littérature lourde et austère ? On ne le saura jamais. Peut-être avait-il lu ou entendu quelque part que Mounier militait pour la justice sociale. C'est sur ce sujet en tout cas que portèrent les premières conversations qu'eurent ensemble Marc et

Marcel, deux esprits formidablement éclectiques, vifs, électriques et épris, comme il se doit quand on est jeune, pur et idéaliste, de justice sociale.

Une chose qu'appréciait beaucoup Marcel chez Marc, c'était le regard qu'il portait sur les autres. « Un regard du dehors, on aurait dit, chargé d'une implacable ironie, d'une moquerie froide, parfois amère. Et il lançait, comme des fusées, des sentences lapidaires... suivies immanquablement de ce rire sardonique qui faisait se tourner toutes les têtes. » Ce fut beaucoup par cet humour et ces rires que Marc s'est fait remarquer, qu'il s'est peu à peu imposé et est devenu, non seulement aux yeux du jeune Sabourin mais au sein de toute l'école, un personnage incontournable, écouté, lui-même désormais observé...

Il y avait dans la classe une magnifique jeune fille aux grands yeux d'un bleu bouleversant et au sourire irrésistible, vingt ans, pulpeuse brunette, Micheline Gérin. Elle avait déjà plus d'expérience du théâtre que la plupart des filles et des garçons inscrits à l'école. Elle avait été proche des Compagnons de Saint-Laurent, elle avait suivi des cours de diction et de maintien. Elle connaissait les frères Gascon, Georges Groulx, Jean-Louis Roux, Lucie de Vienne-Blanc... Elle avait une voix grave, une présence lumineuse. Elle était, de l'avis de tous, promise à une belle carrière de tragédienne. Et surtout, elle avait plein d'amis, tout le monde lui parlait, tout le monde voulait faire partie du cercle de ses amis. On la voyait souvent rire avec Françoise Gratton, Marthe Mercure. Micheline Gérin, c'était la fille qu'il fallait connaître.

Marc est allé un jour se présenter à elle. Il lui a tendu la main, s'est nommé. Il ne lui a pas laissé une très vive impression. Quoique, un demi-siècle plus tard, Micheline se souvenait en riant : « Une chenille à poils, un os à soupe, avec une barbichette rousse. Rien de bien inspirant, mais poli et gentil. Et surtout, il savait déjà faire rire les filles. »

Peu à peu, Marc est rapidement devenu un bon ami de Micheline, de Françoise, de Marthe... Il était de toutes les sorties, de toutes les fêtes. La chenille à poils à col roulé et à barbe rousse et clairsemée rêvait à cette époque de jouer les jeunes premiers langoureux. Comme Gérard Philipe, par exemple, sérieux et intense jeune premier au talent fait de charme et de fougue. Philipe était, à trente ans, une mégastar, le meilleur, le plus adulé, le plus brillant comédien de sa génération, triomphant et au théâtre et au cinéma. Tous les comédiens de la génération de Marc voulaient l'imiter, tous ils prenaient sa voix traînante, ses airs vaguement compassés, ses gestes amples et lents, et ils pratiquaient son sourire qui faisait craquer les filles.

Marc rêvait d'incarner comme lui Lorenzaccio, le héros romantique et *destroy*, le *beautiful loser* qu'avait créé Alfred de Musset. Et quand il serait plus vieux, il deviendrait un monstre sacré, grand, autoritaire, comme Louis Jouvet par exemple, capable de jouer dans tous les registres de la tragédie et de la comédie. Beau programme ! Mais le jeune homme allait découvrir qu'il y a épouvantablement loin de la coupe aux lèvres... Et qu'il se trompait carrément de chemin.

À la fin de cette première année, Micheline Gérin, la belle jeune fille aux grands yeux bleus qui avait plein d'amis, présentait devant les élèves une scène d'*Andromaque* qui lui a valu l'admiration de tous. Et le premier prix d'interprétation. Marc, lui, défendait un court extrait de *La guerre de Troie n'aura pas lieu*, de Jean Giraudoux, un texte très moderne, plein d'humour et de fantaisie. Il est arrivé sur scène, haletant, traqué, maîtrisant mal ses émotions, mettant tout le monde mal à l'aise.

Il fut sévèrement jugé et noté par les profs, qui ne lui trouvaient pas beaucoup de talent. Pour Jean Dalmain, il était trop renfermé, pas assez expressif. Selon Hoffman, il n'était pas assez capable de contrôler ses émotions pour devenir un bon comédien. Et cette barbe ridicule lui donnait un air rébarbatif. Jean-Louis Roux était lui aussi assez d'accord pour qu'on le laisse couler et qu'on ne le reprenne pas à l'automne. L'école était toute petite, et on avait un urgent besoin de bons comédiens. Garder ce jeune homme, intelligent certes, mais pas très talentueux, serait pure perte.

Ainsi, la belle Micheline triomphait; Marc, lui, était sur le bord de la porte. Devant ses camarades, il ne semblait pourtant pas affecté par la froideur des profs à son égard. Marc ne semblait jamais affecté par les vicissitudes de la vie. «Faut pas se faire de bibittes», disait-il à Sabourin.

Finalement, c'est Jean Gascon qui a convaincu ses confrères de garder Marc une seconde année. Il était évident, selon lui, que ce garçon n'avait pas encore trouvé sa voie, mais il avait une «sensibilité particulière et pas sans intérêt». On sentait chez lui un malaise, mais aussi une fébrilité qui ne demandait qu'à être contrôlée. «Ce garçon a quelque chose, laissons-lui une chance.» Et les autres ont accepté de laisser à Marc Favreau une chance, la chance de sa vie.

Et ce fut l'été, l'un des plus beaux du monde, l'été 1952, au cours duquel Marc s'est plus étroitement lié d'amitié avec la belle Micheline, s'est trouvé une *job* épatante qui lui a permis de quitter définitivement l'atelier de dessin commercial, a renoncé à jouer les jeunes premiers, s'est imposé aux yeux de ses camarades et a (presque) trouvé sa voie et son emploi.

Une énorme bête s'apprêtait à entrer dans la vie des Montréalais, un monstre inconnu, imprévisible: la télévision. Jacques Pelletier, qui cumulait déjà les fonctions de scénographe au TNM et de chef décorateur à Radio-Canada (qui allait commencer à diffuser à l'automne), avait gardé Marc comme collaborateur. Celui-ci avait désormais amplement de quoi payer ses cours à l'école du TNM. Et il allait avoir cette chance inouïe d'assister aux premiers balbutiements de la télévision canadienne.

Bien difficile d'imaginer aujourd'hui chose plus énorme, plus bouleversante, tout aussi inconcevable et incroyable, déroutante et fascinante, que ce qu'était la télévision quand elle a débarqué dans les foyers des grandes villes nord-américaines, à l'automne de 1952. Ce fut certes l'invasion la plus pénétrante jamais perpétrée au sein de cette société, pénétrante jusqu'aux tréfonds de son âme.

Dans les chaumières, on ne savait comment expliquer ce phénomène tant il était inouï, tant c'était du jamais vu. Il y eut un long moment de stupeur dont les plus âgés se souviennent. Puis un tout aussi long moment d'euphorie, de pure innocence. Le monde était proprement, littéralement médusé. En effet, telle Méduse, l'effroyable Gorgone dont le regard pétrifiait ceux qui la fixaient, la télévision hypnotisait littéralement ceux qui la regardaient. Et ils étaient nombreux, chaque jour plus nombreux, tétanisés, hypnotisés, obsédés.

Marc Favreau, lui, a eu la chance d'échapper à cette hypnose collective, parce que, comme quelques dizaines de jeunes techniciens et artistes, il travaillait pour la Méduse radio-canadienne. Ça se passait rue Dorchester, angle Bishop, dans le vieil hôtel Ford réaménagé en bureaux et en studios. C'était là que vivait l'insatiable Méduse.

Il fallait lui trouver du monde à dévorer, la nourrir d'images, quelques heures tous les jours. Or, à peu près personne, à Montréal (ni même à New York ou Paris), ne savait comment on nourrissait un tel monstre. En fait, pratiquement personne ne pouvait se vanter d'avoir vu de la télévision, sauf quelques techniciens qui en avaient étudié les rudimentaires techniques à New York ou à Paris, comme Maurice Leroux, le sympathique prof de Marc à l'académie Querbes qui, après ses études de droit à McGill, était parti en Europe pour parfaire sa culture…

Les élèves de l'école du TNM formaient un clan très fermé, très serré. Ils allaient ensemble au cinéma, dans les salles de danse, organisaient des pique-niques sur la montagne ou sur les plages de la rivière des Prairies ou de l'île Sainte-Hélène. Même en vacances, ils continuaient de voir et de faire du théâtre et du cinéma, de répéter des scènes, d'apprendre par cœur des poèmes d'Eluard, de Prévert, d'Aragon, de Cocteau... Cet été-là, dans la *gang*, on lisait Louis-Ferdinand Céline, *Voyage au bout de la nuit*, et Henry Miller, *Tropique du Cancer*, deux ouvrages explosifs, l'un sombre, grinçant, amer, l'autre magnifiquement jovial et trivial. On répétait le jour, on fêtait le soir. Marc faisait le pitre, il dansait comme un fou, un feu follet. Il dansait sa danse à lui, sans partenaire (sauf, bien sûr, pour les *slows* et les *plains*, qu'il affectionnait), sur des rythmes de *jitterbug*, de boogie-woogie, de be-bop.

En août, Gérard Philipe est venu à Montréal faire la promotion de *Fanfan la Tulipe*, un film de Christian-Jaque, qui avait connu en France un immense succès. Un soir, après la dernière représentation de *Fanfan* au Théâtre français de la rue Sainte-Catherine, un groupe d'élèves de l'école du TNM l'ont enlevé et emmené à l'atelier de la rue de Bleury. Intrigué et charmé, le comédien s'est prêté de bonne grâce au jeu pendant plus de trois heures. Répondant avec la plus grande gentillesse aux questions des étudiants.

Ils l'avaient tous vu quelques mois plus tôt dans un film de Claude Autant-Lara tiré d'un roman de Raymond Radiguet, *Le Diable au corps*, qu'ils avaient bien entendu tous dévoré. Radiguet, un protégé de Jean Cocteau, n'avait vécu que vingt ans, mais il avait laissé deux véritables chefs-d'œuvre, ce sulfureux *Diable au corps* et *Le Bal du comte d'Orgel*, romans de facture très classique, mais d'une lucidité implacable. Marc avait adoré ses histoires, sa prose, ses personnages. Il avait hautement apprécié la performance impeccable de Philipe dans le film d'Autant-Lara. Comme tous ses camarades, il se donnait ses airs, empruntait son ton, imitait son jeu. Pas seulement à l'école, quand il répétait des scènes, mais dans la vie, pour séduire les filles...

À la fin de l'été 1952, quand les cours ont repris à l'école du TNM, Marc était plus que jamais déterminé à faire ses preuves. Il avait une belle *job*, assez bien payée, il pouvait donc affronter les profs qui le jugeaient avec un certain détachement, sans cette nervosité et cette fébrilité qui le faisaient pratiquement suffoquer l'année précédente. Mais comme comédien, il n'avait toujours pas trouvé son emploi. Il avait été réadmis à l'école du TNM, il suivait assidûment les cours ; pour la première fois de sa vie, il évoluait dans un milieu qu'il adorait, parmi des gens qu'il respectait, qu'il aimait bien, mais il n'avait toujours pas trouvé, dans le vaste répertoire qu'ils exploraient, de rôles à sa mesure et à son goût. Et il lui arrivait encore de rêver de jouer un jour les jeunes premiers.

Quelques mois plus tard, au tout début de 1953, le Théâtre national populaire de Jean Vilar faisait une première visite à Montréal pour y présenter *Le Cid*, de Corneille, *Ruy Blas*, de Victor Hugo, et *Dom Juan*, de Molière. Avec, dans les rôles-titres, le même Gérard Philipe. Tous les profs et tous les élèves de l'école du TNM sont évidemment allés le voir jouer, l'admirer, l'envier.

Or, Marc a compris cette fois, en voyant Philipe dans *Le Cid*, qu'il n'avait pas vraiment envie de jouer des rôles de jeunes premiers amoureux écrasés par de douloureux doutes existentiels et partagés entre l'amour et le devoir. C'était trop lisse à son goût, trop parfait, et ça manquait de piquant, de vie, de liberté... Quand il s'imaginait sur les planches, il se voyait plutôt dans la peau de personnages plus naturels et plus humains, ayant des défauts, faisant des erreurs, plus proches en fin de compte de ceux qu'avait créés Molière, par exemple.

Micheline Gérin a joué un rôle dans ce revirement. Quand Marc a laissé entendre devant elle qu'il n'était plus très sûr d'avoir envie de tenir des rôles à la Gérard Philipe, elle lui a dit avec une généreuse franchise qu'il était évident qu'il n'avait pas la tête de l'emploi et qu'il perdrait son temps à vouloir jouer les jeunes premiers, amoureux ou pas, transis ou pas. Et qu'il devrait, s'il voulait faire carrière au théâtre et au cinéma, trouver son emploi, son style, son personnage. « Tu ne peux pas être Gérard Philipe, lui disait-elle. Il n'y en a qu'un. Il n'y en aura toujours qu'un. Comme il n'y a qu'un seul Marc Favreau. »

Ils étaient devenus très amis, Micheline et lui. Pas amoureux, cependant. Micheline avait ses flirts, un Ronald qui lui a fait beaucoup de peine, un Maurice à qui elle va briser le cœur. Marc avait envie de toutes les filles ; brunes, blondes ou rousses, il leur faisait la cour, les faisait rire, ne laissait jamais passer une occasion de leur voler un baiser. Mais entre Micheline et lui, une solide et chaste complicité s'était établie. Ils riaient toujours beaucoup ensemble, lisaient les mêmes livres, se comprenaient à demi-mots. C'est beaucoup grâce à Micheline Gérin, la tragédienne racinienne, que Marc Favreau va finalement trouver son emploi, sa voie, ses rôles et même et surtout son bonheur.

Micheline était une formidable rassembleuse. Elle organisait des sorties en groupe, des dîners improvisés, des fêtes, des pique-niques, des excursions. Régulièrement, elle invitait des amis à passer le week-end chez ses parents. Les Gérin possédaient une grande maison de ville à Magog et un magnifique chalet au bord du lac Memphrémagog, à Wright's Beach (aujourd'hui plage Soutières), dont Micheline avait fait le lieu de rendez-vous d'une jeunesse cultivée, curieuse et heureuse, une belle jeunesse dorée, *the beautiful people*.

Parmi les copains qu'elle a pris l'habitude d'inviter, il y avait cette chenille à poils toujours habillée de la même manière, jeans, t-shirt et espadrilles en été, col roulé et pantalon de velours uni ou côtelé en hiver, toujours la cigarette au bec, Marc Favreau, qui ne refusait jamais l'invitation. Il faisait le voyage Montréal-Magog sur le pouce, seul ou avec son ami Derome. Ils dormaient dans la chambre d'amis ou sur le divan du salon, ou par terre, ou sous une petite tente qu'ils dressaient à proximité de la maison, ou sur la plage. Marc adorait le camping, même sous la pluie, même tard en saison. Idéalement même, il fallait que les éléments soient déchaînés, le camping étant une sorte de jeu ou de combat entre lui et eux. Il se targuait d'avoir raison du froid, de la pluie, de la chaleur et des moustiques...

Il sera très vite l'idole, le grand frère des enfants Gérin, qu'il impressionnait royalement. D'abord parce qu'il était le copain de leur grande sœur admirée, mais aussi parce qu'il organisait plein de jeux, croquet, fers, pétanque, il était imbattable au ping-pong, pas mal bon au billard, il parlait anglais, il avait lu des livres à l'index, il n'avait pas d'auto mais il aimait et connaissait les moteurs, comme il s'intéressait à l'agriculture, à la menuiserie, à l'architecture. Il chantait la pomme aux tantes vieilles filles et il savait parfois, bien poliment, il va sans dire, tenir tête à leur père, M. le notaire Étienne Gérin, sur des sujets brûlants, comme la religion, la politique. Et le bon notaire s'étonnait ouvertement qu'un jeune homme n'ayant pas fait son cours classique possédât une telle érudition, une si vaste culture.

Marc adorait taquiner Mme Gérin, prude à l'excès, qu'il épatait par son formidable appétit : fèves au lard, jambon, bouillis et rôtis, gâteaux, il était toujours affamé, il disait toujours que c'était bon, en redemandait toujours.

Les plus âgés des enfants Gérin et leurs amis magogois allaient les vendredis et samedis soir dans les *dancings* de la région, la salle du mont Orford, le Beau Site ou la Lanterne sur le chemin de Frelighsburg. C'était Claude le

plus souvent qui conduisait la voiture du notaire Gérin.
Marc était le boute-en-train de la bande.

Les Gérin formaient une grande famille unie,
possédant de la classe, de l'histoire, des biens, un passé,
de la culture et même une certaine notoriété. Beaucoup
de gens à travers le Canada français savaient que cette
famille magogoise avait donné sept de ses neuf enfants à
l'Église. Six des sept sœurs du notaire étaient en effet
entrées chez les religieuses et son unique frère était
prêtre missionnaire en Amérique latine. La seule des filles
qui ne s'était pas faite religieuse tenait à préciser que
c'était parce qu'elle ne voulait pas laisser sa mère toute
seule. Le notaire lui-même, marguillier, membre assidu
de la Ligue du Sacré-Cœur, était d'une piété bien au-
dessus de la normale. Il s'était fait un ami du supérieur de
l'abbaye Saint-Benoît et il l'avait longuement consulté
avant d'acheter l'hôtel Union, qu'il avait fait bénir par le
pieux homme, une fois la transaction réalisée.

Le notaire Gérin aimait rappeler qu'il comptait parmi
ses ancêtres Étienne Parent, journaliste et pamphlétaire,
patriote, ami et mentor de Louis-Hippolyte Lafontaine. Et
Antoine Gérin-Lajoie, avocat, historien, romancier, auteur de la complainte *Un Canadien errant*. Et un monsei-
gneur et un président de la Société royale. Les Gérin
étaient de fervents nationalistes canadien-français. Le
notaire était un ardent partisan de Maurice Duplessis et
de l'Union nationale.

Il y avait donc dans cette famille bourgeoise de quoi
déplaire à un jeune esprit libéral et populiste comme
Marc Favreau. Il s'y est pourtant très vite senti chez lui.
La belle Micheline y était évidemment pour quelque
chose, mais il y avait aussi chez les Gérin énormément de
savoir-vivre, beaucoup d'amour et de chaleur, et
d'humour… et, ce qui n'était pas pour déplaire à Marc,
les enfants et les parents Gérin s'étaient sérieusement
épris de lui, ils le trouvaient charmant, spirituel… Bien

91

évidemment, il n'était qu'un copain de Micheline parmi d'autres. Mme Gérin, née Gilberte Ouimet, originaire elle aussi d'une bonne famille bien nantie, catholique, cultivée et nationaliste, n'aurait pu à l'époque concevoir que sa fille aînée soit en amour avec un artiste inconnu, un comédien sans emploi, sans beaucoup d'avenir, possiblement mécréant. Le notaire non plus n'aurait pas été très heureux de voir une trop tendre amitié se développer entre le gringalet et sa fille chérie, pour qui il avait d'autres visées. Ils ne s'inquiétaient cependant pas. Micheline était peut-être une artiste, mais elle avait une tête sur les épaules.

Elle avait toujours été une enfant sage et rangée, très rêveuse… et en même temps très réfléchie, très raisonnable et déterminée. Toute jeune, naturellement, sans que ce soit d'aucune manière un devoir imposé, elle aidait sa mère à tenir maison, elle s'occupait beaucoup de sa petite sœur Denyse et de ses frères, dont elle organisait les jeux auxquels elle invitait les gamins du voisinage. À huit ans, elle fréquentait déjà la comtesse de Ségur, elle avait lu *La Semaine de Suzette*, *Poil de Carotte*, Alexandre Dumas… Elle suivait avec gourmandise les feuilletons radio : *Grande Sœur*, évidemment, *Maman Jeanne*, *La Pension Velder*, *Les Mémoires du Docteur Morange*.

Et il y avait eu, tout de suite après la guerre, le mémorable et troublant radioroman *La Fiancée du commando*, avec Yvette Brind'amour, l'histoire d'un jeune soldat canadien-français qui, blessé au cours d'un raid aérien contre la Luftwaffe, avait trouvé refuge chez un paysan français, lequel avait une fille, très jolie, dont le soldat est vite tombé amoureux. Ils se sont joints, elle et lui, au mouvement clandestin de la Résistance. Micheline, quinze ans, avait été, bien évidemment, amoureuse du soldat qu'elle imaginait beau, grand, fort, un héros, son héros.

L'été, elle écrivait des pièces de théâtre, des séances, comme on disait à l'époque, qu'elle montait dans le pigeonnier derrière la maison de ses parents ou au chalet et dans lesquelles elle se donnait toujours le beau rôle et confiait celui du jeune premier au plus intéressant et au plus beau des amis de ses frères. Elle avait toujours beaucoup de succès quand elle récitait des poèmes ou des répliques de Molière ou Racine, des fables de La Fontaine, des poèmes de Musset, de Verlaine. Quand il y avait de la visite à la maison, son père lui demandait toujours de réciter quelque compliment. Et il l'applaudissait toujours très fort. Elle étudiait à cette époque chez les sœurs de la Charité du Sacré-Cœur à Magog, puis chez les sœurs de la Congrégation Notre-Dame de Sherbrooke.

À quinze ans, elle est entrée au collège Jésus-Marie d'Outremont. Tous les week-ends, elle se rendait en autobus chez ses parents, à Magog. Chaque fois, son arrivée était pour ses frères et sa sœur une véritable fête. Eux-mêmes le diront: sans Micheline, la maison était triste et morne. Elle leur apportait presque chaque semaine, en même temps que sa communicative bonne humeur, des petits cadeaux, des tricots de fantaisie qu'elle avait faits pour eux, un ourson en peluche, une poupée de chiffon, une tuque ou des gants de laine.

À dix-huit ans, elle étudiait en pédagogie familiale. Comme beaucoup de jeunes filles de bonne famille à cette époque, elle devait approfondir ses connaissances en arts ménagers afin d'être plus tard une bonne épouse et une bonne mère sachant tenir maison. Elle habitait alors à Outremont, rue Lajoie, chez sa tante Yvette, sa marraine bien-aimée, jeune sœur de Mme Gérin, femme moderne et plus permissive que sa mère. Micheline n'avait alors que le théâtre en tête. Et les garçons, évidemment.

Les parents Gérin n'étaient pas peu fiers de leur belle grande fille. Elle acquérait de la culture et des connaissances, elle faisait bien à manger, elle savait tenir maison, coudre, broder, tricoter, ils étaient persuadés qu'elle allait bientôt se trouver un mari, un professionnel. En attendant, ils étaient heureux de la voir se cultiver l'esprit et se faire des amis parmi les jeunes artistes de Montréal, comme la petite Gratton, Françoise, comme la petite Joly, Monique, jeunes filles rieuses, brillantes.

Mais voilà qu'elle arrivait à Magog, le vendredi soir, en même temps que son ami Marc. Et ils repartaient ensemble le dimanche soir. Ils étaient donc toujours ensemble ! Ils laissaient entendre aux parents Gérin qu'ils prenaient l'autobus, alors qu'ils voyageaient presque toujours sur le pouce. Le dimanche, en fin d'après-midi, Claude, le plus âgé des frères de Micheline, prenait la voiture de son père et les laissait sur la route de Montréal, à la sortie de Magog. Les enfants Gérin ont ainsi été complices des amours naissantes de Micheline et Marc.

À l'atelier de décors de Radio-Canada, c'était le bonheur. La plupart des jeunes qui y travaillaient étaient diplômés des beaux-arts, sauf Marc. Ils avaient de l'argent, beaucoup de liberté. « On vivait, dira Marc, dans une atmosphère de joyeuse bohème, ce qui ne faisait pas l'affaire de tout le monde. »

Les gars de l'atelier avaient pris l'habitude d'aller tous les midis à l'hôtel LaSalle, voisin de la maison de Radio-Canada, où on mangeait fort bien pour pas trop cher. De jour en jour, ils ont allongé l'heure du lunch, de dix, quinze minutes d'abord, puis d'une grosse demi-heure. Un bureaucrate s'en est rendu compte et a fait installer une horloge poinçonneuse qui contrôlait, à une minute près, les entrées et les sorties. Marc ne l'a pas pris. « Poinçonner, moi ! Jamais de la vie. Je démissionne. Et quand je reviendrai dans cette boîte, ce sera devant les caméras. »

Ses parents, ses patrons et tous ses amis tant à Radio-Canada qu'au TNM l'ont traité de fou. Il fut inébranlable.

Il s'est donc retrouvé, au printemps de 1953, sans *job*, avec quelques sous de côté, à peine de quoi passer l'été.

Mais sa décision était irrévocable. Il savait ce qu'il voulait. Il savait également ce qu'il ne voulait pas être ni faire ; il ne voulait pas travailler de 9 à 5, même pas dans un atelier de dessin ou de décors, il ne voulait pas qu'on lui dise quoi faire, qu'on le surveille, qu'on l'encadre. Et surtout, pas question de se faire imposer une horloge poinçon-neuse, à ses yeux le symbole de la servitude. Il serait, lui, un homme libre.

Il était bien placé pour savoir que l'insatiable Méduse allait enrôler plein d'artistes au cours des prochaines années. Et des artistes, ça ne poinçonne pas soir et matin, ça travaille nécessairement en toute liberté… Et la liberté, c'est sacré, c'est par ça que tout commence.

À son jeune frère Bernard, encore aux études, il expliquait ce que serait la télévision. « Une sorte de cinéma livré à domicile sur un petit écran lumineux. » Et il jouerait là-dedans. Mais il lui fallait pour cela être un vrai bon comédien, ce qu'il n'était toujours pas, de l'avis des profs de l'école. Il l'est devenu, presque tout d'un coup, au cours de l'été 1953. Grâce à son amie Micheline, il allait trouver sa voie, son emploi, son personnage.

Cet été-là, Mme de Vienne-Blanc, responsable des cours de pose de voix à l'école du TNM à Knowlton, tout près du lac Brome, a mis sur pied un camp d'initiation au théâtre et un atelier de trois semaines au cours duquel les participants préparaient quelques scènes d'une pièce de leur choix. Elle avait invité Micheline à y participer. Celle-ci avait persuadé Marc, Françoise, Marthe et quelques autres amis de s'inscrire. Marc était venu camper dans un champ voisin avec son copain Gilles Derome, qui avait trimballé sur son dos, en plus de son sac de couchage et de ses effets personnels, quelques dizaines de livres. On allait passer trois semaines à lire, jouer, nager, travailler des textes, et flirter bien sûr. Marc avait un œil sur Marthe ; l'autre sur Micheline.

Celle-ci avait proposé qu'ils préparent ensemble quelques scènes des *Précieuses ridicules*. Elle allait elle-même faire la mise en scène et s'occuper de diriger les comédiens. Elle a d'abord amené Marc et Marthe à se demander ce que Molière avait voulu dire dans cette pièce, la première vraie bataille qu'il avait menée au nom du naturel. L'histoire des *Précieuses ridicules*, en apparence loufoque et biscornue, était en fait chargée de grandes leçons et d'une morale fort audacieuse. Après quelques jours, ils étaient à ce point immergés dans l'œuvre de Molière qu'ils avaient délaissé tout autre jeu, baignade, lecture, et même le flirt. Ils ont finalement appris toute la pièce par cœur.

Gorgibus, bon gros bourgeois parisien, veut donner sa fille Magdelon et sa nièce Cathos en mariage à La Grange et Du Croisy, deux bons et honnêtes gentilshommes. Or, Magdelon et Cathos, petites pimbêches snobinardes à l'esprit gâté par la lecture de romans précieux, leur réservent un accueil si dédaigneux que les deux jeunes hommes décident de se venger. Ils envoient chez elles leurs valets, Mascarille et Jodelet, rusés et roués compères qui se font passer pour un marquis et un vicomte. Les jeunes filles se laissent séduire par l'épaisse galanterie que leur débitent les visiteurs et elles acceptent de les accompagner au bal. Les maîtres surviennent et mettent fin à la plaisanterie, rossent leurs valets et se gaussent des jeunes filles.

Marc se sentait si bien dans la peau de Mascarille qu'il ne voulait plus s'en défaire. Tout l'été, il a parlé et gesticulé comme lui. Six mois plus tôt, il rêvait de jouer les jeunes premiers; or, il se retrouvait heureux et épanoui dans la peau d'un valet. Jouer un valet malicieux, intelligent, incarner les loques, les farfelus, les détraqués, voilà où il trouvera désormais son bonheur.

À la rentrée, Marc, Micheline et Marthe ont présenté leur petit numéro devant l'école. « Ils ont été formidables, se souvient Marcel Sabourin. On s'est tous levés d'un bond pour les applaudir. » Ce fut la révélation. Le déclic.

Marc au lac Brome, pendant « le plus bel été du monde », au cours duquel il allait découvrir le théâtre et rencontrer l'amour de sa vie.

Les sœurs Denyse et Micheline Gérin, au lac Brome, en 1952. Tous les jeunes voulaient alors entrer dans leur cercle d'amis.

Loin de l'univers clownesque où s'épanouissait son amoureux, Micheline, toute jeune, s'est affirmée en tant que tragédienne.

Miche et Marc, le jour de leurs noces, le 2 octobre 1954. Avec les parents Gérin à leurs côtés.

Dans les années 1950, tous les chemins menaient à Paris, où Marc allait explorer l'univers de la clownerie, de la jonglerie, de la pitrerie.

Micheline, lors d'une escapade à Bourges, à l'été 1957, quelques semaines avant le retour au pays.

Venise, barcarolles et tendres baisers pour célébrer un grand amour qui durera toujours.

Sur la terrasse de la pre-
mière maison d'Abercorn.
De gauche à droite : Clémence
Desrochers, Louise Collette,
Micheline, Claude Jutras
(de dos), Monique Joly,
Benoît Girard et Marc.

En août 1965, Micheline et les enfants. Chaque été, la famille allait camper en bord de mer...

Noël 1977, à Magog.
Patrice, la petite cousine
Marie-Ève, Marie-Claude
et Marc.

La grande maison d'Abercorn en construction, au cours de l'été 1980.

Œuvre familiale et amicale, Abercorn a toujours été un haut lieu de grande convivialité.

Micheline et Marc au lendemain du lancement de l'album *Je m'égalomane à moi-même*.
Sol connaît alors son premier triomphe au Théâtre de la Ville, à Paris.

Chaque été, autant que possible, Marc donnait congé à Sol et partait lâcher son fou à Abercorn.

Aux Buttes-Chaumont, juste après la création, en 1986, de *L'Univers est dans la pomme*. Sol passe alors le gros de son temps en Europe.

En juillet 2002, avec Claude Maher, indispensable collaborateur. Pendant l'incroyable aventure du *Retour aux souches*.

Micheline et Laurent, le premier petit-fils.

Le 17 février 2007, dernière sortie à Abercorn. Miche, entourée de Raymond Roussel, Loulou et Louise Gamache. Photographiés par Claude Maher.

Marc était littéralement possédé. En Mascarille, il mimait un musicien jouant du violon, du piano, de la trompette, un numéro de son cru, une sorte de hors-d'œuvre pour la pièce de Molière. Il avait trouvé sa voie, son ton, son personnage.

Pour Marcel Sabourin, qui n'avait toujours pas vingt ans, habitait encore chez ses parents et allait à la messe avec eux le dimanche, Marc faisait figure d'affranchi. Il avait des blondes, il ne mettait jamais les pieds à l'église, sauf à Magog pour plaire aux parents Gérin. À l'école, il professait bien haut un franc anticléricalisme... On avait compris, surtout depuis son départ de Radio-Canada, qu'il ne supportait pas les imbéciles qui voulaient restreindre sa liberté. Plein de gens, à l'époque, même des jeunes, avaient peur de l'autorité. Pas lui. «Il était libre déjà, dira Sabourin. Ou en train de faire sa liberté.»

Dans les fêtes qu'organisaient les étudiants, il dansait toujours comme un fou, tournait comme un derviche, souple, imprévisible. Le prof de danse du TNM l'avait remarqué et lui avait proposé de faire des études de danse, sérieusement. Mais Marc n'était pas intéressé. Il dansait pour s'éclater et pour faire rire les autres. Sur scène, il ne voulait pas danser, il voulait jouer, jouer des personnages, son propre personnage fait d'une infinité de figures de valets, de sorcières, de truands, de fous. Et l'occasion, l'occasion de sa vie, lui fut bientôt donnée. Il a su la saisir. Et, avec l'efficace complicité de Micheline, en profiter.

À l'automne, peu après qu'ils eurent présenté, Marthe et lui, avec le succès que l'on sait, l'extrait des *Précieuses ridicules* devant les élèves et les profs de l'école, les dirigeants du TNM ont annoncé leur décision de monter le *Dom Juan* de Molière, une grosse pièce mobilisant une vingtaine de comédiens. Beaucoup de petits et de seconds rôles seraient confiés aux étudiants de l'école, dont ceux de Charlotte, Mathurine et Pierrot, trois paysans abusés par Dom Juan. D'emblée, les deux rôles de filles ont été donnés à Monique Joly, qui jouera Charlotte, et à Janine Mignolet, qui sera Mathurine. Pour Pierrot, on avait retenu deux candidats : Guy Lécuyer et Marc Favreau, l'un tout en rondeurs, l'autre tout en angles aigus. C'est finalement Marc, plus léger, plus bondissant, qui décrocha le rôle, son premier vrai rôle.

Encore une fois, Micheline Gérin a agi comme répétitrice. Marc avait quelques courtes scènes avec Janine et une très importante avec Monique, un long texte à débiter en rafale dans un jargon paysan moitié normand, moitié percheron. Ils ont répété pendant deux mois. Le soir de la première, ils étaient néanmoins pétris de trac. Et en plus, quand le rideau s'est levé sur le deuxième acte, et que Marc et Monique se sont avancés pour livrer leur grande scène, ils ont aperçu, bien assis au premier rang, souriant béatement, Guy Hoffman, leur professeur de mime, le plus exigeant, le plus implacable prof de l'école, qui connaissait par cœur tout Molière, avait sans doute vu cette même scène interprétée par d'immenses comédiens sur les plus prestigieuses scènes parisiennes.

Désespérés, « comme des bêtes qu'on mène à l'abattoir », Marc et Monique se sont lancés... dans le vide. Après les premières répliques, ils savaient que c'était gagné ; ils avaient le ton juste, ils étaient tous les deux en pleine maîtrise de leur personnage respectif. Et la salle a marché, la salle a ri et applaudi très fort. Au salut général, à la fin du spectacle, ils étaient à ce point grisés par les bravos qu'ils se sont jetés dans les bras l'un de l'autre, pris d'un irrépressible fou rire. « Nous venions tous deux de jouer avec succès dans la ligue des grands », dira Monique.

La semaine suivante, ils faisaient la une du prestigieux *Radio-Monde* qui les couvrait d'éloges et parlait de l'un et de l'autre comme de la révélation de l'année. Très souvent par la suite, Marc a raconté aux amis et aux journalistes que, quelques jours plus tard, il avait aperçu le journal avec sa photo et celle de Monique, tous les deux en pleine gloire, traînant dans la «sloche» de la rue Sainte-Catherine, piétiné par des passants indifférents. Dure et nécessaire leçon : la gloire est éphémère.

Marc a beaucoup tenu à ce qu'on sache qu'il n'a jamais cédé à l'attrait de la renommée. Il a toujours méprisé très fort ceux et celles qui se laissaient aveugler par la gloire. Comme s'il y voyait une faiblesse, un défaut, un vil asservissement, presque un vice. Se péter les bretelles, poser, se rengorger, être comme Gorgibus ou Dom Juan ou M. Jourdain, c'était selon lui courir à sa perte, prêter flanc au ridicule, à l'échec.

Dans le très bel hommage qu'il rendra, près d'un demi-siècle plus tard, au cinéaste Gilles Carle, qu'il admirait et aimait beaucoup, il dira : «J'ai compris que Gilles a toujours aimé tout ce qui vit, tout ce qui bouge, tout ce qui excite l'imagination, y compris les acteurs et les actrices... Mais je crois avoir deviné qu'il ne prise pas particulièrement les *stars* et leur ego incommensurable. Et je le soupçonne de se dire en lui-même, avec un sourire en coin, qu'une vedette c'est le contraire d'un ballon : plus c'est gonflé... moins c'est dirigeable ! »

Marc a toujours détesté les ego hypertrophiés. Il a vécu entouré de comédiens connus, ses amis Gilles Pelletier, Lionel Villeneuve, Benoît Girard, Rémy Girard, Marcel Sabourin, Raymond Devos, Michel Côté, Bernard Haller, plein d'actrices célèbres aussi, Monique Joly, Janine Mignolet, Monique Miller, etc. Il savait, bien sûr, apprécier leurs exploits sur la scène et à l'écran, mais il les aimait pour ce qu'ils étaient dans la vie, autour d'une table, il les aimait pour leur art, leur chaleur, jamais pour la gloire qu'ils avaient conquise... Il a toujours eu une dent contre la gloire, cet «éclairage artificiel», disait Cocteau, cette ogresse insatiable, aveugle. Il n'aimait pas qu'on le reconnaisse dans la rue. Ou peut-être qu'au fond de lui-même il en était heureux, flatté, mais il ne savait jamais recevoir fleurs et hommages avec naturel...

Or, il venait lui-même, à l'âge de vingt-quatre ans, d'entrer en contact avec le succès. Le 15 janvier 1954, soir de la première de *Dom Juan* au TNM, quand la foule s'est levée pour servir aux comédiens une vibrante ovation, il s'est dit qu'il ferait sa vie sur les planches. Et qu'il faudrait bien qu'il s'accommode, d'une manière ou d'une autre, de cette compagne malcommode, la gloire.

Un soir d'automne, ils ont pris un taxi à plusieurs, comme ils le faisaient souvent en sortant de l'école ou du théâtre, cinq ou six garçons et filles entassés dans la voiture. Micheline rentrait chez sa tante Yvette, à Outremont. Je t'accompagne, lui avait dit Marc. Le taxi avait déposé les autres, Monique, Françoise, Marcel, Benoît. Dès qu'ils furent seuls dans la voiture, Marc s'est approché de Micheline et l'a embrassée fougueusement. Bien qu'elle eût un flirt à l'époque, et même si elle savait qu'il essayait toujours d'embrasser toutes les filles, elle n'a pas repoussé ses avances. Au contraire, depuis quelque temps, elle voyait bien, dans les regards, les paroles, le rire de Marc qu'il s'était épris d'elle ; et elle se sentait, elle aussi, irrésistiblement attirée par lui. D'ailleurs, s'il ne s'était pas manifesté, ce soir-là, elle aurait agi, tôt ou tard.

Le lendemain matin, il l'a appelée très tôt, pour connaître ses états d'âme. Micheline était *cool* et de joyeuse humeur, comme d'habitude. Ils se sont revus dans l'après-midi, ils ont traversé la montagne à pied. Ils se sont revus le soir, à l'école de théâtre. Ils se sont encore embrassés. Puis ils se sont vus tous les jours, tous les soirs, tout le temps, même quand ils n'étaient pas ensemble. La tante Yvette, chez qui Micheline habitait, était souvent absente, souvent partie à la campagne, laissant la maison à la disposition des amoureux. Craignant le pire,

Mme Gérin avait quelques fois délégué sa fille Denyse ou un de ses garçons comme chaperon. Mais il était trop tard. Marc et Micheline étaient en fol amour.

Dans la famille Gérin, ce fut la commotion. Micheline s'était sérieusement entichée du gringalet à col roulé qui faisait tant rire Mme Gérin, avec qui le notaire adorait discuter parfois très virilement et dont les enfants ne pouvaient plus se passer. Mais ce garçon n'avait pas vraiment d'avenir, il n'avait même pas été capable de garder sa *job* à Radio-Canada. « Notre fille ne peut quand même pas marier un artiste sans le sou. Elle doit penser à son bonheur, au bonheur des enfants qu'elle aura. »

Bien sûr, ils avaient eu, à Magog, des échos du succès qu'avait connu Marc au théâtre. Mais c'était un tout petit rôle, celui d'un simple valet, un bouffon... On ne peut quand même pas passer sa vie à faire le pitre !

Micheline et Marc étaient cependant devenus inséparables. Quand, au printemps, ils ont recommencé à venir à Magog et au chalet des Gérin, tout le monde a compris que quelque chose s'était passé entre eux qu'ils ne pourraient oublier. Mme Gérin était furieuse contre sa sœur Yvette, qui avait laissé faire ça. Mais en même temps, voyant le bonheur de sa fille, elle ne pouvait en vouloir à celui qui en était responsable.

Marc était plus enjoué que jamais, plus sûr de lui et en même temps plus poli. Il se sentait bien sûr invulnérable, puisque la plus belle et la plus brillante femme du monde l'aimait, d'un amour qu'il savait indéfectible. Mais il se doutait bien que papa et maman Gérin ne verraient pas d'un bon œil leur fille « sortir » sérieusement avec un artiste et qu'ils feraient tout en leur pouvoir pour l'en dissuader. Ils s'en étaient plusieurs fois parlé, Micheline et lui. Ils savaient bien qu'il fallait séduire les parents Gérin, dont dépendait leur bonheur.

Afin de rassurer sa mère, Micheline a convaincu son amie Françoise Gratton de venir passer quelques jours à

Magog. Mme Gérin aimait bien Françoise, fille de bonne famille. Son père était dentiste à Ville Mont-Royal, alors considéré comme la plus jolie banlieue montréalaise. Françoise avait déjà amorcé une carrière au théâtre et à la télé. On la voyait régulièrement dans des numéros de danse à l'émission *Café des artistes*, qu'animaient Jacques Normand, Paul Berval et Lucille Dumont. Elle avait donc, étonnamment à cause de cela, beaucoup de prestige aux yeux de Mme Gérin, qui lui faisait confiance.

Françoise a fait le voyage sur le pouce avec Marc. Celui-ci, en chemin, a laissé percer son angoisse. Il savait que Micheline l'aimait profondément. Mais il craignait que ses parents tentent de la dissuader de sortir avec lui, ce qui eût été un drame. Elle était très attachée à ses parents. Elle devrait faire un choix déchirant.

Le soir, dans la grande maison du Vieux Magog, Françoise et Micheline montèrent se coucher dans la chambre de Micheline. Marc devait dormir en bas, dans la chambre d'amis. Vers les 10 heures, Mme Gérin est allée faire un brin de causette avec les filles. Elle s'est assise au pied du lit et a demandé à Françoise de lui dire comment ses parents ont réagi quand elle leur a annoncé qu'elle voulait être comédienne. Françoise répondit qu'ils avaient vite compris qu'elle n'aurait jamais été heureuse si elle avait dû s'éloigner du théâtre. Et qu'ils avaient à cœur son bonheur. Mme Gérin lui a demandé si un jeune pouvait gagner sa vie dans ce domaine. Françoise lui répondit que oui, bien sûr, plus que jamais. Avec la télévision, il y avait en effet de plus en plus d'ouvertures.

Il était près de minuit quand Marc a entendu craquer les marches de l'escalier. Mme Gérin descendait dormir auprès de son mari. Marc a pensé que son sort était joué. Si les parents de Micheline exigeaient qu'elle casse avec lui, elle serait malheureuse d'une manière ou d'une autre, qu'elle obéisse ou pas.

Ils se sont mariés le 2 octobre 1954, « pour faire plaisir aux parents », dira plus tard Marc. La noce eut lieu à l'hôtel Union, propriété de la famille Gérin.

Le notaire et son épouse étaient vaguement rassurés, quoique toujours un peu inquiets. Leur fille avait marié un artiste. Bien sûr, on lui avait quelques fois vu la face dans les journaux, quelques fois aussi à la télévision. Mais ce jeune freluquet osait parler contre Duplessis, il trouvait excessive l'autorité qu'exerçait l'Église, il riait des curés. Le dimanche, quand il accompagnait la famille Gérin à l'église, il faisait parfois entendre des petits gloussements, voire des ricanements pendant le sermon. Mais le notaire devait reconnaître que son jeune gendre avait des lettres, de la culture, une érudition hors de l'ordinaire. Et surtout qu'il était profondément amoureux de sa fille.

Ils sont partis en voyage de noces à la Chaumine, une auberge alors fréquentée par les comédiens, les peintres, les écrivains, au bord du lac Morency, dans les Laurentides. C'est Claude, le frère de Micheline, qui les a conduits avec quelques amis dans la grosse voiture noire du notaire. Ils sont restés là-bas deux jours (et trois nuits) à faire ce que font tous les amoureux. Et de très longues marches.

Ils avaient déjà cette habitude qu'ils garderont toujours. Mises bout à bout, leurs marches quasi quotidiennes, où qu'ils fussent, totaliseraient, si on calcule sur la base d'une moyenne de 5 km par jour pendant plus d'un demi-siècle, deux bonnes fois le tour de la Terre (40 000 km à l'équateur).

Et en chemin, dans la splendeur de ce début d'automne laurentien, ils parlaient. D'avenir, de leurs projets. Des enfants qu'ils auraient certainement un jour. Mais pas tout de suite. Ils étaient trop jeunes. Ils avaient trop à faire.

Ils sont rentrés à Montréal en autobus, le mardi matin. Le soir même, Marc tenait en direct à la télévision le rôle d'un habitant pas très riche d'esprit… Et Micheline jouait du Racine au TNM.

Micheline

Micheline est seule depuis un an. Elle a perdu l'homme
de sa vie, son amour, son ami, celui qui a été son
compagnon de tous les jours pendant plus d'un demi-
siècle. Depuis un an, Micheline est veuve. Il y a ses
enfants, bien sûr, et ses quatre petits-enfants, si beaux, si
charmants. Et les amis aussi. Mais sans lui, elle reste seule,
même si elle est bien entourée, même si presque tous les
jours, presque tous les soirs, elle sort, même si elle reçoit
souvent et est souvent reçue. Tout le monde aime
Micheline, tout le monde a toujours recherché sa compagnie si apaisante et si rassurante. Après la mort de
Marc, ses amis s'étonnaient de l'entendre leur dire : «Je
ne veux pas te perdre», manière discrète qu'elle avait
de demander : « Ne t'en vas pas, ne t'éloigne pas trop de
moi. » Comme si quelqu'un au monde qui a la chance
de connaître Micheline Gérin pouvait vouloir s'éloigner
d'elle de quelque manière que ce soit.

Mais sans doute qu'une veuve chargée de peine a
toujours peur de déranger. Micheline cache donc sa peine.
Et elle sourit. Elle s'informe de la santé et du bonheur des
autres, elle écoute, elle s'occupe, parfois même elle aime la
vie. C'est ce qu'il aurait fait, lui, elle en est sûre, même s'il
n'a jamais connu d'aussi grande peine. Bien sûr, il a perdu

de très chers amis déjà, Luc Durand, Jean-Louis Millette, pour ne nommer que ceux-là, des complices irremplaçables, Gobelet et Paillasson, qui ont vécu pendant des années dans l'intimité de Sol. Perdre un ami, ce n'est quand même pas perdre un amour, ce n'est pas perdre l'amour de sa vie. Il avait quand même eu beaucoup de peine. Mais il ne voulait pas que les autres s'apitoient, il ne voulait pas de leur compassion. Marc a toujours voulu qu'on sache et qu'on croie qu'il aimait la vie ; on ne peut pas dire qu'il a eu beaucoup de peine dans sa vie, mais le peu qu'il a eue, il ne voulait pas qu'elle se voie. Par pudeur ou par orgueil. Il voulait qu'on sache qu'il était, qu'il avait toujours été un homme heureux, qu'il avait toujours voulu ce qui lui arrivait. Il y a un peu plus d'un an, devant le médecin qui lui a annoncé sans équivoque qu'il allait bientôt mourir, loin de s'apitoyer sur lui-même, il a tenu à dire qu'il avait fait une belle vie, une vraie belle vie. Elle était là, à ses côtés, dans le petit bureau de ce médecin qui disait à l'homme qu'elle aimait qu'il allait mourir ; et à elle, qu'elle perdrait bientôt l'amour de sa vie. Elle pouvait dire alors elle aussi qu'elle avait fait, avec lui, en même temps que lui, une vraie belle vie. Dire aussi que c'était fini. Il allait bientôt partir. Elle devrait faire une autre vie. C'est ce qu'elle fait depuis un an. La vie après lui.

Il est parti, plus vite encore que prévu par le médecin, mais il est encore partout. Il y a des photos de lui sur les murs et les meubles, des affiches de spectacle, et, sur les étagères de l'appartement de la rue Mentana et de la grande maison d'Abercorn, sont rangés ses livres et les CD de ses shows et de *Sol et Gobelet*.

Elle a parfois l'impression d'attendre quelque chose ou quelqu'un, lui peut-être, qui aurait décidé de revenir. Certains jours, elle se dit qu'il ne peut pas être parti comme ça, si vite, il aimait trop la vie, il l'aimait trop, elle. Elle ne serait pas étonnée, quand elle marche dans les chemins de bois d'Abercorn ou qu'elle traverse le parc

Laurier, de le voir apparaître entre les arbres, avec son sourire espiègle, un clin d'œil : « Salut, fleur de fenouil. » Ils seraient seuls, personne d'autre qu'elle ne saurait qu'il est revenu. Et ils continueraient de marcher, jusqu'au ruisseau, jusqu'à la clairière...

En attendant, elle s'occupe. C'est ce qu'elle a dit, pas plus tard qu'hier, à Monique : « Il y aura un an demain que Marc est parti. Et il me manque toujours énormément. Mais je m'occupe, je vis, je me tiens en forme, c'est ce qu'il aurait voulu, que je vive, que je sois heureuse... Mais c'est dur, tu sais, c'est très dur. »

Elle va beaucoup au théâtre, avec Monique ou Françoise, avec Paule ou Claude ou avec son petit-fils Gabriel. Elle a tout vu, ces derniers mois. Comme quand elle était avec lui ; ils voyaient tout, à Paris, à Montréal, en tournée, chaque fois que possible ils allaient au théâtre. Cette année, elle est allée à l'Espace libre, à l'Espace Go, au TNM, chez Duceppe, au Rideau vert et au Théâtre d'Aujourd'hui. Elle a adoré *La Dame aux camélias*, magistralement interprétée par la grande Anne-Marie Cadieux. Et *Le Projet Andersen*, de Robert Lepage. Marc n'a rien vu de tout cela. Mais elle sait très exactement ce qu'il aurait aimé, ce qu'il n'aurait pas aimé, ce qu'il aurait dit de tel comédien, de telle mise en scène. Elle sait parfaitement ce qu'il aurait pensé. Aussi bien que s'il avait été là, avec elle, au TNM ou au Monument-National, comme s'il était encore là, en fait.

Il aurait eu soixante-dix-sept ans le 9 novembre dernier. Ce jour-là, elle était seule avec lui à Abercorn. Avec sa photo, devant laquelle elle avait placé une bougie et une rose. Et elle lui a parlé, pendant qu'elle prenait l'apéro et qu'elle préparait son repas. Elle avait mis les musiques qu'il aimait, Coltrane, Haendel. Et ils ont ri ensemble. Comme autrefois.

De temps en temps, elle fait la tournée des boutiques avec Loulou, sa chère Loulou, si douce, si délicate, qui a perdu elle aussi des êtres bien-aimés, ses parents, puis l'homme de sa vie, Luc, qui a été si longtemps le grand complice et le meilleur ami de Marc, et puis leur fille aussi, Émilie, qui avait vingt ans à peine et qui ne voulait plus vivre. Loulou a eu le cœur brisé, broyé. Mais elle vit, elle aussi. Elle a beaucoup pleuré, elle pleure encore, sans doute parfois, mais elle vit, elle se tient en forme, elle s'occupe, elle sourit. Elle aime un homme, un autre homme, Raymond, adorable, doux et fort.

Loulou a un goût très sûr, elle a l'œil, elle sait toujours reconnaître la beauté, où qu'elle soit. Elle sait où trouver de beaux objets bien faits, des tissus, des pots à fleurs, des napperons. Elles vont ensemble dans les ateliers d'artistes et chez les antiquaires. Et souvent, presque toujours, Micheline achète des cadeaux pour les enfants, les amis. «Tiens, voici des couteaux Laguiole pour Francine», «une lampe pour Françoise», «une poivrière en forme de phare pour Claude», «un grille-pain streamline pour toi, Loulou». Et dans les librairies elle a des livres, des jouets, des CD, des casse-têtes pour Raymond, pour Laurent ou Mariane...

À Sutton, elle s'arrête à la boutique de Maurice Ferland, qui était son couturier du temps qu'il vivait à Montréal. Marc l'accompagnait presque toujours quand elle allait faire ses essayages. Il attendait parfois pendant deux heures, dans l'atelier. Il parlait avec eux, il lisait les journaux, puis il sortait fumer, marcher un peu. Quand il rentrait, il racontait ce qu'il avait vu et il donnait son opinion. Marc aimait sa manière de s'habiller. Micheline a toujours aimé porter des vêtements aux couleurs très vives, des fuchsia, des orange, des bourgogne, des bleu cobalt ou indigo, des couleurs qui auraient paru étonnamment agressives chez une autre femme, mais qu'elle semblait assagir, dont elle ne gardait que le côté joyeux... Aujourd'hui, quand elle choisit une robe pour sortir, elle pense à lui chaque fois, fatalement ; elle se souvient qu'il

était là quand elle avait essayé celle-ci, ou qu'elle portait celle-là le soir de la première du *Retour aux souches.*

Elle marche encore beaucoup. Dans le domaine d'Abercorn ou à Montréal, sur le Plateau surtout. Elle fait ses courses. Sans lui toujours. Il adorait faire les courses avec elle. Ils fuyaient les grandes surfaces, préférant passer à la boucherie, à la fruiterie, à la poissonnerie, à la fromagerie… Il avait toujours les yeux plus grands que la panse. Elle devait souvent le modérer. Il achetait toujours des oranges, des douzaines d'oranges à jus.

Elle s'occupe, donc. Deux fois par semaine elle va faire ses exercices d'aquaforme. Ça lui demande toujours un effort. Mais, une fois sur place, elle est contente. Elle se garde en santé, comme elle l'a toujours fait. Sans être hypergranola, Micheline croyait aux vertus des médecines douces, d'une saine alimentation, au pouvoir quasi magique des vitamines, de la graine de lin, du jus de canneberge, des fruits, des légumes verts, le chou surtout, le brocoli, grands ennemis du cancer, de l'hypertension. Elle était très attentive à ce genre de choses. Plusieurs fois, elle avait entraîné Marc à faire des jeûnes. Et, depuis son départ, elle continue de faire attention. Elle se garde en santé parce que c'est ce qu'il aurait voulu, parce que la vie continue.

Tout le monde dit qu'elle est courageuse. Mais, certains jours, tout lui semble dépeuplé. Elle traverse le parc Laurier, par exemple, sans voir personne, pas un chat. En entrant chez elle, rue Mentana, elle se dit que c'est impossible à cette heure du jour, sous ce beau soleil. Il devait y avoir plein d'enfants et plein de jeunes dans le parc. Mais elle n'a vu personne. Comme si sa solitude avait dépeuplé le monde.

Certains jours, elle rit. Et elle sait que la vie est belle. Mais elle ne peut l'oublier, lui. Pour qui, pour quoi l'oublierait-elle? Pourquoi oublierait-elle la si belle vie qu'elle a faite avec lui?

7

Les trois petits rôles

Micheline et Marc, nouveaux mariés, ont d'abord vécu dans un minuscule appartement, rue Overdale, troisième étage, juste à côté de la maison qu'avait jadis habitée Louis-Hippolyte Lafontaine. Comme il n'y avait pas de frigo, Marc a installé, à même la fenêtre, une sorte de boîte froide dans laquelle ils rangeaient le lait, la viande, les fromages, le vin blanc. Quand Micheline s'extasiait sur son ingéniosité et ses talents manuels, Marc lui chantait *Mon Dieu, quel bonheur! d'avoir un mari qui bricole, mon Dieu, quel bonheur! d'avoir un mari bricoleur,* paroles de Georges Brassens que chantait Patachou. Ils n'avaient pas de télé, mais la radio était toujours allumée, sauf quand ils faisaient tourner un disque, des 78 tours de Leclerc, de Sinatra, de Count Basie ou de Coltrane, de Mouloudji ou de Trenet.

La maison de Radio-Canada était à deux pas, au cœur du quartier le plus branché de l'époque, le quartier des artistes, des restaurants et des bistrots où l'on rencontrait plein de Français venus respirer le grand air frais du Canada. Les artistes et les intellectuels canadiens-français rêvaient alors de partir en France pour échapper à l'asphyxie et respirer là-bas le grand air frais; les artistes français venaient ici pour les mêmes raisons exactement. Comme quoi l'air est toujours plus frais ailleurs que chez soi!

On ne parlait pas encore des « maudits Français », à l'époque, comme on le fera plus tard dans les années 1970. Tous ceux qui arrivaient ici étaient reçus à bras ouverts. Ils enseignaient dans les universités et les écoles, dont celle du TNM, bien sûr. Ils jouissaient partout d'un prestige et d'une autorité incontestables. Ils s'étaient baignés, eux, dans la grande fontaine parisienne, ils avaient de la culture, de l'expérience, des savoir-faire que pratiquement personne ici n'avait eu l'occasion d'acquérir. Plusieurs d'entre eux ont d'ailleurs pris une part active à la création et à la mise en place de la télévision de Radio-Canada.

Associé de près à cette très folle aventure des débuts de la télévision, Marc avait compris très vite que la grosse machine radio-canadienne aurait besoin d'artistes en tous genres. Pour animer ses émissions, créer des décors et des costumes pour ses téléthéâtres, présenter ses spectacles de variétés, de ballet, de folklore, jouer dans ses télé-romans... C'était comme s'il s'était trouvé dans un port très animé où il y avait tous les jours des navires en partance pour tous les bouts du monde. Il savait bien qu'il s'en trouverait un, tôt ou tard, à bord duquel il pourrait s'embarquer.

Voilà pourquoi, après moins d'un an, à l'automne 1953, encore pur inconnu, il avait démissionné très fanfaronnement du Service des décors de Radio-Canada, pour aller tenter sa chance au théâtre et, comme il disait à ses amis, devant les caméras. Il fallait quand même être joliment baveux et téméraire. Et croire dur comme fer en sa bonne étoile. Mais l'époque était généreuse pour les jeunes gens téméraires. Marc eut bientôt l'embarras du choix. Il avait joué, dès la toute première saison, dans de petits sketches comiques d'une série pour les jeunes, *Babillard*, animée par Lise Lasalle et Hubert Loiselle.

L'été suivant, Fernand Seguin, qui s'était d'abord fait connaître à la radio où il avait animé le très populaire magazine éducatif *Radio-Collège*, préparait la première émission scientifique de l'histoire du petit écran, *La Science en pantoufles*. Seguin avait déjà animé, au cours de la saison précédente, une émission faite de chroniques scientifiques, artistiques et sociales, *Carte blanche*, émission à laquelle avaient participé le poète Éloi de Grandmont et le musicien André Roche. Pour alléger le propos, on faisait parfois appel à des mimes, quelques danseurs et danseuses, dont Françoise Gratton, la grande amie de Micheline Gérin. C'était du jamais vu, évidemment, mais aussi, ce qui est plus étonnant, du plus jamais revu, une émission tenant à la fois du magazine scientifique et du music-hall. Et c'était rempli d'humour, souvent irrévérencieux, on se gaussait des scientifiques, on apostrophait les téléspectateurs. Et ça marchait très fort auprès du grand public qui, à l'époque, il faut bien l'avouer, n'avait pas tellement le choix, le seul diffuseur étant Radio-Canada.

Dans cette nouvelle émission, *La Science en pantoufles*, qui serait mise en ondes dès l'automne 1954, Seguin incarnerait un chercheur nyctalope qui passait ses soirées et ses nuits dans son sous-sol aménagé en laboratoire, où il se livrait à toutes sortes d'expériences scientifiques. Il lui fallait, comme faire-valoir, un voisin curieux, parfois inquiet, qui lui poserait des questions et participerait à ses expériences ou en serait l'objet. Françoise Gratton avait proposé Marc, qui fut d'emblée accepté.

Diffusée le vendredi à 20 heures, l'émission de trente minutes rejoignait toute la famille rassemblée devant le petit écran à cette heure de très grande écoute. Marc Favreau fut donc associé, dès ses premières apparitions à la télévision, à quelque chose de très *in*, de très fin, de très dans le vent, comme on disait à l'époque, car *La Science en pantoufles*, plus encore que *Babillard*, a été l'émission préférée des ados des années 1950. Il allait en outre participer, grâce à son ancien prof Maurice Leroux, à l'un des plus grands succès de l'histoire de la télévision radio-canadienne.

Après ses études de droit à l'Université McGill, Leroux avait étudié les techniques de cinéma à l'Institut des hautes études cinématographiques de Paris. Il s'était trouvé là-bas une *job* dans un studio de télé, il avait pratiqué tous les petits métiers : tirer les câbles, pousser les caméras, tenir les perches, assurer la régie. Il était ensuite allé en stage de formation à New York, où il avait appris les rudiments de la réalisation télévisuelle. Il était rentré à Montréal, au printemps de 1954, nanti à lui seul de plus de savoir et d'expérience en télédiffusion que tous les techniciens agglutinés autour de la Méduse.

En octobre, Radio-Canada lui a confié la réalisation d'une émission pour enfants déjà en ondes, *La Boîte à surprises*, qu'animait Pierre Thériault, ainsi que la réalisation d'un nouveau téléroman.

La Famille Plouffe, mise en ondes l'automne précédent, avait enchanté et enchaîné les téléspectateurs. Prolongement du roman *Les Plouffe*, de Roger Lemelin, paru en 1948, le téléroman était construit autour d'une famille ouvrière canadienne-française de la basse ville de Québec qui, au lendemain de la Seconde Guerre mondiale, rêvait d'améliorer sa condition sociale, d'aller vivre un jour la grande vie dans la haute ville. Diffusée en direct le mercredi soir, *La Famille Plouffe* sera le premier très grand succès de la télévision canadienne-française.

Fort de cette réussite, Radio-Canada a décidé de présenter un autre grand téléroman, tiré, celui-là, de l'œuvre de Germaine Guèvremont, *Le Survenant*, qui faisait déjà l'objet d'un radioroman mettant en vedette Jean Coutu. Leroux, réalisateur pressenti, connaissait déjà presque par cœur l'œuvre de Guèvremont. Au collège de Rigaud, où il avait fait son cours classique, chez les clercs de Saint-Viateur, on avait étudié en littérature comparée *Le Grand Meaulnes*, d'Alain-Fournier, et *Le Survenant*.

Même pour le réalisateur le plus expérimenté de la boîte radio-canadienne, le défi était de taille. Il n'avait en

114

effet que quelques semaines pour se préparer, retravailler les textes avec Mme Guèvremont, diriger les décorateurs et les costumiers, former des caméramans, auditionner des comédiens, distribuer les rôles, découper chaque scène à quelques secondes près ; il n'était évidemment pas question de montage, puisque tout était diffusé en direct.

Outre le grand Jean Coutu qui serait parfait dans le rôle-titre, Leroux a retenu, de la distribution radiophonique, Béatrice Picard qui incarnerait la douce Angélina au petit écran. Mais Leroux ne pouvait utiliser le comédien qui interprétait à la radio le rôle de Beau-Blanc, une espèce de fou du village à qui Jean Duceppe avait prêté sa voix. Duceppe tenait maintenant un rôle très important dans *Les Plouffe*. Il ne pouvait être à la fois Stan Labrie et Beau-Blanc. Pour le remplacer, Leroux a pensé à son ancien élève, Marc Favreau, qu'il croisait quelquefois dans le ventre de la Méduse et qu'il avait aperçu le vendredi soir dans *La Science en pantoufles*, où Marc avait développé un personnage loufoque, hirsute, un peu innocent sur les bords, assez parent de Beau-Blanc. Leroux le connaissait assez pour savoir que ce rôle ingrat lui conviendrait parfaitement.

Marc était lui-même un marginal qui aimait bien, au théâtre comme dans la vie, les déjantés, les originaux et les détraqués. Et, pour un comédien, le personnage de Beau-Blanc était extrêmement riche, il était double, en fait, car au-delà des apparences, derrière celui que tous considéraient comme le fou du village, on découvrait un homme au cœur d'or, un rêveur, sans pouvoir, sans beaucoup de savoir, mais assez fin et sage pour comprendre que, étant considéré par les autres comme à moitié fou, il pouvait dire et faire impunément tout ce qu'il voulait. Beau-Blanc était un cousin rural du fou du roi, du clown auguste, un homme libre, sans contraintes, sans responsabilités, tout à fait susceptible de plaire à Marc Favreau. Celui-ci campa un Beau-Blanc farfelu, les baguettes en l'air, électrique, nerveux, légèrement grimaçant, mémorable.

Les premiers épisodes du *Survenant* ont été diffusés en direct dès novembre 1954, le mardi à 20 h 30. Au milieu de l'hiver suivant, le téléroman attirait déjà autant, parfois plus de téléspectateurs que *La Famille Plouffe*. Avec *Le Survenant*, on était loin des Plouffe et de l'urbaine rumeur, dans une tout autre époque, un tout autre monde. Et Marc était tout à fait heureux dans ce monde, dans ce rôle, libre, parfaitement à l'aise. L'élève sombre, insatisfait et indiscipliné, ostensiblement brouillon et négligé que Leroux avait connu à l'académie Querbes avait beaucoup changé. Il était sûr de lui, serein, rieur, comme se doivent de l'être les jeunes hommes amoureux et aimés qui ont une belle *job*, un bel avenir, plein de projets. Et il faisait ses devoirs à la perfection. Il arrivait au studio toujours bien préparé, possédant ses textes par cœur, ayant développé une gestuelle originale. C'était beaucoup Miche qui lui avait appris à se préparer et qui le faisait répéter. Plus jeune, Marc avait été naïvement fasciné par les méthodes des automatistes regroupés autour de Borduas, selon lesquels l'artiste devait agir sans préparation, sans idée préconçue. Et par le langage exploréen inventé par Claude Gauvreau, qui faisait lui aussi appel à la spontanéité la plus totale. Mais, sur scène, on ne pouvait pas vraiment improviser, ou si peu. À la télé, vraiment pas. Parce qu'il y avait cette très lourde technique tout autour et parce que cette machine était neuve, mal rodée, mal connue, à peine maîtrisée... et surtout parce qu'elle diffusait uniquement en direct.

Marc a également joué, lors de cette même saison 1954-1955, dans un autre téléroman, *14 rue de Galais*, aux côtés de Paul Hébert, Mimi D'Estée, Robert Gadouas... Il évoluait cette fois au cœur d'un quartier cossu de Montréal, au sein d'une famille bourgeoise, matériellement bien nantie, mais sentimentalement déséquilibrée, les Delisle. Le père Henri, ingénieur civil, faisait de l'argent mais il était mou, conciliant, marié à une femme extrêmement émotive. Trois enfants : Hélène, jeune fille sensible mais saine et équilibrée, Paul, collégien sérieux et décidé à suivre les traces de son père, et Louis, étudiant à l'université, rusé et fourbe, prêt à tout, même à faire chanter son père, pour se procurer l'argent dont il a sans cesse besoin. Et de la parenté, des voisins, certains gentils, d'autres pas, et parmi ces derniers un jeune neurasthénique, un marginal, encore ! Robert Samson, qu'incarnait Marc Favreau.

Ces petits rôles, le voisin dans *La Science en pantoufles*, le fou du village dans *Le Survenant* et cet autre voisin dans *14 rue de Galais*, et ces petits cachets additionnés apportaient à Marc une certaine renommée et un revenu intéressant. Sans être riches, Miche et lui se payaient du bon temps : sorties, théâtre, expositions, restaurants, bons vins, etc. Marc avait vingt-cinq ans, beaucoup de succès, un grand amour, plein d'amis. Micheline et lui faisaient déjà tout «comme des artistes», disaient leurs amis. Les repas, les sorties, les marches qu'ils faisaient ensemble étaient de véritables petits objets d'art ou de petites pièces de théâtre. Ils cherchaient partout de la beauté, de l'étonnement, du rire, de quoi s'émerveiller.

Tout bougeait autour d'eux, le monde changeait irrémédiablement, merveilleusement. Le 17 mars au soir, le quartier qu'ils habitaient fut le théâtre d'un formidable émoi, une véritable émeute, en fait. Vers 21 heures, la foule en colère a commencé à déferler dans les rues en manifestant bruyamment, violemment, contre le président de la Ligue nationale de hockey, Clarence Campbell, qui avait suspendu pour le reste de la saison et toute la durée des séries éliminatoires l'idole sacrée du peuple canadien-français, Maurice Richard, sans qui les Canadiens ne pourraient sans doute pas gagner la coupe

Stanley. Marc n'était pas un maniaque de hockey, Micheline non plus. Ils ont cependant été vivement impressionnés et touchés tous les deux par le spectacle exaltant du peuple en colère. « Marc était content, rappellera Micheline. Il n'y avait pas eu de mal, pas de blessés. Mais, pour une fois, le monde avait parlé. » Il y avait eu un mouvement de révolte qui signifiait qu'un grand changement était en train de se produire au sein de la société canadienne-française. « Pour nous, c'était une bonne nouvelle. »

Le lendemain matin, Marc et Micheline se promenaient dans les rues jonchées de débris. Les vitrines des magasins avaient été fracassées. On avait cassé des lampadaires, considérablement abîmé le mobilier urbain. Mais, étrangement, une grande paix régnait sur tout cela. Les badauds venus constater l'ampleur des dégâts avaient le sourire aux lèvres, ils semblaient amusés et rassurés.

Quelques semaines plus tard, la saison télévisuelle a pris fin. La direction de Radio-Canada avait déjà annoncé que les deux téléromans dans lesquels jouait Marc seraient encore au programme la saison suivante, de même que *La Science en pantoufles*. Marc et Micheline avaient de l'argent de côté. L'été s'annonçait fort beau.

Avant de partir en vacances, Maurice Leroux, lui, devait réaliser quelques épisodes d'une émission folklorique, *Cap-aux-Sorciers*, avec entre autres Gilles Pelletier, jeune comédien montant qui l'année précédente avait joué dans *La Loi du silence* (*I Confess*), film qu'Alfred Hitchcock avait tourné à Québec. Une fois l'émission sur ses rails, Leroux la confia à un jeune réalisateur et proposa à Marc et Micheline de partir avec lui et sa femme en Californie. En auto. On prendrait le temps qu'il faudrait, on s'arrêterait où on voudrait, quand on voudrait, on coucherait sous la tente. Ils sont partis, à la fin de juin, dans la Ford décapotable de Maurice Leroux. Une petite tente pour quatre, un poêle Coleman, des sacs de couchage, quelques gamelles…

118

Ils se sont d'abord rendus à Chicago, puis ils ont emprunté la vieille route 66 qui allait les emmener jusqu'à l'océan Pacifique, à Santa Monica, tout près de Los Angeles. La déjà mythique route 66 a été la première route transcontinentale goudronnée des États-Unis, que l'on a appelée *Mother Road of America* ou *Main Street USA*. Elle a inspiré à Bobby Troup une chanson reprise par Nat King Cole et, avec un fracassant succès, par Chuck Berry, puis plus tard par Depeche Mode, les Rolling Stones, Guitar Wolf.

Well if you ever plan to motor west
Just take my way that's the highway that's the best
Get your kicks on Route 66

Il ont traversé St. Louis, Oklahoma City, Amarillo, Flagstaff, huit États jusqu'au Pacifique. Ils ont vu les Rocheuses et la Vallée de la mort et ont aperçu se profiler au loin les *mesas* de Monument Valley, ainsi que Zabriskie Point et Furnace. Et, en chemin, ils parlaient cinéma, théâtre, aventure, littérature. Ils étaient jeunes, beaux, heureux. Ils découvraient les splendeurs de la culture américaine. Le jazz et le *rock and roll* naissant, qu'ils entendaient partout à la radio. Et un cinéma neuf, très différent du cinéma français, peut-être plus naturel, plus jeune. À l'époque, Elia Kazan était pour eux une méga-star. Ils connaissaient tous les quatre les brillantes versions filmées qu'il avait tirées de grandes œuvres théâtrales ou romanesques américaines, dont *Un tramway nommé Désir*, de Tennessee Williams. Mais c'était son plus récent film, *On the Waterfront (Sur les quais)*, qui les avait le plus étonnés et bouleversés. Ils y avaient découvert ce magnifique acteur, Marlon Brando, qui ne faisait rien comme les autres, qui avait une manière nouvelle de jouer, très intense, et pourtant si loin du jeu de Gérard Philipe.

119

Maurice Leroux parlait beaucoup de la France, où il avait vécu plus de deux ans, de ses théâtres, ses cafés, ses musées. Paris, quelle intarissable fontaine ! Miche et Marc découvraient ainsi l'Amérique, en même temps que de nouveaux visages de la culture française.

Et ils ont marché sur les profondes plages du bel océan Pacifique, ils ont erré dans Beverly Hills et Hollywood, ont visité les grands studios de cinéma, ils ont suivi la côte, sont passés à Carmel et à Big Sur. Sans savoir que, ce même été-là, un certain Jack Kerouac vivait sur les mêmes routes qu'eux et qu'il préparait ce grand livre qui allait donner ses lettres de noblesse au mouvement beatnik, *Sur la route* (*On the Road*), dont les héros se tiennent pour battus et refusent la réussite, mais veulent tout voir, aller partout.

« *Where are we going, man ?*

— *I don't know but we gotta go.* »

(« Où est-ce qu'on s'en va, bonhomme ? — Je sais pas, mais faut y aller. »)

Micheline et Marc n'avaient pas plus de plan de carrière que les héros de Kerouac. Comme eux, ils voulaient voyager, revisiter le monde. Mais, contrairement à eux, ils n'étaient pas blasés, ni même en révolte contre le conformisme bourgeois et la société de consommation. Et ils voulaient, eux, réussir leur vie, être bien, avoir un jour des enfants…

Le voyage s'est fort bien déroulé, mais un soir, sur le chemin du retour, après qu'ils eurent monté la tente et ouvert des bières fraîches, Marc dit à Maurice qu'il avait décidé de ne pas reprendre le rôle de Beau-Blanc à l'automne, ni celui, moins exigeant, du voisin dans *La Science en pantoufles*, ni celui de Robert Samson dans *14 rue de Galais*. « Miche et moi, on part à Paris. » Maurice, d'abord incrédule, s'est tourné vers Micheline, qui lui a fait son grand sourire désarmant et charmant. Il s'est rembruni. Il était fâché. Il a tenté, au cours des jours suivants, de dissuader Marc. Invoquant, en vain, une batterie d'arguments.

« Vous allez flamber le peu d'argent que vous avez ramassé ! »

« Tu me mets dans un sérieux pétrin. »

« Qui va à la chasse perd sa place. Quand vous allez rentrer, il n'y aura plus de rôles pour vous. »

Marc avait ses arguments lui aussi. Il disait : « On ne doit jamais s'empêcher de faire ce qu'on a envie de faire, surtout pas quand on est jeune, surtout pas quand on sait ce qu'on a envie de faire. Dans cinq ou dix ans, quand on aura des enfants, il sera trop tard. C'est maintenant qu'il faut y aller. » Il aurait vingt-six ans à l'automne. Micheline en avait eu vingt-quatre au printemps.

Le retour s'est poursuivi dans une plus ou moins bonne humeur. Maurice Leroux avait cru pouvoir se faire une alliée de Micheline. Mais il avait vite découvert que c'était elle tout autant que Marc qui avait fomenté ce projet. Elle avait elle aussi ses arguments : « Je veux étudier, je veux apprendre, je veux voir du pays. »

À Montréal, mêmes discours. Les parents de Micheline étaient atterrés. Financièrement, le projet des « enfants » n'avait pas beaucoup de bon sens. Comment tenir à deux à Paris, pendant un an, avec moins de trois mille dollars, y compris les frais du voyage, du logement, du boire et du manger ? Mme Germaine Guèvremont, l'auteure de la série *Le Survenant*, était très fâchée. Elle a tenté elle aussi, comme la direction de Radio-Canada, de dissuader Marc. On lui laissa même entendre qu'il serait placé sur une liste noire. Il répondait : « Je m'en fiche, ça m'est égal, je pars, on verra plus tard. »

Leroux était le plus déçu de tous. « Tu resteras peut-être mon ami, disait-il à Marc, mais on ne travaillera plus jamais ensemble, toi et moi. Ça, je te le garantis. »

Marc fut inflexible. Il affirmait sa liberté la plus légitime. Comme lorsqu'il avait laissé l'école à dix-sept ans, et plus tard, alors qu'il n'avait pas d'autre *job* en vue, lorsqu'il avait quitté une belle *job* bien payée à l'atelier de décors de Radio-Canada. Il y a des choses de la vie plus importantes que le travail et la sécurité.

Ils sont partis en septembre 1955, à bord de l'*Homeric*, l'un des derniers paquebots à faire la traversée de l'Atlantique.

8

L'Europe

L'*Homeric* était un navire très agréable, quelques centaines de passagers, un équipage italien, une cuisine plus que convenable... La descente du Saint-Laurent s'est faite sans heurts, par beau temps très doux. Mais, dans le golfe, ça s'est mis à brasser drôlement; les lourdes lames atlantiques venaient frapper rudement la coque et obstruer, à intervalles irréguliers, le hublot de la minuscule cabine de troisième classe, qui baignait alors un moment dans une pénombre glauque. Après deux jours, il ne restait plus, dans la salle à manger, là-haut, qu'une quarantaine de joyeux convives, dont Marc et Micheline. Ce fut la fête. « Pour éviter le mal de mer, leur disaient les serveurs, il faut manger normalement. Sur un estomac vide, l'effet du tangage et du roulis est pire. » Ils se gavaient donc de minestrone, macaroni et spaghetti, lasagne, tagliatelle à la crème, escalopes à la milanaise, osso buco, accompagnés bien sûr de quelques verres de chianti ou de pinot grigio. Après les repas, ils allaient prendre l'air sur le pont et regardaient, bien agrippés au bastingage, le spectacle toujours recommencé de la mer. Ils ont vu une nuit, à tribord, dans un ciel sans nuages, opalescente, immense, la pleine lune.

Sur une carte affichée dans le bar, ils pouvaient suivre d'heure en heure la progression du bateau. Pendant cinq jours, ils n'y voyaient que de l'eau, un grand bleu que quadrillaient méridiens et parallèles. Un matin, très tôt, une ligne sombre à l'horizon, l'Irlande. Et le lendemain soir, les lumières du Havre, où ils ont passé la nuit. Puis ils ont pris le train pour Paris. En traversant la Normandie, ils ont vu des villages encore en ruine, dix ans après la fin de la guerre. Ils sont entrés à Paris comme le soir tombait. Gare Saint-Lazare, ils ont hissé leur malle dans un taxi, ont traversé la Seine, émerveillés. Le petit hôtel pour étudiants où ils avaient réservé par la poste une chambre se trouvait rue Blomet, dans un quartier très populaire, pauvre même, charmant à leurs yeux.

Ce qui les a étonnés les premiers jours... c'est que rien ne les étonnait vraiment. En marchant dans Paris, ils avaient l'impression d'y avoir déjà vécu, ils retrouvaient partout du déjà vu, Notre-Dame, le Pont-Neuf, le Louvre, la place de la Contrescarpe, les Champs-Élysées... Ils étaient chez eux, enfin ! à Paris, Fontaine des fontaines, le riche Oasis, le Saint des saints, le Sein nourricier par excellence. Les jeunes artistes ou intellectuels canadiens qui en avaient les moyens, le courage et l'audace venaient ici élargir leurs horizons. La plupart d'entre eux vivaient, heureux et épanouis, irrémédiablement exaltés et comblés, dans l'indigence la plus totale, dans de sombres chambres de bonne, de minables et minuscules réduits écrasés sous les combles, surchauffés en été, traversés en hiver par de glaciaux courants d'air, se nourrissant principalement d'amour, d'eau fraîche, de culture, s'empiffrant de littérature, de musique et d'images, d'idées. Ils passaient des jours entiers à lire dans les bibliothèques, fréquentaient presque quotidiennement les musées, les galeries d'art, les poulaillers des théâtres, assistaient aux ateliers que donnaient de jeunes metteurs en scène, visitaient les peintres et les sculpteurs dans leurs studios...

Marc, qui voulait toujours faire autrement que les autres, prétendait ne pas se conformer à cette mode, ne pas suivre ce courant. S'il était à Paris, c'était, disait-il, pour prendre un peu de recul et «pour voir à quoi le Canada ressemble, vu de loin».

Après quelques jours à l'hôtel de la rue Blomet, ils se sont trouvé une chambre de bonne, sur la rive droite, cette fois, boulevard Sébastopol, septième étage, pas d'ascenseur, une minicuisinière au gaz, un miniradiateur, une minifenêtre donnant sur les toits, le Sacré-Cœur, l'église Saint-Augustin, le Châtelet et les Halles, tout près, les vieilles halles de Baltard jour et nuit débordantes, trépidantes de vie.

Paris ne portait pas de traces de la guerre comme la Normandie. L'occupation américaine y était cependant encore visible. De temps en temps, on apercevait sur un mur, tracé en grosses lettres: «US GO HOME!» Paris n'avait pas été abîmé, mais, en apparence du moins, il ne méritait plus vraiment à l'époque ce glorieux titre de Ville lumière qu'on lui avait depuis longtemps attribué. Ce n'est qu'en 1959 que Malraux, nommé ministre des Affaires culturelles par de Gaulle, entreprendra de ravaler ses édifices et ses monuments, d'éclairer ses rues et ses places, pour en faire la radieuse métropole qu'on connaît aujourd'hui. Le Paris où ont vécu Micheline et Marc, au milieu des années 1950, était très sombre, magnifiquement lugubre, plongé dans un perpétuel clair-obscur. Dans les rues, peu de voitures, surtout des vespas et des vélos, et beaucoup de gens à pied, presque tous de noir vêtus. Toutes les façades de tous les édifices et de tous les monuments étaient décaties, ternies par le temps, noires de suie, les rues étaient mal éclairées, les pavés troués. On se serait cru dans une eau-forte de Piranèse.

Et pourtant une formidable énergie se dégageait de ces lieux. Paris était jeune, libre, de bonne humeur, ville folle, animée par un puissant esprit créateur. Micheline et Marc ont tout de suite aimé l'atmosphère de cette ville qu'ils connaissaient déjà par le cinéma, le théâtre, la littérature. Pendant des semaines, beau temps, mauvais temps, ils n'ont fait que marcher, matin, midi, soir, de la porte Dauphine à Alésia, de la place de la République à la tour Eiffel, retrouvant Apollinaire sous la tour Eiffel, Victor Hugo sur le parvis de Notre-Dame, Verlaine au jardin du Luxembourg, Balzac sur la montagne Sainte-Geneviève, Sartre et Camus à Saint-Germain, Cendrars le long du canal Saint-Martin, Hemingway à la Closerie des lilas ; et à Montmartre, Utrillo, Modigliani, Picasso, toute la bande... et Henry Miller à la Coupole et Proust sur les Champs-Élysées, boulevard Haussmann ou rue du Faubourg Saint-Honoré. Et partout, vivantes, les images de Carné, de Becker, les airs de Trenet, de Montand, de Gréco. Et il y avait des concerts gratuits à Notre-Dame, à Saint-Séverin, à Saint-Germain, en plein air parfois, et des bals dans l'île Saint-Louis... Il y avait aussi, auxquels on ne pouvait échapper quand on avait vingt-cinq ans, ces rythmes nouveaux venus d'Amérique, le *rock and roll* de Chuck Berry, de Bill Haley, d'Elvis Presley. Et à Paris aussi on dansait, et Marc se défoulait, se déchaînait... Plus tard, ils comprendront exactement ces paroles du magnifique récit d'Ernest Hemingway : « *Paris is a movable feast* », Paris est une fête durable, portative ; ceux qui l'ont vécue, ceux qui, comme Micheline et Marc, ont connu le Paris de cette époque porteront en eux toute leur vie cet air de fête, en transporteront la joie partout où ils vivront...

Ils s'étaient inscrits tous les deux aux cours de théâtre de Jean Valcour, où ils étudiaient pêle-mêle le mime et la pantomime, Racine et Beckett, Claudel et O'Neill, jouant, lui, les valets, les fous et les rois, elle, les sorcières, les pleureuses, les grandes amoureuses. Mais leur formation consistait à tout voir, systématiquement, tous les spectacles à l'affiche des théâtres parisiens.

Paris était alors un vaste atelier où des artistes de toutes tendances se livraient à toutes sortes d'expériences, échafaudaient mille théories, proposaient mille esthétiques nouvelles, toujours remises en question, toujours recommencées. Certains, à l'instar de Gaston Baty, contestaient la primauté du texte et même celle du comédien, donnant aux décors et aux éclairages un rôle déterminant ; d'autres soutenaient que seul comptait le jeu des acteurs et ils se privaient de tout décor, descendaient dans la rue, mêlant tous les genres...

Le fameux Cartel des quatre (Gaston Baty, Charles Dullin, Georges Pitoëff et Louis Jouvet, tous disparus au cours des récentes années) avait laissé un riche héritage que se partageaient metteurs en scène, comédiens et scénographes, qui encore et encore redéfinissaient le théâtre classique et luttaient, comme ceux du Cartel, contre l'envahissement du théâtre commercial. « Il suffisait de se promener dans Paris pour apprendre, dira Marc plus tard, quand il évoquera ces années. On apprenait par immersion, comme des éponges. »

Jean Vilar dominait alors la scène théâtrale française. Il avait fondé en 1947 le Festival d'Avignon, lieu privilégié d'expression et de réflexion, et il dirigeait depuis peu le Théâtre national populaire. Il venait de publier son *Petit Manifeste de Suresne*, dans lequel il exposait sa vision du théâtre. Il voulait restaurer le théâtre classique, donner aux œuvres de Racine et de Corneille une vie nouvelle, et en même temps, et surtout, rendre accessibles à un très large public ce vénérable répertoire dc même que les pièces des auteurs contemporains, français et étrangers. Où qu'on fût dans l'espace théâtral, on subissait nécessairement et fort heureusement l'influence de Vilar, pour qui Marc aura toujours une grande admiration. Dans le sillage de ce grand homme, il revisitait Molière et se passionnait pour la commedia dell'arte... Micheline s'était immergée dans Racine, Sophocle, Shakespeare. Toute leur vie était étude, recherche. « Miche et Marc ont fait leur vie comme une œuvre d'art », diront leurs amis plus tard, quand ils pourront à loisir contempler l'œuvre dans son ensemble, l'œuvre durable, vécue, achevée, qu'ils ont réalisée ensemble.

À Paris, ils se sont fait des amis dans le milieu des artistes. Ils sont invités à des vernissages, des premières de petits théâtres d'essai, des lancements de recueils de poésie... où parfois, ils croisent des Canadiens, Claude Fournier, Jacques Languirand, Monique Miller, Hubert Aquin, Pierre Perreault, Félix Leclerc... Sans éviter ces rencontres, ils ne les provoquent pas, ils ne mettent par exemple jamais les pieds à la Maison des étudiants canadiens, ne fréquentent pas l'ambassade du Canada, comme le font la majorité des jeunes Canadiens, français ou anglais, résidant à Paris. Micheline et Marc y sont, eux, pour découvrir d'autres mondes. Et parmi ces « autres mondes », il y a celui que leur révèle Claude Evrard, avec qui Marc s'amuse à explorer l'univers de la clownerie, de la jonglerie, de la pitrerie, de la bouffonnerie.

Marc savait, en théorie, ce qu'était un clown blanc et ce qu'était un clown rouge, un auguste. Mais c'est avec Evrard qu'il a appris la pratique, qu'il est entré dans la peau et de l'un et de l'autre, du fourbe Scapin, du tendre et innocent Pierrot. Un bon comédien doit fréquenter ces deux types et, à leur contact, apprendre son métier : le clown blanc, c'est le manipulateur, l'organisateur, le prétentieux, le puissant qui finit le plus souvent par être confondu, désarmé ; l'auguste est le nono, le manipulé, l'innocent, capable de proférer, toujours innocemment, des énormités qui sont de fracassantes vérités, et qui n'a rien à perdre parce qu'il n'a rien, pas d'avoir, pas de pouvoir, pas de savoir. Evrard et Marc, pour le plaisir, parce qu'ils les aimaient et se sentaient bien en leur compagnie, se sont acoquinés avec ces deux personnages, ils les emmenaient partout avec eux...

Evrard, un joyeux fou, gros, grand et fort, provocant, généreux, attachant, avait étudié le mime et la pantomime avec Jacques Lecoq. L'École internationale de théâtre que dirigeait Jacques Lecoq enseignait la maîtrise du geste et du mouvement à travers le mélodrame, la comédie humaine, la tragédie, la clownerie. Pour les acteurs, les clowns et les mimes de la génération de Marc, Lecoq a été lui aussi un maître à penser, comme Vilar, comme Barrault. Il était un ami et un proche collaborateur de Dario Fo, avec qui il a créé de remarquables chorégraphies. Mummenschanz, le fameux trio suisse de théâtre de masques, qui se produira à Broadway, est passé par son école. Et Marc, à travers son ami Evrard, a suivi les enseignements de Lecoq. Marc a toujours su tirer son miel de toute fleur. Il a été, toute sa vie, un autodidacte actif, opportuniste. Il n'est jamais entré dans les grandes écoles, n'a jamais suivi assidûment un enseignement, jamais eu de gourou ou de maître, mais il a toujours su où, comment, par qui apprendre. Et quoi apprendre. Il a toujours su aussi prendre le meilleur de la vie. Il était, comme on dit, doué pour le bonheur.

La vie, dans ce sombre et joyeux Paris du milieu des années 1950, était donc fort belle et fort douce. En entendant Tino Rossi chanter la *Méditerranée*, Micheline et Marc ont eu envie, comme bien des gens, d'aller voir ses « îles d'or ensoleillées », ses « rivages sans nuages ». Ils n'avaient pas vraiment les moyens. Ils y sont quand même allés. En stop, dormant dans des auberges de jeunesse, des granges, parfois chez l'habitant, parfois à la belle étoile. Ils faisaient déjà, en ce temps-là de leur folle jeunesse, ce qu'ils avaient envie de faire, sans trop penser au lendemain.

Chaque semaine, Micheline écrivait à ses parents, leur parlait de ce qu'ils avaient vu, étudié, aimé. Marc ajoutait toujours un petit mot. Ils écrivaient aussi à Denyse, l'unique sœur de Micheline, qui se préparait à entrer à l'École des beaux-arts, ils lui racontaient dans le menu détail les spectacles auxquels ils avaient assisté, les expositions qu'ils avaient visitées, lui achetaient parfois des petits livres sur l'art, des cartes postales représentant *La Femme aux yeux bleus*, de Modigliani, ou, un jour, pour faire râler Mme Gérin, *La Blonde aux seins nus*, de Manet.

Chaque semaine, Micheline recevait des nouvelles de ses parents, de ses frères, de sa sœur, de ses amies Françoise et Monique. Marc n'était pas aussi « écriveux ». Il n'attendait pas vraiment de nouvelles de sa famille et n'entretenait déjà plus que de lointains rapports avec ses frères. Sa sœur Renée, dont il avait été très proche, était partie vivre aux États-Unis ; ils s'étaient écrit, visités quelques fois, puis les lettres et les visites s'étaient espacées, étaient devenues de plus en plus rares... Mais il n'aimait rien tant qu'écouter Micheline lui lire les lettres qu'elle recevait. Sa voix grave et veloutée le ravissait. Et il aimait bien les nouvelles, surtout celles que leur faisaient parvenir les enfants Gérin, qui leur ont appris au printemps 1956 que les Canadiens avaient gagné la coupe Stanley, qu'on avait sérieusement entrepris la canalisation du Saint-Laurent, qu'on démolissait les vieilles maisons du centre-ville de Montréal pour ériger un puissant gratte-ciel qu'on appellerait Ville-Marie.

Un an a ainsi passé. Beaucoup trop vite. Et beaucoup trop cher. À l'automne 1956, ils n'avaient plus un sou. Et toujours aussi soif de Paris, où ils comptaient au départ passer au moins deux ans. Marc a écrit à son père pour lui demander de l'aide. Mais Paul Favreau n'avait pas d'argent. Marc a pensé alors à son vieil oncle unioniste qui partageait les opinions de Duplessis sur les « artisses », les joueurs de piano et les « pelleteux de nuages ». Pas beaucoup d'espoir de ce côté-là. Marc a quand même écrit au vieux grincheux, promettant de lui rendre dans deux ans au plus tard, intérêt et principal, les trois mille dollars qu'il lui demandait. Il a reçu quelques semaines plus tard une réponse qui le fit pouffer de rire. L'oncle lui disait qu'il avait de l'argent, bien sûr, « en masse d'argent », et qu'il lui en aurait prêté avec plaisir si son projet avait été de faire des études de droit, de médecine, d'économie ou même d'architecture. Mais il n'avait pas une « cenne noire » à investir pour quelqu'un qui étudiait le théâtre ou la peinture.

En dernier recours, Micheline proposa à Marc d'écrire à son père, le notaire Gérin. Ils ont préparé leur demande ensemble. En fait, chacun a écrit une partie d'une longue lettre, sorte de bilan de leur première année en Europe et bref énoncé de leurs projets. Marc fit la demande officielle, s'engageant sur son honneur à remettre jusqu'au dernier sou... C'était une délicate mission. Il a raconté ce que Micheline et lui avaient fait depuis un an, les études, les rencontres, les voyages, les expériences. Micheline a parlé de leur bonheur et de leurs projets d'avenir, projets qui seraient gravement compromis s'ils devaient rentrer. Ils voulaient en effet devenir tous les deux de bons, très bons, excellents comédiens pour pouvoir faire carrière sur les grandes scènes canadiennes et à la télévision de Radio-Canada et ils étaient justement en train d'apprendre les rudiments du métier. Leur rêve : terminer leurs études, rentrer au pays, faire des enfants, deux ou trois, et vivre de théâtre. Or, une fois les enfants nés, ils ne pourraient pas reprendre leurs études à Paris.

Le notaire a accepté de prêter les trois mille dollars dont ils avaient besoin. Ils ont ainsi pu rester à Paris un an de plus. Et voyager un peu à travers la France, traverser la Manche deux ou trois fois, marcher dans Londres, où les ravages de la guerre étaient encore bien visibles, et voir du théâtre et des expositions et des films.

Pendant cinquante ans, Micheline Gérin et Marc Favreau, où qu'ils fussent, à Montréal ou Paris ou en tournée à travers le Québec ou l'Europe francophone, ont gardé cette habitude (ce besoin) d'aller très régulièrement au théâtre, quand évidemment Sol faisait relâche. On peut parler d'une bonne vingtaine de sorties par an, ce qui fait autour de mille pièces de théâtre qu'ils ont vues ensemble. Très souvent, plusieurs des comédiens étaient de leurs amis ; après le spectacle, ils allaient les rencontrer, les congratuler, parfois les consoler, car il arrive, au théâtre, comme dans la vie, qu'on se casse la gueule. Au théâtre, il y a toujours du danger, on est constamment sur la corde raide, on peut tomber, la corde peut casser. Et c'est ça qu'ils aimaient, cette fébrilité, cette tension constante, ce danger nécessaire. On ne sent pas ça au cinéma ; au cinéma, les jeux sont faits, les acteurs ne sont plus en danger.

À Paris, Micheline et Marc voyaient tout plein de films, français, italiens, américains. Ils en verront toujours. Mais ce qui leur plaisait d'abord et avant tout au cinéma, c'étaient les numéros d'acteur, les performances. Leur monde, leur univers a toujours été le théâtre. C'est ce qu'ils étaient allés étudier à Paris. Ils en feront toute leur vie.

Et puis un jour d'été, dans la lourde touffeur d'un Paris ensommeillé dont la plupart des écoles, des ateliers et des théâtres étaient fermés, l'envie de revoir Montréal et le Memphrémagog, de respirer le grand air frais du Canada, d'entendre l'accent canadien, les a pris, presque par surprise. Et ne les a plus quittés. Micheline s'ennuyait de ses frères, de sa sœur, de ses parents, de ses amies Monique et Françoise. Marc aussi s'ennuyait de la famille Gérin. « Rentrons, dit-il. On reviendra. » De toute façon, très bientôt, ils seraient encore à court d'argent. Et en redemander au notaire eût été ambitionner.

Marc était, comme toujours, très confiant, persuadé qu'ils trouveraient en rentrant plein de rôles à leur mesure et à leur goût, « même qu'on aura l'embarras du choix », disait-il. Il avait pu constater, quelques années plus tôt, que tous ceux qui étaient venus à Paris étaient rentrés au Canada auréolés de prestige, chargés d'expériences, et qu'ils s'étaient tout de suite trouvé des rôles au théâtre et à la télé, dans les coulisses ou l'administration, devant ou derrière les caméras.

Quelques jours avant leur départ, une troupe parisienne offrait à Micheline un rôle dont elle avait toujours rêvé, l'Andromaque de Racine. Mais il était trop tard. Elle a refusé, pour rentrer à Montréal.

Ils sont arrivés par une belle journée de fin d'été, deux ans presque jour pour jour après leur départ, quelques jours avant que les Russes ne placent sur orbite le premier satellite artificiel de la Terre, le fameux *Spoutnik* qui allait créer un puissant émoi au sein de l'humanité, que la Guerre froide inquiétait.

Marc et Micheline vivaient dans l'euphorie du retour. Après deux ans d'absence, ils retrouvaient parents et amis, puis les rues et les places de Montréal, l'air frais et le ciel qui leur paraissait si grand, si bleu. À Paris, les rues étroites bordées de hauts édifices le découpent en minces lanières. Au Québec, tout leur semblait neuf. Il y avait, dans le paysage urbain, quelque chose de pas fini qui plaisait beaucoup à Marc. À Wright's Beach, où ils sont allés passer quelques jours, l'eau du Memphrémagog était encore tiède.

Ils avaient retrouvé les amis. La vive et drôle Françoise Gratton, puis Monique Joly qui avait maintenant un amoureux, Benoît Girard, avec qui Marc s'est tout de suite bien entendu et qui allait rapidement devenir un très proche ami. Et Jean Besré, Lise Lasalle, Clémence Desrochers, beaucoup d'autres. Très vite, Micheline a recomposé autour d'eux un cercle d'amis.

Mais, côté travail, les choses ne se sont pas passées tout à fait comme Marc l'avait prévu. Ils ont vite compris qu'ils ne joueraient ni au théâtre ni à la télévision avant un joli bout de temps.

Les jeux étaient faits, les distributions des pièces et des téléromans étaient depuis longtemps établies. Mais, en plus, le théâtre connaissait une période difficile. Beaucoup à cause de la télévision. *La Famille Plouffe* et *Le Survenant,* dans lequel Robert Rivard (le père de Michel) tenait désormais le rôle de Beau-Blanc, plusieurs autres téléromans et des émissions comme *La Lutte au Forum,* le mercredi soir, ou *Music-Hall*, le dimanche soir, vidaient littéralement les salles de théâtre.

Au début, pourtant, la télévision avait créé une certaine curiosité du grand public pour le théâtre. Les gens venaient voir en chair et en os des comédiens et des comédiennes qu'ils avaient aperçus au petit écran. Une fois cet engouement passé, les théâtres se sont vidés. Dès le milieu des années 1950, presque partout en Amérique et en Europe, les grands théâtres étaient en difficulté. À Montréal, les Variétés lyriques et le Rideau vert ont fermé leurs portes pendant quelques années. Miche et Marc arrivaient au milieu de cette dépression théâtrale.

Et, en plus, Marc savait bien qu'il s'était mis à dos certains réalisateurs en quittant inopinément *Le Survenant* et *14 rue de Galais*. Même Maurice Leroux, qui avait été et restait son ami, ne pouvait l'aider, ayant lui-même été mis dans l'embarras quand Marc avait décidé de laisser tomber son rôle de Beau-Blanc.

Mais jamais, devant les parents et les amis, Marc n'a laissé percevoir la moindre inquiétude. Sans faire le gars au-dessus de ses affaires, il affichait toujours une confiance absolue en l'avenir ou en sa bonne étoile. Micheline et lui vivaient maintenant ensemble depuis plus de trois ans, ils étaient toujours en amour, heureux. « Qu'est-ce qu'un gars peut vouloir de plus ? »

Ils se sont installés dans un grand cinq et demi du quartier Côte-des-Neiges, rue Lacombe, tout près de l'Université de Montréal. Avec sans doute un peu d'aide du notaire Gérin, qui avait accepté d'attendre tout remboursement. En échange, Micheline et Marc allaient loger les enfants Gérin qui étudiaient à Montréal, Denyse, entrée à l'École des beaux-arts, et Pierre, qui faisait son cours classique au collège Brébeuf. Le centre d'intérêt des enfants Gérin se trouvait désormais rue Lacombe.

Au cours de l'automne et de l'hiver, Marc et Micheline ont cherché du travail, des rôles. Rien à l'horizon. Ils ont fait le tour des réalisateurs et des metteurs en scène. Marc se proposait comme comédien ou décorateur, puis accessoiriste, puis souffleur... Rien, nulle part.

Et un beau jour, alors qu'il allait cesser de chercher et d'attendre, il a reçu un appel d'un des patrons de Radio-Canada qui lui proposait de passer une audition pour tenir un rôle de clown dans une émission pour enfants. C'était un tout petit rôle, un tout petit clown de rien du tout, un faire-valoir. «Ça te mènera pas bien loin, a dit le patron de Radio-Canada, mais au moins, si tu passes l'audition, tu pourras remettre les pieds dans la boîte.» Et Marc a accepté l'invitation. Rien à perdre.

9

Sol et cie

La télévision était un média encore tout neuf qui requérait de l'audace, de la jeunesse, une certaine curiosité, sans doute beaucoup de temps et une manière nouvelle de voir le monde. Il fallait en effet tout inventer ou, au moins, tout essayer. À Radio-Canada, c'est auprès du public enfant qu'on s'est livré aux plus audacieuses expériences. La télé pour adultes était coincée, guindée, timorée ; l'enfantine était vive et libre, débordante d'imagination, extrêmement dynamique...

Depuis 1956, tous les jours de la semaine, du lundi au vendredi, à 16 heures, Bobino, incarné par Guy Sanche, sa marionnette Bobinette au charmant babil et son complice Télécino entraient dans les foyers québécois, où les mamans commençaient à préparer le souper.

Puis, à 16 h 30, *La Boîte à surprises* animée par Pierre Thériault présentait des dessins animés et recevait des invités, des personnages très hauts en couleur, clowns et pitres de tous poils, que les enfants avaient aperçus parfois dans d'autres émissions. Il y en avait une pléthore, à l'époque. Il y avait aussi énormément d'enfants. Les premières cohortes de *baby-boomers* venaient à peine de perdre leurs dents de lait.

Pendant quinze ans, jusqu'à la fin des années 1960, les enfants seront royalement bien servis par Radio-Canada. Une armée de jeunes scripteurs travaillaient à créer à leur intention tout un peuple de personnages farfelus, déjantés, hilarants, touchants, souvent inspirés de la commedia dell'arte, mais aussi de Charlie Chaplin, de Buster Keaton, de Lewis Carroll, des brailleurs, des rieurs, des méchants, des pas bons et des bons... Pépinot et Capucine, Grujot et Délicat (C'est comme l'œuf de Friiiistof Colomb!), Chat Piano, Chum le chien piteux, Boum, Mina la poêle à frire, Chocoslavie, le capitaine Hublot et la fée Nouki de *L'Île aux trésors*... le clown Fafoin et Mlle Naphtaline qui, dans un grenier, découvrent des jouets qui prennent vie : le pirate Maboule, la pendule Gudule, la poupée Fanfreluche. Puis Mandibule, Paillasson, Gobelet, Sol, Bim, Biscuit, Bouton, Isabelle, Marie Quat'Poches (des idées plein la caboche), Michel le Magicien aux longues moustaches, Picolo incarné par Paul Buissonneau, Piroulie joué par Jean Besré, Mme Bec-Sec et Dame Plume... une infinie galerie de personnages qui passaient d'une émission à une autre avec une aisance et une liberté qu'on ne connaît plus.

Un brillant jeune homme, Fernand Doré, époux de la comédienne Charlotte Boisjoly, dirigeait alors la section jeunesse de Radio-Canada. Doré avait été associé, comme réalisateur, aux toutes premières émissions pour enfants diffusées par la société d'État, dès 1952, *Le Grenier aux images* imaginé par Françoise Faucher et Alec Pelletier, et *Pépinot et Capucine*, série signée Réginald Boisvert qui a marqué ces premières hordes de *baby-boomers*. Tous ceux qui ont connu Fernand Doré en ce temps-là parlent de lui avec affection et admiration. Homme de théâtre et de télévision intelligent, cultivé, créatif, audacieux, il savait écouter et accepter les idées des autres, « quand elles étaient bonnes ». Quelqu'un arrivait avec un bon projet, il mettait tout en place et en branle pour qu'on puisse le réaliser. Il avait du génie pour placer le bon monde au bon endroit. Et pour diriger et motiver les comédiens, les caméramans, les réalisateurs. Son service est vite devenu le plus actif de la boîte radio-canadienne.

C'est cet homme, Fernand Doré, qui a contacté Marc, au cours de l'été 1958, et lui a proposé de se présenter à une audition pour jouer un clown à la télévision. Un clown ? Marc en avait vu des fameux en Europe. Avec Claude Evrard, du temps qu'ils vivaient à Paris, Micheline et lui, il les avait observés, étudiés, imités.

Le lendemain, Marc a reçu un texte écrit par Claude Fournier, qu'ils avaient connu, Micheline et lui, à Paris où Claude vivait, comme eux, sa studieuse bohème au milieu des années 1950. Rentré au pays depuis un an, il écrivait chaque semaine un sketch de quinze minutes pour un clown nommé Bim (incarné par Louis de Santis) qui fréquentait *La Boîte à surprises*. Mais un clown seul est un être insaisissable, indéfinissable. Seul, un clown ne peut être blanc, puisqu'il n'a personne d'autre à qui jouer des tours ou donner des coups ; il ne peut non plus être rouge ou auguste, puisque personne ne le leurre ou ne le maltraite. Les clowns vont nécessairement par deux : le fort et le faible. Mais dans leur monde, contrairement à ce qui se passe trop souvent dans la vie, c'est presque toujours le fort, l'arrogant, le dominateur qui, à la fin, est confondu et puni. Dans la vie d'un clown seul, il ne se passe rien. *It takes two to tango.*

Fournier venait donc de signifier au réalisateur Maurice Dubois qu'il renoncerait à écrire des sketches pour Bim, à moins qu'il puisse lui donner un compagnon, un faire-valoir, un souffre-douleur, un alter ego. Fernand Doré, le boss bien-aimé, est intervenu, a trouvé des (petits) sous pour engager un comédien. Et Fournier a pu imaginer un nouveau clown, Sol. Il a confié à Bim le rôle du clown blanc, celui qui prend les décisions, organise, manipule. Sol sera donc l'auguste, le nono, l'attachant innocent.

Sol est un clochard, un SDF, un sans-abri. Il raconte des épisodes de sa vie mêlés d'observations sur la politique et la société, les coutumes, l'amour, le progrès, tout et n'importe quoi. Son discours, d'une naïveté touchante, est truffé de calembours, de mots-valises. C'est le parfait auguste, un personnage éternel, chargé d'espoir, naïf. D'aucuns disent que l'auguste est un clown triste, ce qui a toujours indigné Marc Favreau. Un clown auguste, selon lui, n'est jamais triste, surtout pas son Sol. « On l'aurait été, nous, à sa place, disait-il. Mais pas lui, justement. Sol, trouvant un ver dans la pomme qu'il s'apprête à croquer, s'émerveille et s'écrie : "Oh, le chanceux, il a trouvé un petit logis." Il est positif, optimiste, content pour le ver. Nous, à sa place, on aurait jeté la pomme en sacrant. C'est nous qui sommes tristes. »

Bien difficile aujourd'hui de donner une idée de Sol à ses débuts. *La Boîte à surprises* était diffusée en direct et Radio-Canada n'a pas cru bon d'en conserver la moindre bribe. Claude Fournier, qui a créé le personnage, n'a pas gardé ses textes. En fait, personne ne pouvait imaginer, à l'époque, que le faire-valoir de Bim allait durer, grandir et voyager, monter sur les plus grandes scènes de la francophonie et se retrouver près d'un demi-siècle plus tard dans les pages du dictionnaire Larousse, section des noms propres.

Fournier se souvient tout de même s'être inspiré des personnages d'*En attendant Godot*, de Samuel Beckett, et des jeux de langage des personnages de Lewis Carroll. Ainsi, Sol est frère d'Estragon et de Vladimir, les deux cloches qu'avait créées Beckett quelques années plus tôt, et de la petite Alice et du Humpty Dumpty de Carroll. Sol se targue, avec raison, d'être un sans-abri, mais il appartient à la très noble aristocratie des clochards et des détraqués. Il est fils de Beckett et de Carroll, deux auteurs qui déjà fascinaient Marc, celui-là, parce qu'il exprimait si magnifiquement l'absurdité de la condition humaine, celui-ci parce qu'il jouait avec les mots et savait utiliser les trésors de l'imagination enfantine.

Lewis Carroll était maître du mot-valise, ce que les Anglais appellent le *portmanteau*, un mot composé de morceaux non signifiants de plusieurs mots qui, mis ensemble, évoquent une réalité jusque-là ignorée, du non-vu, du non-nommé. Le *portmanteau* est fréquent dans le baragouin qu'Humpty Dumpty utilise avec Alice pendant leur voyage à travers Wonderland, le pays des merveilles. Il explique par exemple à la petite fille que deux mots combinés comme *lithe* (agile) et *slimy* (visqueux) donnent *slithy* ou qu'en comprimant *miserable* et *flimsy* ensemble on obtient *mimsy*... Quand, plus tard, il écrira les textes de Sol, Marc en fera des centaines, des mots à la fois absurdes et magnifiquement signifiants, ajoutant par exemple la syllabe « nil » à « sénateur » pour faire « sénilateur ».

Mais en 1958, on n'en est pas encore au mot-valise très sophistiqué. Sol est un clown parfaitement nono qui a pour mission d'amuser les tout-petits. On est donc dans la grosse farce, le *slapstick*, les mots déformés, « étrelixité » par exemple pour « électricité », ou « cracteur » pour « tracteur », le genre de mots savoureux que forgent innocemment les enfants. En fait, c'est par ses gestes et ses mimiques, plus que par ses paroles, que Sol, à cette époque, va s'imposer.

Dans l'appartement de la rue Lacombe, Micheline a fait répéter Marc, encore et encore, même s'il possédait par cœur le texte de Fournier. Il fallait camper le personnage, lui trouver un ton, des gestes, des mimiques, des œillades. Elle disait ce qui n'allait pas, répétait : « Exagère tout le temps. » Quand Marc a quitté la maison pour aller à son audition, elle était sûre qu'il allait décrocher le rôle.

C'est à la suite de cette audition que Sol a vu le jour. Et que Marc Favreau s'est trouvé enfin une *job* stable et bien rémunérée et qu'il a pu commencer à rembourser son beau-père. Chaque semaine de cette saison 1958-1959, Sol était invité à *La Boîte à surprises,* en compagnie de son comparse Bim. Marc s'est senti tout de suite bien dans la peau du clochard simplet. À l'aise, heureux, drôle. En quelques mois, l'auguste Sol était devenu la coqueluche des jeunes et des moins jeunes. Et Bim, le clown blanc, n'était plus que le faire-valoir de Sol, qui prit bientôt presque toute la place.

Claude Caron, qui avait connu la télé à ses débuts, dès l'automne 1952, a plusieurs fois réalisé *La Boîte à surprises* et dirigé Marc dans le rôle de Sol. « Il était extrêmement précis, dit-il, très discipliné. Dans la vie, il ne pensait qu'à faire rire, qu'à jouer des tours. Mais en studio, dès que la lumière rouge était allumée, il était tout à son affaire, très intense, un vrai pro. Et il avait une grande qualité : un respect absolu des gens avec qui il travaillait. »

Parfois aussi, c'était le vieux *chum* d'enfance et d'adolescence, Gilles Derome, qui réalisait *La Boîte à surprises.* Après avoir voyagé et étudié en France, Derome était rentré au pays, il peignait, écrivait, sculptait. Et travaillait à Radio-Canada.

Caron et Derome se souviennent qu'on créait à cette époque, qu'on a peut-être injustement appelée la Grande Noirceur, dans la plus totale liberté. À la télé, les auteurs faisaient ce qu'ils voulaient, ils écrivaient ce qui leur passait par la tête. En fait, ils se trouvaient dans un champ qui échappait à toute juridiction morale. Marc dira plus tard son profond mépris pour ce média accaparant et dominateur qu'est la télévision. « Mais à cette époque, assure Derome, il se sentait, comme créateur, parfaitement heureux. Très rapidement, en quelques semaines, il a défini le personnage de Sol. Il se l'est approprié. »

Jeannine Caron, couturière à Radio-Canada, a confectionné avec Marc le costume de Sol. Il a lui-même créé son maquillage, les énormes cernes sous les yeux, la barbe noire... Et il eut l'idée de la cravate, symbole de grande respectabilité qu'arborent avec fierté hommes d'affaires et politiciens sérieux. Lui-même fervent adepte du col roulé et du t-shirt, il n'en portait pratiquement jamais. À l'époque, presque tous les hommes nouaient soigneusement la cravate pour toute sortie le moindrement sérieuse, mariage, baptême, *party*. Elle était obligatoire dans les collèges classiques et dans presque tous les bureaux et les ateliers. Marc, lui, avait banni très tôt de sa garde-robe les cravates, les nœuds papillon, les boutons de manchette, les souliers ferrés et vernis, les épingles à cravate. Sol cependant en portera. Mais par dérision. Et pas de chemise. Et il ira pieds nus dans des chaussures éculées, enveloppé dans un manteau trop grand, troué, rapiécé. Et sur la tête, un chapeau cloche qui lui donne l'allure d'un manant sorti tout droit d'une scène de Bruegel l'Ancien.

Sol venait à peine de naître qu'il fut banni des ondes radio-canadiennes, en même temps que tous les artistes et tous les animateurs. En décembre 1958, à peine trois mois après que le bel auguste eut fait ses premiers pas à la télévision, les quelque soixante-quinze réalisateurs du réseau français de Radio-Canada déclenchaient une grève dans le but d'obtenir le droit de se syndiquer pour adhérer à la Confédération des travailleurs catholiques du Canada (CTCC), dont le secrétaire général était le bouillant Jean Marchand. Le conflit fut particulièrement tendu, très médiatisé. Les réalisateurs, en majorité francophones, avaient l'impression de se buter à l'incompréhension de leurs patrons ainsi qu'à celle de leurs confrères anglophones. Ils avaient cependant l'appui de la grande majorité des artistes et des quelque deux mille autres employés permanents qui, bien qu'appartenant à divers syndicats, refusaient de franchir les lignes de piquetage. René Lévesque, journaliste, animateur de l'émission d'information publique *Point de mire*, s'est imposé comme l'un des penseurs et des leaders du mouvement.

Alléguant que Radio-Canada, une société de la Couronne, possédait les pleins pouvoirs pour définir sa politique, le gouvernement fédéral refusait d'intervenir dans le conflit. Le 17 janvier 1959, mille cinq cents personnes se sont rendues à Ottawa pour protester auprès de la ministre du Travail, Michele Starr. Loin d'apaiser les tensions, la rencontre a renforcé un sentiment négatif que René Lévesque résumera ainsi : « La ministre Starr ne comprenait même pas de quoi on parlait. Ça ne les avait pas tellement bouleversés à Ottawa. C'était juste le réseau français de Radio-Canada qui était fermé. » Quelques jours plus tard, Jean Marchand et René Lévesque étaient arrêtés par la police pendant qu'ils se trouvaient sur les lignes de piquetage.

La grève a duré soixante-huit jours, jusqu'au 8 mars 1959. Elle a mené à la reconnaissance du syndicat des réalisateurs. Plusieurs observateurs considèrent que ce conflit, comme l'émeute survenue au Forum le 17 mars 1955, a contribué à l'éveil d'un nationalisme canadien-français qui s'exprimera de plus en plus avec la Révolution tranquille et le bouillonnement des années 1960.

Pendant cette grève, Marc, heureusement, avait aussi ses entrées au théâtre. Il a tenu de petits rôles, des rôles de petits. Engagé par le Théâtre-Club de Monique Lepage et Jacques Létourneau, il jouait en cet hiver 1959 dans *Les Plaideurs*, de Racine, qui fut présentée en tournée à travers tout le Québec. Marc adorait cette comédie, une satire du monde de la loi, inspirée des *Guêpes*, d'Aristophane, parodie de l'haïssable manie procédurière des avocats et des juges, dont Racine avait dressé de savoureux portraits : le juge Chicaneau, la comtesse de Pimbêche, etc. Dans la peau du secrétaire L'Intimé, Marc s'amusait fort. La pratique de la satire est toujours bonne pour la santé mentale.

Mais cette grève l'inquiétait. Et il était en deuil. Pendant plusieurs mois, il pensait à Sol, dont le costume pendait à un clou du vestiaire de Radio-Canada. Et des rumeurs circulaient, déprimantes : on allait fermer le Service jeunesse, on ne diffuserait plus que des dessins animés *made in USA.*

Mais quelque chose d'infiniment excitant était en train de se produire dans la vie de Marc Favreau et de Micheline Gérin.

10

Deux bébés

Il y a des gens qui font leur vie professionnelle totalement
en dehors de leur vie amoureuse ou de leur vie de couple.
Marc et Micheline ont toujours tout fait ensemble.
Ensemble, donc, ils avaient décidé, quand ils s'étaient
mariés, de ne pas avoir d'enfant avant d'avoir voyagé un
peu et d'être allés étudier à Paris.

À l'été 1958, peu après que Sol fut entré dans leur vie,
Micheline apprenait à Marc qu'elle était enceinte. Grand
bonheur! Mais, à la mi-décembre, quand a commencé la
grève des réalisateurs de Radio-Canada, l'inquiétude est
entrée chez eux. À la télé, tout avait été interrompu, les
séries, les variétés, les dramatiques. Les artistes avaient
d'abord cru que le public, frustré de ne pas voir ses
émissions préférées, pencherait de leur côté, les appuie-
rait dans leurs revendications. Erreur! Le public se fichait
éperdument de cette guerre idéologique que menaient
les réalisateurs, il n'avait pas d'états d'âme, pas d'opinion,
aucun esprit de solidarité. La direction de Radio-Canada
le gavait de films, matin, midi, soir. S'il n'en avait tenu
qu'à lui, la grève aurait pu durer indéfiniment. Beaucoup
de comédiens et d'artistes étaient désespérés; certains
parlaient de vendre leur auto, leur maison. Marc avait la
chance de jouer au théâtre, mais il se demandait bien ce

qu'il ferait quand, en avril, la pièce *Les Plaideurs* allait quitter l'affiche. Chose certaine, leur vie serait à jamais changée. Le temps de la joyeuse insouciance tirait à sa fin.

Marc assistait aux cours prénataux, une nouveauté à l'époque. Quand il ne jouait pas au théâtre, il passait la soirée auprès de Micheline, ils écoutaient Bach et Coltrane, Brel et Brassens, lisaient Hemingway et Camus, faisaient des mots croisés, des casse-têtes, Marc dessinait, Micheline cousait, brodait. Beaux jours tranquilles, rue Lacombe !

Les contractions ont commencé le 2 mars 1959, soixante et unième jour de la grève, vers 6 h 30 du matin. Marc et Micheline se sont rendus à la maternité de Maisonneuve-Rosemont. Au milieu de l'après-midi, l'enfant n'était toujours pas arrivé et Marc devait partir pour Ottawa, où il jouait ce soir-là dans *Les Plaideurs*. Il faisait très doux, très bon. Mais il était perclus d'angoisse et de remords, il se reprochait d'avoir abandonné dans un pareil moment la femme de sa vie. Sitôt au théâtre, il a téléphoné à l'hôpital et a parlé à Micheline, rassurante, rieuse. « Calme-toi, lui disait-elle. Prends de grandes inspirations, expire lentement. » Ce n'est qu'à 20 h 20, dix minutes avant le lever du rideau, qu'il a appris de la bouche de Denyse qu'il était devenu père d'une petite fille. Quand les comédiens ont salué la foule, à la fin de la pièce, Marc filait déjà sur la route 148 en direction de Montréal. Le long de la rivière des Outaouais, de lourdes écharpes de brouillard obstruaient la vue. Il était passé deux heures du matin quand il est arrivé à l'hôpital. Il a embrassé Micheline, l'a réveillée, puis il a couru à la pouponnière voir son bébé, une petite fille toute rose qui dormait paisiblement.

Le jour même, à la demande de Micheline, qui avait obtenu la permission de garder l'enfant dans sa chambre, il ramenait à l'hôpital un phono et des disques. Marie-Claude allait ainsi commencer sa vie sur des airs de Haendel et de Vivaldi. Sept jours plus tard, la grève des réalisateurs de Radio-Canada a pris fin. L'inquiétude persistait cependant. Pendant quelques semaines, on ignorait si la direction de Radio-Canada allait laisser *La Boîte à surprises* au programme.

Pendant la grève, le grand public était resté bêtement indifférent et fort peu généreux, mais pour les enfants, et une estimable proportion du public adulte qui avait gardé un cœur d'enfant, la grève avait été une catastrophe. Il n'y eut pas de sondage à ce sujet, mais, de l'avis de tous, les émissions dont on s'était le plus ennuyé étaient *Bobino* et *La Boîte à surprises*, et le personnage dont on avait été le plus en manque était nul autre que Sol.

Celui-ci occupait déjà une place importante dans le cœur de Marc, qui avait importé dans sa vie des mimiques, des expressions, des airs de Sol, même une façon de voir le monde. Par en dessous, depuis la rue. Au cours des quatre saisons suivantes, il restera étroitement lié à son personnage. Il tiendra divers autres petits rôles au théâtre et à la télévision. Il incarnera un journaliste, par exemple, dans *La Côte de sable*, une télésérie signée Marcel Dubé, aux côtés notamment de Denise Pelletier, Pierre Bourgault, Clémence Desrochers. Il jouera également les valets dans deux Molière… Mais, de tous ses personnages, celui qui avait (et qui aura toujours désormais) l'absolue priorité, celui qui l'inspirait, c'était toujours Sol, dont il allait bientôt s'emparer pour de bon, en toute exclusivité.

En 1960, le scripteur Claude Fournier annonçait en effet à Radio-Canada qu'il partait étudier et s'amuser à New York et qu'il laissait Bim et Sol en liberté. En fait, Fournier a vendu ses personnages, beaux, bons, pas chers, à Radio-Canada. On ne sait ce qu'est devenu l'inénarrable Bim, sans doute rappelé au paradis des clowns. Sol, lui, fut recueilli par Marc Favreau qui l'a dressé, qui en a fait ce grand animal qui allait faire la joie de toute une génération.

Pour remplacer Bim, Marc a créé, avec l'aide des scripteurs de *La Boîte à surprises*, un nouveau clown,

149

Bouton, qui, interprété par le rond et goguenard Yvon Dufour, a tenu, un temps, compagnie à l'auguste Sol. Mais Dufour n'était pas vraiment intéressé à jouer les clowns. Il aimait bien son personnage. Le naïf et vaniteux Bouton était, malgré ses rondeurs, un être fort léger, heureux, toujours extrêmement de bonne humeur, fier de son costume à gros boutons et de l'énorme fleur qu'il portait à la boutonnière. Et Dufour surtout s'entendait fort bien avec Marc. Ils se comprenaient à demi-mots, riaient beaucoup ensemble. Mais le gros Yvon avait d'autres priorités, d'autres projets. Il jouait dans la télésérie *Radisson* aux côtés de Pierre Dufresne, avec qui il avait fondé la troupe de théâtre du Pont Neuf, qui lui prenait beaucoup de son temps. Et on lui avait proposé un rôle dans une série policière dont l'action se passerait à Québec et dont le tournage devait commencer à l'été de 1962.

Bouton est donc allé rejoindre Bim au paradis des clowns. Il fut remplacé auprès de Sol par un dénommé Biscuit. Il y en eut peut-être d'autres. Personne ne semble avoir gardé en mémoire une exacte chronologie des premières années de Sol, ni même une description le moindrement détaillée des comparses qui se sont succédé auprès de lui. Tout ce qu'on sait de sources sûres et fort nombreuses, c'est que Sol n'était jamais seul... et qu'il avait déjà un succès fou.

Sans doute que les rôles étaient encore mal définis. Sol était un auguste, bien sûr, le parfait nono, déjà bien campé. Mais les autres? Si on se fie aux souvenirs amassés auprès des *baby-boomers*, qui formaient alors le fervent public de *La Boîte à surprises* et les *fans* inconditionnels de Sol, ses comparses étaient eux aussi des clowns augustes, tous plus nonos les uns que les autres. Sol avait la cote parce qu'il était le plus démuni, celui qui commettait les plus énormes bourdes, proférait les plus loufoques bêtises, faisait les plus spectaculaires erreurs... Marc avait compris que c'était de cette manière qu'il pouvait gagner les enfants, en créant un personnage dont ils pouvaient rire et se gausser à satiété et toujours impunément, parce qu'il était ignare, sans défense et, contrairement à eux, sans malice.

Il y avait certainement autre chose, un charme quelconque qui devait émaner de Sol, pour que les enfants et les jeunes aient envie de l'imiter, de reprendre ses expressions, ses mots-valises... Mais sans doute que la passion qu'a suscitée Sol était également nourrie par le pouvoir que croyaient posséder les hordes de *baby-boomers*, il était leur petit martyr, le souffre-douleur de service.

Marie-Claude avait à peine plus d'un an quand, au printemps 1960, Micheline s'est trouvée de nouveau enceinte. Elle avait mis en veilleuse sa carrière de comédienne. Un choix bien réfléchi, qu'elle avait fait sans regret aucun. Elle adorait toujours autant le théâtre, mais elle considérait qu'une femme ne peut jouer Phèdre, Chimène ou Antigone et faire en même temps des enfants et les élever. Elle ne se sentait pas du tout coupée du monde, au contraire. Le monde était survolté, hyperactif. Il offrait alors, tant au Québec qu'à l'étranger, de quoi occuper un esprit. On aurait dit un nœud de l'histoire, une charnière... Tout bougeait, partout.

Maurice Duplessis, qui avait régné presque sans interruption et en maître absolu sur le Québec depuis 1936, était mort subitement en septembre 1959. Au printemps suivant, le Parti libéral de Jean Lesage a été porté au pouvoir. Il était formé d'hommes jeunes, dynamiques, instruits, pétris d'idées libérales et sociales-démocrates (René Lévesque, Paul Gérin-Lajoie, Georges-Émile Lapalme, etc.), qui allaient, par leurs actions, doper le sentiment nationaliste canadien-français et créer un mouvement irrépressible et irréversible. C'était, brusque et éclatante, la fin de ce qu'on avait appelé, à tort ou à raison, la Grande Noirceur. C'était le début d'un temps nouveau. Partout dans le monde, on sentait se briser les institutions, les empires…

Étudiants, artistes et intellectuels suivaient avec passion la montée des nationalismes en Afrique. La guerre d'Algérie surtout mobilisait l'attention des médias. Les jeunes appuyaient le FLN, élément moteur de la lutte pour l'indépendance algérienne. Partout on sentait, violentes, irrépressibles, de légitimes aspirations à la liberté, à l'indépendance. C'est dans cette atmosphère exaltée que naquit le second enfant de Micheline et de Marc, le 12 janvier 1961, un garçon que Micheline eut l'idée d'appeler Patrice, en l'honneur de Patrice Lumumba, dirigeant du mouvement nationaliste congolais, arrêté quelques semaines plus tôt par le sanguinaire Joseph Désiré Mobutu, futur dictateur du pays, puis déporté au Katanga et sommairement assassiné. Lumumba faisait dès lors figure de martyr du nationalisme congolais, porteur exemplaire des idées progressistes et socialistes, du rêve de justice sociale.

Depuis que Marc avait pris possession de Sol (et vice versa, car il se disait lui-même possédé par son clown), il l'avait copieusement nanti de gestes, de mimiques et d'expressions typiques n'appartenant qu'à lui. Il avait commencé à cultiver sérieusement les mots-valises, certains impérissables qui feront la marque de commerce de Sol, comme ce bon vieux « vermouilleux » fait des mots « vermoulu » et « merveilleux », qui n'est pas dans le dictionnaire et qui pourtant est extraordinairement évocateur. Marc avait ainsi commencé à créer, ce qui sera peut-être sa plus grande réussite, un langage original dont Sol sera l'unique locuteur.

À cette époque, Marc avait toujours des sketches à écrire, des mises en situation à faire, des répliques à trouver. Il était donc toujours en compagnie de Sol. Mais il avait énormément de difficulté, une fois trouvée l'idée du sketch, à s'astreindre à l'écrire en détail, jusqu'au bout. Il fallait que Micheline lui rappelle ses devoirs pour qu'il s'astreigne, «corvée de tâcheron», disait-il, à écrire les répliques de Sol et de ses partenaires. Il voulait toujours laisser de la place à l'improvisation, qui était pour lui quelque chose de quasi sacré, c'était la spontanéité, la fraîcheur, la vie même, palpitante, imprévisible. Mais à la télé, en direct, ce petit jeu d'impro restait dangereux. Et aucun réalisateur ne voulait s'engager dans cette direction. On exigeait donc de Marc qu'il soit fin prêt.

Mais, après quatre ans, il s'est mis à s'ennuyer dans la peau d'un clown auguste; il eut bientôt envie d'être un autre, l'Autre, le clown blanc, celui qui tire les ficelles, qui est retors, fourbe, puissant, intelligent. Il se disait que le temps était venu de passer à autre chose. Il n'avait plus envie, pour le moment, de jouer les augustes, les petits, les naïfs.

Et il a laissé filer Sol, croyant sans doute que celui-ci irait docilement rejoindre Bim, Bouton et Biscuit au paradis des clowns. Il ignorait que Sol, sa créature, était désormais un être autonome devenu à sa manière un malin, un fin finaud, et qu'il caressait de grands projets auxquels il avait l'intention d'intéresser Marc Favreau, un jour, quand le temps serait venu.

En attendant, Sol laisserait son maître réaliser ses propres projets, être un autre, s'essayer à être l'Autre.

11

Les Enquêtes Jobidon

Le plus populaire thriller de la télévision québécoise des
années 1960, plus précisément de 1962 à 1964, a été sans
contredit la série des *Enquêtes Jobidon*. Ça se passait en noir
et blanc dans la bonne vieille ville de Québec. Le gros
Isidore Jobidon (incarné par Henri Norbert) dirigeait une
agence de détectives privés. Pas grosse, l'agence, mais
remarquablement efficace. Deux privés fort dissemblables :
le lymphatique et rondouillard Émile Rondeau (Yvon
Dufour) et Stanislas Léveillée (Marc Favreau), dit Stan,
nerveux et impétueux, tous deux fort ingénieux,
intrépides... et, faut le dire, extrêmement chanceux. Avec
l'aide de la réceptionniste de l'agence, la délicieuse
mademoiselle Claire (Monique Leyrac), ils traquaient et
coffraient, chaque semaine, bandits, malfrats et filous
de toutes sortes, voleurs d'enfants, braqueurs de banques
et de bijouteries, faux-monnayeurs, vendeurs de drogues.
Neuf scénaristes, dont Gilles Carle, Guy Fournier, Jacques
Létourneau et Albert Brie, concoctaient des histoires
tragicomiques, souvent abracadabrantes, parfois à dormir
debout. Mais la série marchait néanmoins très fort, grâce,
bien sûr, au jeu des comédiens, mais aussi à la réalisation
brillante et inventive, la plus achevée de la télévision de
l'époque, signée Rolland Guay.

Rolland Guay a été de la première génération des réalisateurs de Radio-Canada, ceux qui ont littéralement créé le média : « On était fous, passionnés, libres comme jamais on ne l'avait été, comme plus jamais on ne le sera, rappelle-t-il. Au commencement surtout, quand il fallait tout inventer, tout essayer. Le métier n'étant connu de personne, personne ne pouvait nous dire quoi faire. Il n'y avait pas de précédent, pas vraiment de modèle. Nous devions tout apprendre. Maîtriser la lumière, coordonner sons et images, diriger les comédiens, les techniciens, les cameramans, les preneurs de son... »

Marc Favreau s'intéressait beaucoup à la technique. Il aurait bien aimé pouvoir jouer lui aussi avec les caméras et les micros, fignoler les éclairages (comme il le faisait autrefois avec Jacques Pelletier et Robert Prévost au TNM) et travailler au scénario, au montage. Mais il fallait choisir, être devant ou derrière les caméras.

Il incarnait, dans *Les Enquêtes Jobidon*, une sorte de Jack Bauer (*24 heures chrono*), éminemment *soft*, mais qui faisait lui aussi toujours à sa tête, désobéissait chaque fois que possible au patron, prenait des risques énormes, infiltrait les *gangs* de gros méchants, jouait à l'agent double, était fait prisonnier, restait tout aussi cool que Lemmy Caution, sachant sans doute qu'*in extremis* le gros Émile ou Mlle Claire arriverait à la rescousse.

Au fond, ce personnage de Stan Léveillée ressemblait beaucoup à Marc, au Marc frondeur, fonceur, qui avait laissé sa *job* à l'atelier de décors de Radio-Canada en disant qu'il reviendrait dans cette boîte « devant les caméras », à celui aussi qui, jeune comédien, avait renoncé à des rôles dans des téléromans à succès pour aller voir en Europe s'il s'y trouvait un peu. En fait, plus ou moins consciemment, Marc Favreau avait campé dans cette histoire un personnage inspiré de lui, un frère, un sosie. L'a-t-il jamais compris ? On ne sait. Chose certaine, la personnalité de Stan Léveillée, sa vision du monde, sa chance, la certitude qu'il avait que les choses allaient d'une manière ou d'une autre s'arranger, alors qu'il pataugeait dans le pire marasme, tout ça lui ressemblait effectivement beaucoup.

Marie-Claude avait entre trois et cinq ans au moment où Radio-Canada diffusait *Les Enquêtes Jobidon*. Elle regardait parfois son papa à la télé. Il était son héros, bien sûr. Il mettait tous les bandits en prison. Mais un jour il a été abattu sous ses yeux par un méchant. Il est tombé, percé par une balle de revolver. Il y avait du sang sur sa chemise. Et Marie-Claude s'est mise à pleurer. Elle était inconsolable. Lorsque Marc est rentré à la maison, ce soir-là, il a dû lui rejouer la scène à plusieurs reprises pour qu'elle comprenne qu'il faisait semblant, pour qu'elle sache que c'était du théâtre, du cinéma. Mais elle gardera toujours, en voyant son père sur scène, une sorte de trac, la peur qu'il se trompe, qu'il oublie son texte, que quelque chose lui arrive…

Dans le monde de Jobidon, les bons, s'ils mangeaient des coups et se faisaient parfois transpercer par une balle de revolver, n'étaient jamais gravement et irrémédiablement blessés ; et en fin de compte ils gagnaient toujours, évidemment, comme dans la commedia dell'arte. Marc a toujours été persuadé qu'il en est ainsi dans la vraie vie : les méchants, les fendants, les arrogants finissent toujours par se casser la gueule. Il croyait aussi, comme Stan, en sa chance, sa bonne étoile. Ils étaient rentrés, Micheline et lui, d'un séjour de deux ans à Paris, après avoir pratiquement déserté, et ils s'étaient trouvé, au théâtre et à la télé, des emplois épatants, à tous points de vue payants. De même Stan et Émile prenaient chaque semaine des risques insensés… et ils démasquaient les bandits, leur passaient les menottes et les jetaient en prison. Jamais de sang, jamais de mort, jamais de remords.

On tournait le tiers du temps en extérieur, chose rarissime à l'époque. La série des *Enquêtes Jobidon* constitue certainement aujourd'hui le plus important document visuel sur la Vieille Capitale du début des années 1960, ses rues, ses places, ses quartiers, jusqu'à l'île d'Orléans, les chutes Montmorency, le cap Diamant, la terrasse Dufferin, la rue Sous-le-Cap, le fleuve, le vieux pont de Québec, dont on a dit longtemps qu'il était la huitième ou la neuvième merveille du monde, l'Aquarium, le zoo de Charlesbourg, le château Frontenac, la traverse de Lévis, etc., sur la mode vestimentaire de l'époque aussi. Veston, cravate. Et tout le monde la cigarette au bec.

« Marc adorait jouer, raconte Rolland Guay. Il était, sur un plateau, comme un poisson dans l'eau. » Il s'était toujours bien préparé, souvent avec l'aide de Micheline qui déjà à l'époque agissait comme son agent, son *manager*. Il possédait donc parfaitement ses textes et il avait en sus un jeu de mimiques, de tonalités qu'il proposait au réalisateur, avec parfois des ajouts au texte ou des corrections qu'il imposait gentiment aux auteurs.

Tout ça plaisait bien à Rolland Guay, lui aussi extrêmement minutieux, toujours bien préparé. Il avait été l'un des réalisateurs de la série de science-fiction *Opération Mystère*, un *Star Wars made in Quebec* trente ans avant celui de George Lucas... et racontant une « pas mal pareille » histoire. Le sombre professeur Narthon complotait avec les Martiens pour faire sauter la Terre. Luc (Hervé Brousseau) et Luce (Louise Marleau), avec l'aide des robots Oscar et Quatorze-Seize, s'interposaient pour l'en empêcher. Et *in extremis* sauvaient l'humanité. À la fin des années 1950, de 1957 à 1959 en fait, *Opération Mystère* avait été véritablement, auprès des jeunes ados, une série-culte.

Rolland Guay avait acquis, avec cette série, une bonne expérience de la télévision, du récit télévisuel. Mais le média était encore fort lourd. On travaillait en film. Tout le découpage devait être prévu à la seconde près. Il fallait tout noter. Pour être, comme on dit, « raccord ». Et que les comédiens possèdent parfaitement leurs textes. C'était pratiquement comme du direct. Et Marc, qui avait été formé au théâtre, savait l'importance de ce *feeling* qu'éprouve celui ou celle qui s'avance en direct, sur la corde raide, qui ne peut se tromper. Autant il était brouillon ou « procrastineux » quand venait le temps de finir la rédaction de ses propres textes, autant il préparait, presque à l'excès, ceux des autres.

Au milieu de l'été, on partait en gang pour Québec, Henri Norbert, Yvon Dufour, Rolland Guay, Marc, Monique, on descendait au charmant hôtel Victoria, dans la vieille ville, et pendant un plein mois on tournait tous les extérieurs des treize épisodes de la saison suivante.

Les journées étaient longues. On tournait de l'aube au crépuscule. On était jeunes, mais disciplinés. On se couchait sagement tous les soirs, vers les 22 heures, ce que Marc, qui a toujours été un oiseau de nuit, trouvait difficile. Il aurait aimé sortir, aller prendre un verre au bar du château Frontenac ou entendre du jazz ou une diseuse ou un chanteur français Chez Gérard, à l'époque lieu de rendez-vous des artistes de Québec. Mais il comprenait qu'il devait être en forme le lendemain. Et il se préparait comme un athlète. Il arrivait sur le plateau tous les jours avec une banane bien mûre qu'il mangeait vers les 11 heures, quand il sentait son énergie baisser. Un jour, un technicien la lui a volée et l'a avalée. Marc a fait, de mémoire de Rolland Guay, une vraie colère, chose extrêmement rare. « On a compris que ce qui le révulsait, c'était qu'on avait manqué de respect envers un comédien en devoir, qu'on l'avait privé de son énergie. C'était à ses yeux un véritable crime. »

Autre souvenir de Rolland Guay. Un jour, pendant le tournage d'un épisode des *Enquêtes Jobidon* à l'île d'Orléans, on s'était arrêtés luncher dans ce restaurant qui se trouve à flanc de colline, près du pont. Marc, Rolland Guay, Yvon Dufour, Monique Leyrac étaient assis au comptoir. Marc s'était emparé de la bouteille de ketchup qu'il secouait au-dessus de ses frites, mais rien n'en sortait ; il a secoué plus fort, il a frappé le cul de la bouteille contre le comptoir, le bouchon a sauté et le ketchup, qui avait sans doute fermenté dans la bouteille, a giclé jusqu'au plafond, déclenchant dans le restaurant un rire général. Marc était au comble de la joie. Rien ne le faisait autant rire que ces gags sortis de nulle part, nés du hasard, sans auteur, du rire donné, imposé, comme la pluie ou le beau temps.

12

Les Croquignoles

Tout en menant *Les Enquêtes Jobidon* en compagnie de son ami Yvon Dufour, Marc poursuivait sa quête de l'Autre, fomentant sa métamorphose d'auguste clown en clown blanc, de nono de service en brillant et triomphant personnage.

Au printemps de 1963, pendant qu'on préparait le tournage des épisodes de la deuxième saison des *Enquêtes*, Fernand Doré lui a proposé de former un groupe de clowns qui se produiraient le samedi après-midi sous un chapiteau rempli d'enfants d'école et devant les caméras de Radio-Canada, qui diffuseraient en direct leurs « folleries ». Marc a tout de suite accepté. Il ne voulait plus jouer l'auguste, mais il savait bien qu'il ferait sa vie dans la clownerie, la pantalonnade, la farce fine ou grotesque... et l'occasion lui était enfin donnée de créer un autre clown, celui dont il avait toujours rêvé, un clown blanc, intelligent. Il s'inspirerait évidemment de la commedia dell'arte, de ses personnages, de ses techniques. Il l'appellerait Berlingot.

On avait réuni autour de lui Luc Durand, Jean-Louis Millette, Marcel Sabourin et Suzanne Lévesque pour former ce groupe mémorable qui, pendant quatre ans, ferait le bonheur des téléspectateurs, *Les Croquignoles*. Autour d'eux, on a mis en place une grosse machine de production, un

161

studio mobile, des cars, des équipes de techniciens... Trois réalisateurs : Hubert Blais, René Boissay et Maurice Falardeau qui, le monde est petit, avait été le dernier flirt de Micheline avant qu'elle ne s'amourache de Marc.

Celui-ci était le plus expérimenté, le plus connu, le plus âgé du groupe, à trente-trois ans, bientôt trente-quatre. Il avait déjà tenu de nombreux petits et moyens rôles au théâtre et à la télé ; pendant quatre ans, il avait eu avec Sol le grand succès que l'on sait. Et il tenait un premier rôle dans *Les Enquêtes Jobidon*, série qui allait prendre l'affiche à l'automne. Il connaissait bien le fonctionnement de la boîte radio-canadienne. Il était celui qui savait et qui pouvait parler au réalisateur, à l'administrateur, celui qu'écoutaient les autres. Tout le temps qu'a duré cette aventure des *Croquignoles*, il est resté d'abord et avant tout solidaire de ses amis, à plusieurs reprises tenant tête avec eux ou en leur nom à la direction de Radio-Canada. Il était, comme dans la famille Gérin, le grand frère...

Il a répondu un jour à Sabourin qui lui demandait conseil à propos du cachet qu'il devait demander : « Tu devrais savoir qu'il n'y a pas de normes dans notre métier. Si t'es très bon, Radio-Canada ne pourra jamais te payer à ta juste valeur. Si t'es pourri, même s'il te donne des "pinotes", c'est déjà trop. Il faut donc être raisonnable, ferme... et surtout content. À tout prix, tu dois t'arranger pour être content. Sinon, tu travailleras pas bien. Et alors tu vaudras vraiment pas cher. Et tu auras une raison supplémentaire d'être mécontent. »

Mais comment savoir qu'on est bon ? *That's the question.* « C'est la question que tu vas te poser toute ta vie, disait Marc à Suzanne Lévesque. Tu répondras tantôt oui, tantôt non. Mais tu seras jamais sûre. Les artistes qui sont toujours sûrs qu'ils sont bons sont au moins aussi pas bons que ceux qui se trouvent toujours pas bons. » Et un jour qu'elle croyait n'avoir pas été à la hauteur dans un sketch qu'il avait écrit, il lui a dit : « Premièrement, on n'est jamais aussi bon qu'on croit, ni aussi mauvais qu'on pense. Deuxièmement, regarde en avant, pense pas à ta dernière performance, pense à ta prochaine. »

Ils étaient donc cinq Croquignoles, Berlingot (Marc), Gobelet (Luc), Mandibule (Marcel), Paillasson (Jean-Louis) et Isabelle (Suzanne). Comme dans la commedia dell'arte, les hommes étaient lourdement maquillés ou masqués, la fille était nature, pure et inaltérable, inaccessible objet de désir.

Luc Durand était un comédien remarquablement talentueux, capable de jouer dans tous les registres, lyrique, comique, tragique, pratiquant avec grâce et un rare bonheur le mime, l'acrobatie, la jonglerie, la clownerie. Il possédait un sens du rythme stupéfiant, une voix profonde, toujours parfaitement maîtrisée, une très grande culture du théâtre, il avait le sens du jeu aussi, le sens du texte. Et il savait « patenter » des histoires originales et des machines complètement absurdes. Son Gobelet était le plus solidement campé, peut-être le mieux défini des cinq Croquignoles, le parfait clown blanc intelligent et rusé, retors et tordu, mais en fin de compte sympathique.

Marcel Sabourin et Jean-Louis Millette jouaient les rouges, les nonos. Millette avait au départ la bouille parfaite d'un clown vachement auguste, amoureux transi, le doux, le candide Paillasson. Quant à Mandibule, l'hyperactif, toujours les baguettes en l'air, il avait hérité de l'explosive énergie de Sabourin, de ses grands airs hallucinés, de ses gestes intempestifs.

Suzanne Lévesque, tout juste vingt ans, premier prix du Conservatoire d'art dramatique de Québec, personnifiait Isabelle, incarnation de la beauté et de l'amour, « Isabelle, comme du miel », répétait inlassablement Gobelet, qui en était épris, comme tous les autres. « Gobelet, comme du lait », répondait la belle Isabelle.

Marc, lui, avait enfin l'occasion et les moyens de créer et d'interpréter son clown blanc, Berlingot. Il en ferait avec plaisir un être fourbe et très retors, plus encore que Scapin et Arlequin, il en ferait un vrai manipulateur de mauvaise foi, le parfait salaud que les enfants se feraient un plaisir de détester. Gobelet aussi était un clown blanc, mais c'était un romantique, un futé, un fin finaud très inventif qui ne cherchait pas à rouler ou à contrôler le monde, comme Berlingot, mais à organiser ses jeux, à le divertir, sans trop de malice. Avec le méchant Berlingot, Marc pourrait se livrer à une impitoyable et destructrice caricature des puissants, des fendants, des arrogants, des grands de ce monde. Là était le noble but, qu'il n'atteindra malheureusement pas tout à fait.

Une fois les personnages bien définis, costumés, maquillés et nommés, le quintet a commencé à travailler. Pendant cet été 1963, Marc, Luc et Marcel ont écrit treize émissions, canevas, didascalies et dialogues compris. Et ils étaient très contents, dangereusement satisfaits. «Faut se méfier, disait Marc. Se sentir satisfait et content de soi, c'est pas toujours bon signe.» Mais il ne pouvait lui-même se défendre de trouver leurs textes bien ficelés. Ils ont répété, fignolé, cent fois sur le métier remis leur ouvrage…

En août, ils étaient fin prêts. «Trop, pensait Marc, qui de nouveau s'inquiétait. Depuis trois cents ans, la commedia dell'arte consiste à improviser sur un canevas dramatique. Nous, on a tout bien ficelé. Y a quelque chose qui ne tourne pas rond.»

Ils ont su, dès la première représentation, qu'il avait raison. Quelque chose effectivement clochait dans la belle mécanique qu'ils avaient mise au point. Les textes de cette première émission avaient été écrits par le très perfectionniste Luc Durand. Marc, le chef scénariste, les trouvait brillants, géniaux, époustouflants de finesse et de subtilité. Là, pourtant, était l'erreur. C'était trop fin, trop haut, trop éthéré. Les mille deux cents enfants qu'on avait réunis

164

sous l'immense chapiteau ne suivaient pas du tout. Ils ne comprenaient pas l'action et s'en désintéressaient totalement, ils parlaient, se chamaillaient. Au milieu de l'heure, un long échange hautement poétique était prévu entre Marcel (Mandibule) et Luc (Gobelet). Or, ils ne s'entendaient plus parler, tellement les enfants criaient. Il fallait rectifier le tir. Faire plus gros, plus comique. Jeter Mandibule à la poubelle, par exemple. Ou Berlingot par la fenêtre. S'échanger des taloches derrière la tête et des coups de pied au cul... Faire gros, très énormément gros, faire drôle. Les Croquignoles, et Marc en particulier, venaient de recevoir une très sérieuse leçon.

D'un commun accord, ils ont décidé de ne plus travailler à partir de textes écrits et de renouer avec la bonne vieille tradition de la comédie italienne. Désormais, ils allaient arriver sur les lieux le jeudi (pour préparer le show du samedi après-midi) avec l'un des canevas écrits pendant l'été par Luc, Marc ou Marcel. Ils avaient convenu de respecter un rituel, déchirant certes, mais nécessaire : avant de se mettre au travail, ils déchireraient le texte et le jetteraient à la poubelle, ne gardant qu'un canevas à partir duquel ils allaient improviser... comme on le faisait jadis et comme on le fait encore dans la commedia dell'arte.

Et ça s'est mis à marcher très fort pour les Croquignoles, tant sous le chapiteau qu'à la télévision. Ils ont tourné pendant quatre saisons, de 1963 à 1967. Au début, Marc a eu énormément de plaisir. Mais, selon Marcel Sabourin et Suzanne Lévesque, après deux ans, il s'est mis à s'ennuyer furieusement dans la peau de Berlingot, le clown blanc (trop blanc, peut-être) qu'il avait créé et choisi d'incarner avec tant d'empressement.

« Il ne nous en parlait pas, peut-être même qu'il ne se l'avouait pas à lui-même, mais il était évident qu'il s'ennuyait de Sol. » En fait, il avait chaque semaine plein de brillantes idées de textes ou de cascades pour chacun des personnages, sauf pour celui que lui-même incarnait, Berlingot, qui en fait semblait n'éveiller chez lui aucune sympathie.

Dans la peau de Sol, il était inattaquable, jamais coupable. C'est la force du clown auguste ou du clown rouge : on ne peut rien lui enlever puisqu'il n'a rien ; on ne peut jamais le prendre en défaut puisqu'il ne prétend jamais avoir raison. On ne peut le salir, puisqu'il est déjà tout sale. Il est libre de tout faire, de tout dire, impunément. Alors que le clown blanc a toujours peur d'être sali et confondu, d'être tourné en ridicule. Il vit dans l'inconfort absolu. Chaque fois qu'il s'essayait à bâtir une histoire autour de Berlingot, Marc faisait face à ce dilemme... et s'apercevait qu'il n'aimait pas ou ne savait pas jouer les gens de pouvoir, même pas pour les ridiculiser et les réduire à l'impuissance.

Il s'était constitué prisonnier d'un personnage qui ne l'inspirait pas vraiment, ne le stimulait pas du tout. Sans doute qu'il regrettait d'avoir congédié Sol. Et qu'il se souvenait, mais trop tard, de ce que lui avait dit l'ami Evrard, paraphrasant son maître Jacques Lecoq : « On n'a jamais qu'un clown en soi. On ne peut pas en avoir deux. »

Et il y avait autre chose qui le chicotait. Et pas que lui. Après deux ans, le groupe ne s'entendait plus très bien avec les réalisateurs et les producteurs radio-canadiens, qui voulaient « rationaliser », faire de belles images logiquement liées les unes aux autres et racontant une vraie histoire dans laquelle tout était prévu, avec un commencement, un développement rationnel, une chute évidente. Or les gars et la fille, surtout après l'expérience désastreuse qu'ils avaient vécue au début de la première saison, préféraient improviser à partir de canevas... Ils tenaient absolument à rester imprévisibles, comme les Marx Brothers, pour qui ils éprouvaient tous une immense vénération. Comme eux, ils se disaient fils de la commedia dell'arte, héritiers des techniques fondées sur l'usage du masque ou du maquillage outrancier, sur l'utilisation de techniques acrobatiques et surtout, nécessairement, absolument, sur l'improvisation.

Marc était le plus critique, celui qui tenait tête avec le plus d'acharnement. Pourtant, quand, au printemps de 1967, Marcel Sabourin l'a informé qu'il ne reviendrait pas à l'automne, Marc lui a servi une sainte colère, une feinte colère en fait. « Tu te rends pas compte qu'on est en train d'inventer quelque chose ! » Il croyait que les fonctionnaires radio-canadiens allaient finir par les laisser agir à leur guise. « Tu rêves, lui disait Luc Durand. Ce que nous demandons, c'est de rester incontrôlables. Ils ne voudront jamais. Ils ont compris notre jeu. Il est trop tard. Ces gens-là n'ont rien d'auguste, ce sont des gens de pouvoir, des clowns blancs, nos ennemis. »

Il s'agissait en effet d'un jeu de pouvoir et de principe. La haute direction radio-canadienne ne pouvait se permettre d'avoir tous les samedis après-midi cinq fous en liberté absolue, totalement imprévisibles et incontrôlables, qui ne voulaient rendre de comptes à personne, refusaient même de parler à leur réalisateur du contenu de leurs sketches. C'est sans doute à partir de cette époque que Marc a développé cette tenace antipathie qu'il a toujours éprouvée pour la télé, « le plus grand des dominateurs communs », « l'odieux visuel », « la rétrovision », « le médiocre d'informa-tion ». Il voyait sa liberté brimée, menacée, restreinte par un pouvoir incassable.

Heureusement, il y avait la vie, la vraie vie avec Micheline, Marie-Claude, huit ans, et Patrice, six ans. Marc disait souvent à l'époque, il dira toujours en fait, jusqu'à la fin de ses jours, avec fierté, avec orgueil, qu'il faisait une belle vie. Ils sortaient beaucoup, Micheline et lui, ils allaient au théâtre, au cinéma, ils voyaient tout plein d'amis… Chaque été, une ou deux fois, ils allaient avec les enfants en camping sur la côte du Maine ou en Gaspésie. Même avec de jeunes enfants, Marc adorait faire du camping, il était bien équipé, il avait de l'ordre, de la méthode. Le camping, c'est la liberté absolue, c'est la sainte paix.

À une journaliste qui lui a demandé un jour de dire quel livre il apporterait sur une île déserte, Marc, campeur émérite, a répondu : « D'abord, tout le monde sait qu'il n'y a plus d'îles désertes. Mais mettons qu'il en pousse une tout d'un coup quelque part et que je suis forcé de m'y échouer. Quel livre apporterais-je avec moi ? D'abord, sur une île déserte, je ne penserais pas à lire. La première chose qui me viendrait à l'esprit, ce serait de faire du feu. Tous les jours, on a besoin de feu, pour se chauffer, pour faire à manger, pour s'éclairer. Et alors, pour allumer et rallumer mon feu, j'aurais besoin de toutes les pages d'un très gros livre, j'apporterais donc un atlas ou un dictionnaire ou mieux encore le bottin téléphonique d'une très grande ville. »

Un terrain de camping n'étant pas une île déserte, Micheline et Marc apportaient des livres, des crayons à colorier pour eux et pour les enfants. Mais Marc lisait cependant peu et il ne dessinait pas beaucoup. Il redevenait l'homme primitif toujours occupé. Il creusait autour de la tente une rigole de dérivation et d'évacuation au cas où il pleuvrait, pendait des hamacs aux arbres, fabriquait un âtre avec de grosses pierres, un séchoir à maillots de bain. Il a « gossé », une année, dans un bout de bois d'épave, un revolver que Patrice a utilisé tout l'été contre les extraterrestres qui voulaient attaquer le repaire familial.

Heureusement, il y avait cette vie, la famille, l'amour, l'amitié…

Heureusement aussi, il y avait le théâtre qui, contrairement à la télé, restait, et restera toujours, un espace de liberté où l'acteur est toujours en danger, toujours sur la corde raide…

13

Jeu de rôles

Quand on réunit les personnages que Marc a interprétés au théâtre ou à la télé au cours de sa carrière, certains, comme Arlequin, vieux de quatre siècles et ayant même de la parenté chez les Grecs et les Romains anciens, du côté de Plaute et d'Aristophane, d'autres nés dans les années 1960, dans le théâtre d'avant-garde américain, comme le Harry de Murray Schisgal ou quelque auguste anarchiste de l'Italien Dario Fo, on découvre entre eux tous des ressemblances frappantes, des liens très forts, des airs de famille, indéniablement. Qu'ils soient de parfaits salauds, comme Ubu ou Berlingot, ou de tendres innocents, comme Sol ou Pierrot, ils ont une intention commune : représenter le monde dans ses contradictions les plus profondes, révéler la cruauté des grands, l'injustice dont sont victimes les petits, et la désespérante quête de justice que certains s'entêtent à mener...

C'est à travers cette grille très sociale, très morale, que Marc voyait le monde. C'est en tenant compte de leur capacité d'apporter des changements, des correctifs, de servir un peu à changer les choses et le cœur des gens, qu'il choisissait les personnages qu'il allait incarner. Rien d'innocent dans ces choix, rien d'opportuniste. Il avait réfléchi. Avec Micheline, toujours, qui l'amenait à se poser les questions fondamentales « Qu'est-ce que ça me donne de jouer ce personnage-là ? » et « Qu'est-ce que ça apporte au monde ? ». Dans l'ordre, charité bien ordonnée commençant par soi-même.

La puissante nébuleuse de la commedia dell'arte restera toujours, bien sûr, le pays chéri de son cœur. Il y trouvait la plus parfaite et la plus vivante représentation du monde. Et tous les auteurs qu'il a aimé jouer, Molière, Marivaux, Dario Fo, Pavel Kohout, Alfred Jarry, Octave Mirbeau, avaient été eux aussi marqués profondément, formés, inspirés par la commedia dell'arte.

En 1966, pendant la dernière saison des *Croquignoles*, Marc a tenu son premier rôle important au théâtre, celui d'Arlequin, un personnage de la comédie italienne que Marivaux avait importé dans *Le Jeu de l'amour et du hasard*. L'intrigue semble, au premier abord, bien légère.

Afin de vraiment connaître Dorante, le fiancé que son père lui destine, Silvia, jeune fille de bonne famille, échange vêtements et identité avec Lisette, sa femme de chambre. Dorante, de son côté, fait de même avec son valet, Arlequin (Marc). À la grande surprise de tous, la fausse Silvia et le faux Dorante (Marc) s'éprennent réellement l'un de l'autre. Le vrai Dorante avoue alors son stratagème à la vraie Silvia, qu'il accepte d'épouser alors qu'il croit encore qu'elle est une femme de chambre.

On a compris que ce ne sont que leurs vêtements qui, au fond, différencient les personnages. Marivaux est un observateur lucide de l'injustice sociale comme de l'affectivité personnelle. Il fait ici la démonstration que, dans la quête du bonheur qui les rapproche, maîtres et valets sont semblables. Ils ont la soudaine révélation d'une authentique égalité. Quelles que soient nos origines, quel que soit notre statut social, nous sommes en effet tous égaux devant le bonheur, comme devant la mort, tous impuissants devant l'amour. Voilà le constat que pouvait faire Marc à travers *Le Jeu de l'amour et du hasard*. Voilà pourquoi il a accepté de jouer cet Arlequin.

L'année suivante, fastueuse année d'Expo 67, il se retrouvait dans un tout autre univers, celui, loufoque, désespérant, de l'Américain Murray Schisgal, *Love*, qui avait déjà fait un malheur à Londres et à Broadway, au Booth Theatre, et qui allait connaître un énorme succès au Théâtre de Quat'Sous, puis en tournée à travers tout le Québec. Avec Luc Durand (Milt Manville), Michelle Rossignol (Ellen) et Marc Favreau (Harry Berlin).

Harry est prêt à en finir avec la vie ; du moins, il fait tout pour le laisser supposer. Milt, son vieux camarade d'université qu'il n'a pas vu depuis quinze ans, débarque au moment précis où Harry s'apprête à commettre l'irréparable.

On nage alors en plein vaudeville, on sombre joyeusement dans l'absurde, le burlesque et la bouffonnerie où on rejoint l'esprit de Pirandello, de James Tuber, d'Ionesco, des Marx Brothers et, bien sûr, de la commedia dell'arte. *Love* est une véritable satire sociale menée par des personnages cyniques, cruels, pitoyables, qui n'hésitent jamais à faire fi des serments et des sentiments chaque fois que leurs intérêts particuliers semblent menacés. Comme Marivaux, Schisgal observe les affections, les passions, et il découvre que chacun peut être pour les autres tantôt auguste, charmant, généreux, tantôt blanc, mesquin, destructeur. Milt, Ellen et Harry exercent tour à tour un pouvoir dérisoire les uns sur les autres, sur ceux qu'ils ont aimés, qui les ont aimés, qu'ils ont trahis à la première occasion. Cette fois, il ne s'agit plus du procès de la société inepte et fondamentalement injuste, comme chez Marivaux ou dans la commedia dell'arte, mais du procès de l'individu, égoïste et retors, prompt à s'apitoyer sur son sort mais pratiquement incapable de compassion, de générosité.

Même si elle avait des allures de farce légère, la pièce *Love* était lourde et sombre, presque désespérante, pratiquement dénuée d'espoir. Entrer soir après soir, pendant des semaines, des mois, dans la peau d'un minable égoïste acculé au suicide aurait pu considérablement miner son homme. Il y avait, heureusement pour Marc, le plaisir de jouer en compagnie de magnifiques comédiens, les applaudissements, les ovations, les critiques unanimement élogieuses. Et en plus, Marc était fort heureux d'avoir retrouvé ce merveilleux complice qu'était Luc Durand, avec qui il avait eu tant de plaisir au temps des *Croquignoles*. Ils se rendaient mutuellement intelligents, créateurs, vifs d'esprit. « On devrait faire encore équipe, se disaient-ils, on devrait écrire et monter un *show* ensemble. » Mais chacun était pris de son côté. Après *Love*, il y eut d'autres pièces de théâtre pour l'un et l'autre, d'autres engagements à la télé. Ils se rencontraient de temps en temps. C'était toujours électrique et magique. Mais ils manquaient de temps. Et leurs projets communs étaient chaque fois remis à plus tard. Marc pensait sans cesse non pas à Berlingot, le dernier clown qu'il avait animé dans *Les Croquignoles*, mais à Sol qui, depuis cinq ans, errait dans les limbes des clowns. Sol qui l'obsédait, le possédait. Souvent, sans même qu'il s'en rende compte, il prenait son accent, faisait des « waaahhhh » et des « frrroutch », roulait ses « r » comme lui, utilisait ses mots, disant « poissifs » pour « poissons », « les p'tits oisifs » pour « les p'tits oiseaux », « esstradinaire », « je serche, je serche »... Et il devait le chasser impitoyablement chaque fois qu'il jouait au théâtre. Car Sol voulait partout s'imposer, jouer Harry, Arlequin, s'emparer de tous les rôles proposés à Marc.

Enfin, au printemps de 1969, grâce à la complicité de Gobelet, Marc renouait avec Sol... Ils ne devaient plus jamais se quitter.

Le comédien Marc Favreau va cependant continuer de faire vivre au théâtre d'autres personnages...

En 1969, il a joué au TNM dans une pièce de Dario Fo, *Faut jeter la vieille,* mise en scène par Paul Buissonneau. Il sera également de la distribution des *Archanges,* en 1970.

172

Puis, à l'automne 1985, il faussera compagnie à Sol, qui venait de triompher sur les scènes européennes, et rentrera au Québec le temps de tenir le rôle du Fou dans *Mort accidentelle d'un anarchiste*, du même Dario Fo. Tournée.

Chez Fo, il se sentait comme un poisson dans l'eau. C'était son monde, sa vision du monde. Ils ne se connaissaient pas personnellement, mais ils avaient le même âge, Fo et lui, à quelques mois près. Ils étaient tous deux passionnés par le théâtre populaire et la tradition orale, doués tous les deux pour le dessin (Fo, comme Marc à cette époque, concevait lui-même les affiches de ses spectacles), des passionnés d'architecture tous les deux. Chacun travaillait en étroite collaboration avec la femme de sa vie. Franca Rame était en effet la partenaire de Fo au théâtre comme dans la vie. Et Micheline Gérin était la conseillère écoutée, l'égérie, la muse, la *manager* de Marc Favreau. Elle était la première à entendre les textes qu'il écrivait, qu'ils retravaillaient ensemble.

Fo et Favreau, tous deux brillants satiristes, fustigent les institutions et les classes dirigeantes, afin de restaurer la dignité des humiliés. Imprégnés tous deux par la culture médiévale, les arts de la rue, la tradition des bateleurs et des saltimbanques médiévaux, ils sont en guerre contre le conservatisme américain. Dans *Faut jeter la vieille*, pour illustrer le conservatisme américain, Paul Buissonneau avait placé sur la scène de vieux frigos dans lesquels étaient métaphoriquement congelées et «conservées» les idées arrêtées, les morales étriquées, tout ce qui, dans la culture et la tradition américaines, est hostile à l'évolution. L'idée avait ravi Marc. Il aimait décocher des flèches à tous les pouvoirs...

Fo choquait et dérangeait plus encore. Il s'est retrouvé, en Italie, dans d'innombrables procès et maintes controverses avec l'État, la télé, l'Église. Le pape a décrété que son *Mistero Buffo* offensait «les sentiments religieux des Italiens». En 1980, il a été interdit de séjour aux États-Unis en raison de son affiliation au Soccorso Rosso, une organisation de soutien aux détenus.

Marc Favreau, lui, s'est toujours tenu loin de la polémique et des procès, en maniant les mêmes thèmes et en abordant les mêmes sujets que Fo. La manière différait. Et le milieu, surtout, la société.

Marc n'aimait pas les grands rassemblements, les mouvements de masse, les manifestations avec drapeaux brandis et slogans hurlés. Mais, à travers tous ses monologues et ses rôles, sans cesse, il a fait des pieds de nez aux gens de pouvoir, aux rois, aux riches. Les personnages qu'il a incarnés, ceux qu'il a créés, dont Sol était à la fois le plus humble et le plus important, le plus innocent et le plus efficace, frappaient, fustigeaient, dénonçaient, accusaient, condamnaient les nantis et les puissants, qu'ils tenaient responsables des désordres sociaux et écologiques, des sévices matériels et moraux que subit la société.

En 1971, la Nouvelle Compagnie théâtrale (NCT), alors dirigée par Gilles Pelletier, a créé *Commedia dell'arte ou La Combine de Colombine*, une pièce écrite par Marc Favreau à l'intention des écoliers, à qui on voulait faire connaître les personnages et l'esprit de la commedia dell'arte. Marc avait truffé son texte de clins d'œil destinés aux adultes, mêlant fort habilement des contrepèteries et des jeux de mots de son cru à des vers inspirés de Corneille et de Racine.

Pendant plus de deux ans, la pièce a été maintes fois présentée avec un énorme succès devant des publics écoliers d'un bout à l'autre du Québec. Des sept personnages que Marc avait empruntés à la commedia, les jeunes préféraient d'emblée les moins sympathiques, les plus grossiers, les plus lourdement chargés de ridicule, de défauts et de noirs desseins : le libidineux Pantalon qu'incarnait Gilles Pelletier, le très fat et suffisant Docteur joué par Yves Létourneau et ce beau parleur d'Arlequin, menteur et manipulateur, dont Marc lui-même a tenu le rôle. Il se trouvait encore dans la peau de ce clown blanc quand, au cours de l'automne 1972, il a commencé à mémoriser le texte d'un clown rouge, très rouge, naïf et innocent, victime, soit tout le contraire d'Arlequin, le parfait Auguste du Tchèque Pavel Kohout.

Kohout prendra dans la vie de Marc une place tout aussi importante que Fo et Marivaux. Il a d'abord tenu ce rôle-titre dans *Auguste, Auguste, Auguste* à la NCT, en 1973. Selon Gilles Pelletier, éminent témoin de la scène théâtrale, ce fut le meilleur rôle (hors Sol) de Marc. *Auguste, Auguste, Auguste* est une pièce sur le cirque qui rappelle par le propos *Les Enfants du paradis*. Un directeur omnipotent règne en despote sur les artistes d'un cirque. Il abuse sans vergogne du clown Auguste, qu'incarne Marc. Moralité : aucune. Cette fois, le méchant triomphe ; jusqu'à la fin, l'auguste est exploité, abusé, trompé, leurré. Mais il a la sympathie du public qui déteste le méchant directeur du cirque.

Sept ans plus tard, en 1980, Marc joue dans une autre pièce de Kohout, *Pauvre assassin*, présentée chez Duceppe, unique mais heureuse expérience de mise en scène d'Hélène Loiselle. Marc y tient le rôle principal, Anton Kerjentsev, un comédien qui prétend avoir assassiné un personnage de Shakespeare, Polonius, ce courtisan surpris à épier une conversation entre Hamlet (qu'Anton incarnait) et sa mère. Une autre pièce sur le théâtre, donc, et sur le jeu du comédien, une réflexion étourdissante sur l'essence de la réalité et de la fiction, sur la santé et la folie, sur la nature du théâtre, « ce miroir tendu à la nature », paradis temporaire où les hommes se regardent vivre et peuvent se donner l'illusion d'arranger les choses ou de rétablir l'ordre des choses.

En 1980, Kohout a, comme Marc et comme Fo, un peu plus de cinquante ans. Poète, romancier, journaliste (presse et télévision), auteur dramatique et scénariste, il

175

avait connu en 1955 un énorme succès au théâtre avec *Les Nuits de septembre*, qui évoquait les épreuves de la Tchécoslovaquie, son pays bien-aimé, en fait de tous les pays sous occupation ou dictature. Engagé dans la vie politique et culturelle pendant le Printemps de Prague, il est déchu peu après de la nationalité tchécoslovaque et interdit de séjour dans son pays. Kohout avait, comme Fo, de quoi plaire à Marc, parce qu'il s'ingéniait à pourfendre le pouvoir.

Un autre point commun qu'on retrouve chez les personnages que Marc a incarnés au théâtre ou à la télé : ce sont presque tous des petits, des marginaux. La petitesse, c'est leur force. *I can see you, but you can't see me.* Il y a eu Beau-Blanc, dans *Le Survenant*. Divers valets par la suite, dans Racine, Molière, Marivaux. Des clowns augustes, bafoués, dans Kohout ; et chez Fo, des clowns augustes qui tentent vainement, avec leurs faibles moyens, de se révolter contre leur condition, contre le monde. Il y a eu Rabouin aussi, dans la télésérie *Les Forges du Saint-Maurice*, un homme à tout faire, porteur d'eau et de ragots, pauvre d'esprit, mais riche de cœur. Que du petit monde, ou presque.

« Au théâtre, dit le metteur en scène Daniel Roussel, Marc ne convoitait jamais les premiers rôles. Parce qu'il était toujours très occupé et habité par Sol, mais aussi parce qu'il préférait jouer le baron, celui à qui sont destinés les méchants coups du roi, mais qui s'en tire toujours, parce que le roi est con et que le baron le sait. Pour Marc, le vrai pouvoir viendra toujours d'en bas. »

Marc considérait que le comédien, qui a cette chance inouïe de passer sa vie dans la peau de tant de fantoches et de pantins, de miséreux, mais aussi de mégalomanes et de tordus, est drôlement bien placé pour devenir sage, philosophe. « Il n'y a pas d'autre métier, disait-il, qui permette de voir vivre tout un monde de si près, du dedans, même. »

Mais en même temps, il sait bien, le comédien idéal, que ce sont les malheurs du monde qui forment la matière même du théâtre. Comme le disent cyniquement les journalistes : « *Bad news is good news, good news is no news.* » Le théâtre, même celui des clowns augustes, est un insatiable prédateur qui se nourrit des malheurs du monde, de sa laideur, de ses péchés... Il n'y aurait pas de théâtre s'il n'y avait dans le monde que du bonheur et des bonnes gens.

Au rayon des incarnations théâtrales et des révélations du mal, de la stupidité bourgeoise et de la sauvagerie humaine, on rencontre fatalement et immanquablement le père Ubu, d'Alfred Jarry. Ubu n'a vraiment rien d'auguste, même s'il est un parfait et méchant imbécile. Poussé par sa femme, il accède à un pouvoir absolu et libère ses plus effroyables instincts. C'est le clown blanc dans toute son horreur, le monstre échappé de la commedia dell'arte, le despote, le dictateur, le tyran.

En 1991, Sol a signifié à son comédien Marc Favreau qu'il avait envie d'une petite vacance. Parfait, s'est dit ce dernier. Depuis plus de vingt ans, Marc promenait le délicieusement auguste Sol sur toutes les scènes du Québec et de l'Europe francophone. Il eut de nouveau envie de renouer avec un personnage méchant, un blanc. Il préférait, bien sûr, jouer les barons plutôt que les rois. Et il n'avait pas été vraiment heureux dans la peau de Berlingot, le clown blanc et dominateur. Mais Ubu est un si énorme personnage, un si horrible et monstrueux prédateur, une si belle bête de théâtre ! Le comédien s'est donc laissé tenter par l'offre de la NCT et s'est glissé dans la répugnante peau d'Ubu.

Ubu, le fantastique personnage créé par Alfred Jarry, alors élève au lycée de Rennes, est au centre d'une geste théâtrale dont la virulence et la cocasserie ont eu un indéniable effet de rupture. La première représentation d'*Ubu Roi*, le 10 décembre 1895 (Jarry a alors dix-huit ans), avait soulevé les passions et provoqué de véritables bagarres.

Au départ une création collective d'un groupe de lycéens de Rennes, ce personnage, d'abord appelé Heb, Eb, Ébé (rapport au nom d'Hébert, l'infortuné prof de physique qui en était le prototype), fut doté par Jarry d'une existence littéraire qui a amplifié, « en plus éternel », l'homme qui, pour ses élèves, représentait « tout le grotesque qui fut au monde », souverainement avide et imbécile, méchant et lâche, affublé par lui-même de titres magnifiques et dérisoires (« roi de Pologne et d'Aragon », « maître des Phynances », « docteur en pataphysique »), proférant des jurons incongrus, dont les célèbres « Merdre ! » et « Corneguidouille » ou « De par ma chandelle verte ».

En travaillant le rôle d'Ubu, Marc ne pouvait s'empêcher de penser à ce prof de chimie qu'il avait eu au collège de Victoriaville, cet homme démesurément autoritaire et totalement dénué d'humour qui, en même temps qu'un cours magistral sur le chlore, avait servi bien malgré lui une inoubliable leçon d'humour à ses élèves. Il pensait à Berlingot aussi, cet autre clown blanc qu'il avait incarné sans beaucoup de plaisir. Et il pensait à Sol encore, qui l'aurait certainement à l'œil. À Daniel Roussel qui le dirigeait dans *Ubu Roi*, il disait : « Si tu vois poindre Sol dans mon jeu, tu me le dis. » Il savait que ce ne serait pas facile.

Le soir de la première, il lui semblait que Sol était dans la salle, assis au premier rang, comme Guy Hoffmann en ce soir lointain où, en compagnie de Monique Joly, Marc avait joué dans le *Dom Juan* de Molière sur la scène du TNM. Quarante ans plus tard, Sol était devenu son prof, son maître, son indispensable et indissociable alter ego…

Le rôle d'Ubu était physiquement très exigeant. Marc, à soixante-trois ans, était encore en pleine forme, souple, fort, solide. Mais peut-être, étant donné les circonstances (le rôle inhabituel d'un tyran, la présence de Sol), était-il redevenu plus sensible au trac. Dès les premières répliques, sa voix s'est cassée. Il a quand même joué de son mieux, mécaniquement, douloureusement. Il y eut des applaudissements, froids, gentils. Plus tard, au restaurant (après les premières, Marc invitait toujours les amis, le plus souvent chez Levêque, avenue Laurier, à l'étage), il a pris le rôle de l'hôte parfait, s'enquérant auprès de chacun non pas des émotions qu'il avait vécues pendant la pièce, mais de la qualité des mets et des vins.

Était-il déçu? « Sans doute, mais on ne le saura jamais, répond Roussel. Il n'en a jamais rien laissé paraître. Marc ne s'apitoyait jamais, ni sur les autres, surtout pas sur lui-même. Il détestait cette sentimentalité fausse, la délectation morose, plus souvent proche du mensonge que de la véritable amitié. » De toute façon, ça faisait partie du jeu, des risques du métier. « Quand on monte sur scène, disait-il, on risque d'être descendu. ».

En Sol, il n'avait jamais eu de vraiment mauvaises critiques, ni en Europe ni au Québec. En aurait-il eu de plus sérieuses, il aurait été blessé sans doute, et peiné, mais personne ne l'aurait su. Pour lui, il ne fallait pas s'arrêter à ce genre de choses. Ça ne servait à rien. « On s'occupe pas de ça, disait-il à Micheline. Regarde en avant, regarde en avant. »

Quand il est mort, Marc caressait un projet depuis quelques années: revisiter et actualiser, avec la complicité de Daniel Roussel, une brillante comédie en trois actes et en prose de l'écrivain français Octave Mirbeau, *Les affaires sont les affaires,* une pièce vieille d'un siècle dans laquelle il retrouvait ces thèmes qui lui étaient toujours chers, l'abus de pouvoir, les grandes disparités sociales, l'injustice, le triomphe intolérable de l'arrogance, de la bêtise.

Représentée avec un grand succès à la Comédie-Française en avril 1903, la pièce *Les affaires sont les affaires* a triomphé sur toutes les scènes du monde, a été traduite dans une vingtaine de langues et a été très souvent reprise depuis un siècle, sans que son succès se soit jamais démenti.

Il s'agit d'une grande comédie classique, satire virulente de l'hypocrisie sociale, dans la foulée d'Aristophane, de Molière et de Marivaux. Le personnage central, Isidore Lechat, est un gros brasseur d'affaires et un prédateur sans scrupules, le produit d'une époque de bouleversements économiques et d'expansion mondiale du capital. Il fait un fric fou et constitue une puissance économique et médiatique qui aujourd'hui fait immédiatement penser à Berlusconi, à Black, aux Bush. Comme le signifie le titre, l'argent exclut la pitié, le sentiment et la morale, et sa puissance dévastatrice contribue à tout corrompre : les intelligences aussi bien que les cœurs et les institutions. Les affaires, qui permettent à des aventuriers sans foi ni loi d'accumuler, en toute impunité, des millions volés sur le dos des plus faibles, ne sont jamais que du gangstérisme légalisé. La démystification que faisait Mirbeau en 1903 n'a rien perdu de sa force ni de son actualité. En le lisant, Marc avait l'impression qu'il lui arrachait les mots de la bouche.

Mais Isidore Lechat n'est pas pour autant à l'abri du malheur. Son fils, aussi rapace et aussi veule que lui mais en qui il a mis toute sa complaisance, se tue dans un accident d'automobile. Sa fille Germaine, qu'il veut empêcher de vivre librement son grand amour, se révolte et quitte le foyer familial. Or, ce père accablé et humilié est resté « dégueulassement » trivial, vénal et cupide. Il se ressaisit et, dans un brillant dénouement shakespearien, il reprend les affaires en cours et écrase un à un tous ceux qui, tout aussi avides que lui, voulaient profiter de sa douleur pour l'escroquer : les affaires sont décidément les affaires. Moralité : toujours aucune, absolument aucune.

Au fond, le message de l'anarchiste de Dario Fo, de l'Isidore Lechat d'Octave Mirbeau, de l'Arlequin de la commedia dell'arte, de Molière, de Marivaux, celui de l'Ubu de Jarry ou du Sol de Marc Favreau est le même, sans cesse répété, nécessairement répété, depuis Plaute et Aristophane, malgré le fait qu'il soit tout à fait évident, simple : *Everybody knows*, chante Leonard Cohen. *The poor stay poor, the rich get rich.* Certains se désespèrent qu'il faille sans cesse répéter ce message, comme si tout retombait toujours à la case départ. D'autres (et parmi eux se trouvait Marc) croient que, de fois en fois, de pièce en pièce, d'auteur en auteur, le monde s'améliore, l'injustice est moins grande... « Et de toute façon, disait Marc, même si on ne voit pas le progrès, il faut croire qu'il est là, qu'il se fait tranquillement, tous les jours un peu plus. » Il croyait profondément que le monde est aujourd'hui meilleur et plus juste qu'hier et moins que demain.

Au fond, il avait une vision franchement manichéenne du monde. Pour lui, il y avait d'un côté les bons, de l'autre les méchants. C'est simple, commode. Et sans doute tout à fait juste. Les vrais artistes, les vrais poètes sont de bonnes gens ; « les vils brequins » de la finance, les membres du « conseil des sinistres » et tous ceux qui profitent lâchement et vilement de la « satiété de consommation » sont de méchantes gens, les ennemis. Il faut en rire, les démasquer. C'est à cela d'abord et avant tout que devait servir le théâtre, selon Marc.

Il s'est rangé ostensiblement du côté des forces et des idées progressistes, il a été un démocrate dans l'âme, un esprit libéral, un preux défenseur de la veuve et de l'orphelin (« de la verve et de l'ortolan », aurait dit Sol).

14

Sol et Gobelet

Les clowns blancs vont-ils au paradis des clowns quand leur règne est fini ? Grande question, sur laquelle les experts ne s'entendent pas. Les clowns blancs, c'est bien connu, même des tout jeunes enfants, ne sont jamais tout à fait innocents, toujours plus ou moins coupables. Ils cherchent sans cesse à tout régenter, à tout contrôler, à dominer le monde et le plier à leurs quatre volontés. Certains sont de véritables dictateurs, des despotes, des tyrans. D'autres cependant sont parfois de bonne foi. On en a même vu qui avaient bon cœur. Certains exégètes croient sincèrement que l'autorité qu'ils exercent est bénéfique et nécessaire, même si elle est le plus souvent une source d'inconvénients, une cause de disputes et de conflits. Mais les clowns blancs se croient nécessaires et indispensables et ils agissent en pensant toujours bien faire. Ils sont persuadés, eux, que le paradis les attend à la fin de leurs jours.

Les hagiographes de clowns croient donc que, oui, certains clowns blancs vont au ciel, d'autres que non. Certains vont même jusqu'à dire que tous les clowns blancs, même les plus vils, devraient aller au ciel, parce qu'ils ont la lourde et méritoire tâche d'incarner les méchants. Sans eux, il n'y aurait pas d'histoires, pas de rires. Il faut, pour l'équilibre du monde, que les clowns augustes reçoivent des coups de pied au cul et des claques derrière la tête. Or, qui d'autres que les clowns blancs les leur peuvent donner?

Il y a des cas vraiment litigieux sur lesquels on pourrait débattre indéfiniment. Celui de Berlingot, par exemple. Quand, pour des raisons inavouées, peut-être inavouables, Radio-Canada a mis fin aux *Croquignoles*, où est allé Berlingot? Il était blanc, indéniablement, fourbe, manipulateur et rusé. Mais il faisait, tant bien que mal, son devoir. Pas le bonheur de son maître, cependant. On l'a vu, Marc n'a jamais été vraiment heureux dans la peau de Berlingot. D'ailleurs, au printemps 1968, quand s'est terminée l'émission *Les Croquignoles*, il s'est fait un plaisir de s'en débarrasser. «Va-t'en où tu veux, Berlingot. Refais ta vie avec un autre, si le cœur t'en dit. Mais moi, je ne veux plus te voir.» Berlingot est disparu. Personne à ce jour ne sait où il est passé, paradis, limbes ou enfer des clowns, et personne, semble-t-il, n'en a cure.

Gobelet, lui, tout le monde est d'accord, ira au ciel, même s'il est blanc; Gobelet veut toujours tout régenter, lui aussi, il embarque tout le monde dans des histoires sans fond, dans des machines qui capotent ou qui explosent ou qui rentrent dans le mur. Mais il a bon cœur. Il est même, à l'occasion, amoureux d'Isabelle. Gobelet ira certainement au paradis des clowns. Mais pas tout de suite. On n'est qu'en 1969, il vient de jouer pendant quatre ans dans *Les Croquignoles*, aux côtés de feu Berlingot, d'Isabelle comme du miel, de Paillasson et de Mandibule, qui eux non plus, bien qu'ils soient absolument augustes, ne veulent pas aller tout de suite au ciel. Gobelet est en pleine forme, il a plein de projets. Il s'entend à merveille avec Luc Durand, son maître. Mais il s'ennuie à fendre l'âme de son vieux copain Sol, qu'il n'a pas vu depuis quatre ans.

Or, voilà que justement Sol sort des limbes et reprend du service et que commence la belle grande aventure de *Sol et Gobelet*, qui, dans l'histoire de la clownerie québécoise, atteindra des sommets insoupçonnés, inégalés, parfois même sublimes.

Il y a eu, en 1968, d'importants chambardements culturels, structurels et sociaux dans la majorité des sociétés industrialisées. En France, en Allemagne, aux États-Unis, au Québec, partout, étudiants et ouvriers occupaient les universités, les usines, exigeaient des comptes, des changements. On voulait, on faisait partout du neuf. La télé pour enfants radio-canadienne n'a pas échappé à ce vent de fraîcheur et de renouveau. À Radio-Canada, Pierre Thériault a quitté *La Boîte à surprises* pour animer *Monsieur Surprise*. Mandibule et Paillasson, quant à eux, ont déserté *Les Croquignoles* pour se joindre à *La Ribouldingue*, série hautement folichonne, fortement inspirée elle aussi de la commedia dell'arte, très physique, très rythmée, faisant appel au *slapstick* et au burlesque, habitée par des personnages inoubliables.

Le pirate Maboule, qu'on voyait chaque semaine à *La Boîte à surprises*, faisait alors figure de star auprès des enfants. Ce vieux débris vantard et grincheux vivait sur son non moins vieux rafiot qui ne prenait plus la mer depuis des années, ce qui ne l'empêchait pas de parler à qui voulait l'entendre de ses grands talents de marin et de traiter son valet Loup-Garou comme un véritable esclave. Les enfants, qui adorent le spectacle de la cruauté, prisaient fort le pirate. Celui-ci traitait cependant la marchande de bonbons, Mme Bec-Sec, avec le plus grand respect, dans le but bien sûr d'obtenir quelques sucreries en retour de ses basses flatteries. Les enfants, qui aiment le spectacle de la veulerie, de la supercherie, se faisaient un plaisir de mépriser le pirate.

Quand Radio-Canada a mis fin aux *Croquignoles*, pour cause plus ou moins avouée d'insubordination, Marc et Luc ont cependant décidé de ne pas s'engager dans *La Ribouldingue*, contrairement à Marcel Sabourin et Jean-Louis Millette, mais de former ensemble une paire de clowns tout aussi irrévérencieux et « politiquement incorrects » que l'exécrable et pourtant bien-aimé Maboule. Ils avaient toujours eu énormément de plaisir à écrire et à jouer ensemble. Ils avaient tous deux une solide expérience de la scène, des studios. Et quand ils faisaient *La Boîte à surprises*, leurs clowns respectifs, l'auguste Sol et le blanc Gobelet, s'entendaient à merveille... Marc avait donc congédié Berlingot et sorti Sol des boules à mites.

Jeunes pères tous les deux, Luc et Marc jugeaient plutôt sévèrement la plupart des émissions pour enfants, qu'ils trouvaient mièvres et « gnangnans » et qui devaient selon eux paraître insupportables à toute personne âgée de plus de dix ou douze ans... et aux enfants le moindrement éveillés, quel que soit leur âge. Ils ne voulaient surtout pas que les parents les subissent quand les enfants les écoutaient. C'est pourquoi, en s'inspirant de leur très cher Charlie Chaplin, ils se sont efforcés d'inclure dans leurs sketches des gags absurdes qui allaient accrocher les adultes autant que les enfants.

À l'époque, il n'y avait toujours pas de psychologues et de pédagogues qui orientaient et encadraient les émissions pour enfants. Les auteurs avaient souvent affaire à des réalisateurs tatillons et frileux qui voulaient que tout soit prévisible (durée des tirades, pirouettes, cascades), mais personne ne venait jouer dans le contenu, imposer ou interdire des thèmes. La direction savait que Marc Favreau et Luc Durand étaient difficilement contrôlables. Mais l'émission *Sol et Gobelet* ne serait pas diffusée en direct. On faisait maintenant du différé... Et même de la couleur. De plus, ces « deux drôles de pistolets » avaient assez de talent et de jugement, ils avaient eu un tel succès auprès non seulement des enfants, mais aussi du grand public, qu'on n'avait d'autre choix que de leur laisser un grand champ libre pour qu'ils puissent y lâcher leur fou.

On les a cependant prévenus que le budget des décors n'excéderait pas zéro dollar. « Que ce soit clair et entendu, vous n'aurez aucun élément de décor, sauf ce que vous pourriez apporter de chez vous ou trouver dans un dépotoir. » Sachant tous deux que la nécessité est la mère généreuse et bienveillante de l'invention, ils n'ont pas été décontenancés, au contraire. Cette indigence à laquelle on les avait condamnés les a forcés à faire appel à leur imagination et à créer un univers complètement loufoque, éclaté. Ils venaient, selon Marc, d'échapper à la pire des contraintes. « On aurait pu nous coller un décorateur qui nous aurait imposé sa vision rose bonbon pour émission enfantine. Laissés à nous-mêmes, nous avons choisi d'évoluer sur un fond noir, dans un appartement sans murs, dans un décor parfaitement surréaliste. »

Ils ont dû faire avec ce qu'ils trouvaient. Ils se sont construit une grande fenêtre, ont trouvé une baignoire, un lit, un frigo, plus tard une porte. Être laissé à soi-même est souvent un grand bonheur... qu'on ne trouve sans doute plus aujourd'hui dans les grandes boîtes télévisuelles.

Tous les matins de l'hiver 1969, au quatrième étage du vieil hôtel Ford de la vieille rue Dorchester, où logeait Radio-Canada, on entendait des cris, des éclats de rire déments, des hurlements... C'étaient Favreau et Durand qui préparaient les sketches de la prochaine saison de *Sol et Gobelet*. Ils jouaient de la scie, du marteau et du pinceau. Pour rire et faire râler les voisins, ils entonnaient vingt fois par jour à tue-tête l'hymne inoubliable, *Sol et Gobelet sont de drôles de pistolets*, qu'avait composé Luc Durand et que jeunes et vieux allaient bientôt entendre et reprendre pendant des années.

Ils écrivaient les textes, chacun de son côté, plutôt un canevas laissant une large place à l'improvisation. Marc était plus souple, plus accommodant, moins exigeant, peut-être. Luc, « maniaquement » perfectionniste, était rarement content. Il fignolait et refignolait ses textes, les recommençait jusqu'à en perdre parfois le fil conducteur.

187

Mais il était un extraordinaire inventeur de bébelles absurdes, de machines impossibles, inutiles et magnifiques. Il avait par exemple construit une voiture dont Sol était le moteur et le klaxon. Pour laver le manteau de Sol, il lui avait « patenté » une douche permanente qu'actionnait une vieille bicyclette.

Il y eut de très grands moments, magiques, hautement surréalistes, touchant parfois à l'inouï, au sublime. Un jour, par exemple, las de leur petite vie et sentant l'appel de l'aventure, Sol, Isabelle et Gobelet montent à bord de la baignoire, hissent le manteau de Sol en guise de voile, et le navire se met à voguer, descend l'escalier, prend le large... Un autre jour, pour ne pas avoir à payer le loyer dû à la fin du mois, ils ont eu l'idée de remonter le temps, simplement en marchant à reculons, en faisant tout à reculons, marchant, parlant, mangeant à reculons... trop longtemps, car ils ont remonté jusqu'au début du mois, pour lequel le propriétaire leur a réclamé de nouveau le loyer.

Ils formaient ensemble un microcosme du monde, le fort et le faible, le puissant et l'exploité. Ils ont vécu pendant trois ans, de 1969 à 1972, un réel bonheur. Ils travaillaient très fort, tout le temps, irrépressiblement. Il fallait se renouveler semaine après semaine, en mettant chaque fois la barre de plus en plus haut. Le rire, comme le feu, dévore les sujets dont il se nourrit. La pluie peut mouiller deux fois, dix fois, cent fois le même morceau de bois ; le feu ne le brûle qu'une fois. De même, le rire a sans cesse besoin, pour s'éclater, de se poser sur du nouveau.

Ils écrivaient donc tout le temps, au lit, au volant de leur auto, en marchant dans la rue, parfois même au théâtre ou autour de la table, avec les enfants, les amis, en lisant, en regardant le hockey à la télé... avec toujours en tête cette idée de rejoindre les adultes autant que les jeunes. Ils truffaient leurs textes d'allusions qui échappaient aux tout-petits. Et les adultes se sont, comme de raison, intéressés à cette émission pour enfants, autour de laquelle s'est développé, au début des années 1970, un véritable culte.

Qu'est-ce qui a fasciné les grands? Qu'est-ce qui est resté de cette folie dans la tête de toute une génération? Le langage, l'originalité des aventures vécues par nos deux personnages, la sympathie que tous éprouvaient pour eux. Les manigances et les magouilles de Gobelet, les pitreries et les contrepèteries de Sol. L'extraordinaire talent de Luc Durand. Mais l'esprit, surtout, l'esprit de liberté.

Sol et Gobelet étaient totalement délinquants, ils se jetaient par la fenêtre, s'enfermaient dans le frigo, se nourrissaient le plus mal possible, laissaient tout à la traîne, traitaient toute autorité avec désinvolture et irres-pect... Dix ans plus tard, plus personne n'aurait pu faire passer ça à la télé, les textes des émissions pour enfants seraient scrutés à la loupe par des armées de psycho-logues et de pédagogues. Tout, désormais, devrait être politiquement correct, didactique. Aux enfants, on parle-rait de leur vécu le plus terre à terre, on leur apprendrait les bonnes manières, on leur inculquerait de bons senti-ments. «Et foin de la folle imagination!» déplorait Marc.

Sol et Gobelet se sont définitivement séparés au printemps de 1972. Luc et Marc, eux, sont restés amis pour la vie... Le 3 juillet de l'an 2000, le père de Gobelet est mort après une brève maladie. Marc perdait le plus grand complice qu'il ait jamais eu (à part Micheline, évidemment). Luc Durand était un comédien extraor-dinaire, épouvantablement brillant, avec qui Marc avait passé quelques-unes des plus belles années de sa vie et dont il suivrait attentivement la brillante carrière. Luc était, à ses yeux, l'homme de théâtre par excellence. À huit ans, il faisait partie de la troupe itinérante qu'avait mise sur pied son père, Donat Durand. Il allait par la suite créer des dizaines de personnages au théâtre et à la télévision, dont l'inoubliable Vladimir d'*En attendant Godot*, de Samuel Beckett, en 1974.

Marc ne le suivait pas toujours dans son infatigable course à la perfection, son acharnement à fouiller, à creuser toujours, à cent mille fois sur le métier remettre son ouvrage. Mais il respectait l'ardeur furieuse et opiniâtre avec laquelle Luc abordait toutes choses, son refus entêté de la béate satisfaction. Comme il le disait dans l'hommage qu'il lui a rendu, peu après son départ, il a appris énormément, au contact de cet homme exigeant, sur le métier de clown, sur les vertus du doute, sur la condition humaine. Contrairement à Marc, toujours contenu, secret même, Luc était le champion des débordements émotifs, des envolées amoureuses et poétiques, des colères homériques contre la médiocrité ambiante, contre les empêcheurs de tourner en rond.

À l'été 2000, Sol et Marc ont fait leur deuil à Abercorn. À l'automne, ils ont repris la tournée avec le spectacle du *Retour aux souches*, persuadés que Gobelet, même s'il leur avait, de son vivant, joué de bien vilains tours, était entré au paradis des clowns, où il avait retrouvé Paillasson. Car le doux Jean-Louis Millette était mort lui aussi quelques mois plus tôt. Sol venait ainsi de perdre ses deux plus fidèles compagnons. Marc, son maître, avait maintenant plus de soixante-dix ans. Il se disait en pleine forme.

15

Abercorn

Dans le peloton de tête des plus belles réalisations de Micheline et Marc, il y a la famille, évidemment, Marie-Claude, Patrice et leurs enfants, et il y a Sol, bien sûr, qu'ils ont fait en duo ; et tout autour de la famille et de Sol, un cercle d'amis très chers, très fidèles, dont Micheline a fait le constant et bienveillant entretien... et il y a « Abercorn », le domaine qu'ils ont créé dans les Cantons-de-l'Est, à l'écart du charmant petit village éponyme, tout près de la frontière américaine.

Ils ont toujours adoré, tous les deux, ce coin de pays, les doux paysages du massif appalachien, qui leur étaient plus familiers que ceux des Laurentides. Et que Marc appréciait pour ses forêts très feuillues, ses charmants petits villages, ses capricieux chemins qui vont par monts et par vaux. De plus, la famille de Micheline habitait toujours Magog, et beaucoup de leurs amis, dont Monique et Benoît, Louise et Clémence, Lise et Jean, avaient une maison dans les Cantons-de-l'Est, autour de Sutton et de Knowlton.

Le relief des Appalaches est partout gentiment ondulé. Des lignes de crête de hauteur constante alternent avec des dépressions allongées, ce qui donne au pays la forme d'une planche à laver. On dirait de longues vagues avec ici et là des moutonnements rocheux, quelques déferlements. Sur les crêtes, venteuses et sèches, on a des vues à tomber par terre. Les creux, à l'abri du vent, sont tout chauds, avec souvent des marécages ou une petite rivière tout au fond, des colonies de trembles et de bouleaux.

Marc disait qu'on peut trouver dans cette région une plus grande variété d'arbres que pratiquement partout ailleurs au Québec. Chênes, érables et plaines, mais aussi frênes et hêtres, merisiers, cerisiers d'automne, noyers, grands pins blancs ou rouges, pruches et thuyas… Et, en plus, certaines essences qu'on trouve surtout dans cet espace peuplé à la fin du XVIIIe siècle par les loyalistes, qui ont apporté avec eux, en même temps qu'une certaine conception du monde, du bonheur et de la liberté, de l'architecture et de l'organisation de l'espace, le noyer noir, le févier épineux, le marronnier d'Inde, qu'ils ont plantés dans leurs fermes et qui se sont adaptés au milieu.

On trouvera un peu de tout cela sur la propriété des Favreau, à Abercorn, des hauts et des bas, des forêts profondes, denses, giboyeuses, des conifères et des feuillus de basse ou de haute noblesse ; sur les flancs des collines et au creux des vallons, tout un réseau de ruisseaux, de rus, de sources ; et des affleurements rocheux sur les hauteurs, d'où on découvre de vastes panoramas. Marc a toujours adoré les panoramas, les paysages largement ouverts. En tournée, il fallait toujours s'arrêter pour contempler la ligne des Vosges, les larges vallées de la Forêt noire, les îles rocheuses de Kamouraska, les falaises d'Étretat… D'ailleurs, très souvent quand il paraît dans les photos-souvenirs rapportées des nombreux voyages qu'ils ont faits ensemble, Micheline et lui, il se trouve sur une hauteur, et derrière lui, tout petit au premier plan et tout sourire, on découvre un vaste panorama, une vallée plantée de villages, un bord de mer avec falaises ou une ville révélant ses toits à perte de vue. Marc était un compulsif contemplateur de paysages.

Ils ont acheté, en 1968, une demi-douzaine d'hectares à moitié défrichés, avec au milieu une belle clairière flanquée d'une grande roche plate. Par la suite, chaque fois que possible, ils ont acquis des parcelles de forêt tout autour, constituant un domaine très boisé, et bien protégé, de plus de 50 hectares. Ils y ont construit un chalet, puis une maison; ils ont créé un formidable terrain de jeux, un haut lieu de grande convivialité.

Au village, on avait bien sûr reconnu Marc, mais la plupart des gens ont eu la délicatesse de n'en rien laisser paraître, dès qu'ils ont compris qu'il n'éprouvait aucun plaisir à les voir saluer à travers lui l'un ou l'autre des personnages qu'il avait incarnés, au cours des dix dernières années, à la télé ou au théâtre.

À l'époque, tout le monde au Québec connaissait l'auguste Sol. Mais en dehors du milieu du théâtre et de la télé, peu de gens savaient qui était Marc Favreau. Et sans doute que celui-ci voulait être reconnu pour qui il était, non par orgueil ou par besoin de gloire, mais pour des raisons fort pratiques et pour le plaisir d'avoir un contact direct et simple avec les gens, pour pouvoir faire gentiment et efficacement des affaires avec eux, demander par exemple où on trouve la meilleure terre à jardin, en commander 10 tonnes, acheter deux kilos de clous de finition, trouver un bon poseur de tuiles ou louer un « moulin à scie », toutes choses que Sol, tout sympathique qu'il fût, eût été bien incapable de faire.

Certains artistes, poètes, écrivains sont dévorés par leur art qui prend, dans leur vie, toute la place et tout le temps. Ils ne vivent que pour et par leurs œuvres, insatiables de reconnaissance et de gloire. Marc Favreau n'était pas ainsi fait. Il a profondément aimé Sol, il a très honnêtement joué à être Mascarille et Arlequin et Ubu et compagnie. Mais la vie, la vraie vie, celle qui à ses yeux importait le plus, ne se passait pas sur les planches, ni en portant un masque ou un maquillage, ni en défendant un texte, et surtout pas dans la peau d'un autre que soi. À Abercorn, Marc échappait au monde du théâtre, à la seconde vie du théâtre et de l'art, pour s'immerger dans la vraie vie, la réalité, la nature, pour être, sans doute plus que partout ailleurs, vraiment lui-même, mari, papa, grand-papa, ami.

Ils ont d'abord vécu sous la tente, pendant deux étés. Des *gypsies*, disait-on dans le village, des hippies. C'était l'année des enfants fleurs, du *flower power*, l'époque du grand retour à la terre. Ils s'amusaient ferme, et travaillaient très fort. Marc a détourné une source dans une sorte de vasque naturelle qui se trouvait en surplomb, il y a placé un tuyau qui, par gravité, apportait l'eau juste à côté de la tente. Sous un abri de toile, il a installé un vieux lavabo avec robinet, de sorte qu'ils avaient l'eau courante à volonté. Avec Patrice, il a fait l'inventaire des arbres qu'on allait abattre pour faire de la planche à bâtir, car même s'ils adoraient le camping, ils n'allaient pas vivre sous la tente jusqu'à la fin du monde.

Pour s'amuser, Marc a dessiné une sorte de château médiéval avec douve et pont-levis, cour intérieure, créneaux, échauguettes, portail monumental et haute tour. Il a fait parvenir une copie coloriée et commentée de son œuvre à Monique Joly et Benoît Girard, qui se trouvaient pour l'été à Stratford. « Voilà ce qu'on veut bâtir, Miche et moi », a-t-il écrit.

En 1970, ils ont posé par-dessus la grande roche plate un chalet monté sur pilotis, deux chambres, une salle de séjour, de grandes fenêtres, des toilettes sèches, une galerie. Dans la tête de Marc comme dans celle de Micheline, ce chalet, tout confortable et agréable qu'il fût, était provisoire, ils l'habiteraient en attendant d'avoir les moyens et le temps de construire la vraie belle grande maison de leurs rêves.

Année après année, des bâtiments se sont ajoutés, remises, hangars, garages, un poulailler, un clapier. Et un potager, des plates-bandes, d'autres clairières, d'autres chemins. Et des jeux de croquet, de pétanque, de fers, un badminton. Marc s'était découvert une âme de défricheur. Sa scie mécanique et son tracteur étaient devenus et resteraient jusqu'à la fin de ses jours ses deux jouets préférés. Il abattait ses arbres, les ébranchait, « chaînait » les billes et les transportait avec son tracteur. Il a plusieurs fois loué une planeuse et fait de la planche, des madriers, etc. Il faisait son bois de chauffage aussi, une dizaine de cordes par année, qu'il fendait à la hache, l'hiver, quand le bois était gelé dur.

« Marc avait une énergie à tout casser et il était d'une habileté déconcertante, dit Richard Martin, réalisateur à Radio-Canada, qui l'a connu à cette époque. Quand on dit de quelqu'un qu'il a du nerf, c'est toujours à lui que je pense, encore aujourd'hui. Il avait les mains calleuses, ce qui est plutôt rare dans le monde des artistes. »

Il y eut une première maison, pas très grande, mais mieux isolée, plus confortable en hiver que le chalet. L'été des Jeux olympiques de Montréal, ils ont fait creuser une grande piscine que Marc et Patrice ont clôturée et dont ils ont aménagé les abords.

Deux ans plus tard, Sol a triomphé à Paris, au Théâtre de la Ville, et a entrepris ses grandes et lucratives tournées en Europe et au Québec. Micheline et Marc ont alors décidé de bâtir cette belle grande maison dont ils rêvaient depuis si longtemps. Ils l'ont trouvée déjà toute faite, pièces sur pièces, à Saint-Hugues. Au cours de l'été suivant, elle fut démontée, transportée et remontée à Abercorn, sur la grande roche plate.

Ils l'ont beaucoup transformée, changeant l'angle du toit pour refaire l'étage qu'ils ont percé de lucarnes, ajoutant au corps central une cuisine d'été. Pendant plusieurs années, cette maison a été un chantier rempli de machines et d'outils, de copeaux, de bran de scie, de pots de laques, de colles et de vernis. Ils y sont entrés pour de bon aux Fêtes de 1985. Et, pendant des années encore, ils ont continué d'en fignoler la décoration et le mobilier

195

pour en faire un véritable hommage au bois, rempli de beaux objets, de livres, de bibelots, d'œuvres d'art, des toiles de Patrice, des dessins de Marie-Claude, des tapisseries de Micheline, une maison d'artistes, de poètes, une œuvre familiale et amicale, car tous ceux qui, ces années-là, venaient à Abercorn pouvaient participer à l'œuvre en cours.

Marc Favreau possédait de remarquables savoir-faire. Il travaillait avec un grand plaisir la terre et le bois, savait jeter sur papier les plans d'un bâtiment et le réaliser ensuite. Il était moins heureux avec les moteurs. Mais lorsqu'une machine électrique ou au gaz, tronçonneuse, tracteur, fendeuse ou automobile, tombait en panne ou faisait la difficile, il essayait toujours de la réparer avant d'appeler un mécanicien… Et quand « fin finalement », comme disait Sol, M. Roger Labrecque, le garagiste d'Abercorn appelé à la rescousse, arrivait, Marc lui racontait en détail ses interventions et lui demandait d'en faire la critique. « Dites-moi ce qui n'était pas correct. » Et il restait près de M. Labrecque quand celui-ci travaillait sur ses moteurs.

« Pas pour me surveiller, dit celui-ci, mais parce qu'il voulait apprendre. Et il s'arrangeait presque toujours pour que je lui apprenne quelque chose. Ça le rendait heureux. Il me payait toujours plus que ce que je lui demandais. C'était un homme qui voulait apprendre, et qui voulait se faire aimer aussi. Et il savait comment. Il me donnait ses vieux moteurs, un treuil, une débroussailleuse, son vieux tracteur, un Gravely 816, pour les morceaux. »

Marc a toujours aimé et admiré les métiers et les gens de métier, dont il appréciait vraiment la compagnie, autant que celle de ses amis artistes. On en rencontre tout plein dans ses monologues, « polymaçons », « américaniciens », « déchirurgiens », « diminuisiers »… Ses savoir-faire à lui ont été l'une des grandes fiertés de sa vie. Il ne s'en vantait pas, car il détestait et méprisait au plus haut point la vantardise. Mais, mine de rien, il adorait donner devant les amis des démonstrations de ses savoir-faire. Par exemple, juste au moment où les invités arrivaient à Abercorn, Marc était comme par hasard en train d'abattre ou de débiter un grand arbre ! S'il ne l'avait pas encore couché, il disait où il le ferait tomber. L'arbre, obéissant, s'écrasait dans un beau fracas, exactement là où le bûcheron lui avait commandé de s'abattre… Et Marc allait ranger sa tronçonneuse, après l'avoir bien nettoyée et bien huilée. Il avait une véritable passion pour les outils. Il prenait plaisir à entretenir les siens, fort nombreux. Le grand atelier qui se trouvait derrière la maison était toujours dans un ordre impeccable, des centaines d'outils y étaient rangés et classés par fonction, par grandeur, tournevis, clés, gouves, scies, égoïnes, etc. Vis, clous, écrous et boulons se trouvaient eux aussi à leur place, dans des petits tiroirs bien identifiés.

Être habile de ses mains est une chose. Développer les talents qu'on a reçus en est une autre. Marc a toujours travaillé très consciencieusement à améliorer les siens. Rien ne le déprimait plus que de voir chez les autres des talents inexploités, par paresse, par timidité. C'était à ses yeux un péché presque aussi grand que celui qui consiste à élargir ou justifier le fossé entre riches et pauvres. Il n'était pas très autoritaire avec les enfants, ni très contraignant (Micheline non plus, d'ailleurs), mais il les a toujours encouragés à développer leurs talents, à toujours apprendre, toujours s'améliorer. Tous les deux, Marie-Claude et Patrice, aimaient comme lui dessiner et colorier, peindre, sculpter, construire, créer. Il leur enseignait les techniques qu'il connaissait, le trait, la perspective, les ombres… mais aussi il leur disait tout le temps : « Trouve ta manière à toi. N'imite personne, jamais. » Ils sont devenus tous deux des artistes accomplis, débrouillards, possédant eux aussi de nombreux savoir-faire manuels…

À Abercorn, c'est Micheline surtout qui s'occupait du potager et des plates-bandes de fleurs. Chaque printemps, pendant des années, avec l'horticultrice Sylvie Lebel, ils se rendaient à Sainte-Christine pour faire leurs emplettes aux Jardins de Jean-Pierre. Il y eut l'année des hortensias, celle des graminées, des rhododendrons, des iris, des dianthées, des azalées... S'il tombait sur quelque plante jamais vue, Marc immanquablement la voulait chez lui. Au début, Sylvie tentait de le dissuader, en disant qu'elle ne connaissait pas bien l'écologie de cette étrange bête sur laquelle il avait jeté son dévolu, ou que celle-ci était extrêmement difficile d'entretien. « C'était l'argument à ne pas invoquer, dit-elle. Plus le coefficient de difficulté était élevé, plus il était intéressé. »

Une année, il s'est épris d'un mélèze greffé, petit être d'une extrême délicatesse qu'il a fallu, au cours des quatre ou cinq années suivantes, relocaliser à plusieurs reprises. On lui a finalement trouvé sa niche devant le premier chalet, maintenant parqué à l'orée de la forêt. Une autre année, séduit par le vaporeux feuillage d'un amorpha, Marc a tenu mordicus à en avoir un. Or, l'amorpha est mal nommé. C'est un arbuste extraordinairement énergique, hyperactif, croissant à une telle vitesse qu'il faut chaque année le rabattre.

Marc aimait laisser pousser le gazon jusqu'à le voir monter en graine. Il ne voulait pas qu'on taille les arbustes, ifs, azalées, rhododendrons, thuyas ou hortensias. Il préférait les laisser croître de façon désordonnée jusqu'à ce qu'on en ait presque perdu le contrôle.

Quand «fin finalement», pressé par Micheline, il admettait que le temps était venu de «faire les foins», il s'en chargeait lui-même. Il passait alors une journée entière sur son tracteur, portant l'herbe fraîchement coupée dans les bacs à compost qu'il avait lui-même assemblés. Son compost, il le dorlotait, il lui donnait feuilles mortes, pelures et épluchures, coquilles d'œufs, bran de scie, branches passées à la déchiqueteuse, rien de grossier ou d'indigeste.

Il partait souvent dans la montagne, avec son VTT, sa scie mécanique, son pic, une barre levier, son casque protecteur garni de collants à mouches. Il ouvrait de nouveaux chemins de bois ou il abattait des arbres, posait un caillebotis sur un sol boueux ou un ponceau sur un ruisseau, seul pendant des heures, heureux. Pour l'appeler, Micheline avait acheté chez un antiquaire une trompe qu'il pouvait entendre de très loin.

Marc aimait beaucoup travailler seul, bricoler seul. Il entrait dans sa bulle et pouvait y rester tout le jour... Seul Patrice était admis dans cette bulle. Comme tous les enfants, il a d'abord regardé travailler son père, qu'il admirait et imitait, qu'il aidait de son mieux. Plus tard, ils ont fait beaucoup de choses ensemble, surtout à Abercorn. Ils travaillaient ensemble des jours entiers, échangeant peu de mots, même s'ils étaient fiers tous les deux du travail accompli. « Je connaissais assez mon père pour savoir qu'il était satisfait, dit Patrice. Mais il n'était vraiment pas du genre à se péter les bretelles, ni à me complimenter. Il trouvait normal qu'on travaille bien et même de mieux en mieux. Le contraire l'aurait beaucoup déprimé. »

Peu à peu, l'élève a supplanté le maître. Le fils est devenu meilleur, bien meilleur que le père. Un jour qu'ils travaillaient à monter un abri pour le bois de chauffage, une belle structure bien équilibrée dont Patrice avait fait les plans, tous deux absorbés par leur travail, Marc a rompu le silence pour dire : « Tu vois, maintenant, c'est moi qui t'aide », quelques mots que Patrice a reçus droit au cœur.

« Marc n'aimait pas les épanchements et les débordements sentimentaux. Mais il avait sa manière à lui de toucher, sans détour. Ce jour-là, il ne faisait pas que me dire que j'étais devenu à ses yeux un bon artisan, il reconnaissait que j'avais grandi, que j'avais développé les talents qu'il m'avait légués. Et ça faisait son bonheur, je le sais. »

Micheline et Marc avaient déjà cette rare faculté de savoir nouer des liens très étroits avec des gens de toutes conditions, de tous milieux. À Abercorn, ils ont pratiqué avec un rare bonheur l'art d'être grands-parents, de passer du temps, beaucoup de temps, avec des jeunes, des enfants. Laurent, le premier petit-fils, garçon de Marie-Claude et Philippe, aime comme son grand-père les machines et les outils, tous les travaux de la terre, de la forêt. Sa petite sœur Marianne est, comme sa grand-mère, une artiste dans l'âme, elle adore le dessin, toute en finesse, secrète. Gabriel, fils de Patrice et de Claude, se passionne comme eux deux pour le monde du théâtre. Et Vincent, le plus jeune, investit dans ses travaux et dans ses jeux une énergie et une bonne humeur qu'il tient d'eux.

Ainsi, avec toujours à ses côtés Micheline, la femme de sa vie, Marc Favreau a fait sa terre, bâti sa maison, aménagé un domaine, il s'est forgé un monde sur lequel il a régné, avec Micheline, en maître absolu et libre. En même temps, il créait pour son clown un langage à nul autre pareil, unique, qui échappait ainsi à toute critique et faisait de lui également un être tout à fait libre.

16

Poète et paysan

Marc aimait les poètes. « Ce sont des fous, disait-il. Ils s'amusent à réinventer le monde sans se demander si ça en vaut la peine. » Il leur faisait confiance. Même quand il a cessé de les lire, parce qu'il n'avait plus le temps, trop occupé par Sol et par ses propres aventures au cœur de la langue, il plaçait les poètes très haut dans l'ordre social, presque aussi haut, sinon plus, que les comédiens. C'est qu'il était lui-même poète, manieur de la langue et grand manipulateur de mots.

Jeune, Marc avait lu beaucoup de poètes et de romanciers. « C'était une éponge, disait de lui Benoît Girard, qui fut longtemps son ami. Il avait cette faculté, quand il lisait un auteur, de saisir très rapidement son propos, son projet. » Il n'a peut-être pas passé des heures et des heures dans *À la recherche du temps perdu*, par exemple, il n'a peut-être pas lu *Ulysse* d'une couverture à l'autre, mais il pouvait parler de façon très pertinente des intentions de Proust ou de la manière de James Joyce.

Il lisait non pour s'émerveiller, mais pour comprendre, pour identifier, pour savoir qui, dans le domaine de la poésie et de la pensée, faisait quoi et comment et pourquoi. Il y a des gens qui vont lire tout Balzac ou tout Simenon, approfondir Tolstoï ou Faulkner. Marc était de ceux qui préfèrent lire tout plein d'auteurs, en connaître un peu de tous. Il s'est cependant attardé davantage chez certains, chez Molière, bien sûr, mais aussi chez Rabelais, Louis-Ferdinand Céline, Raymond Queneau, Jacques Prévert, Jean Tardieu, tous ceux qui jouaient non seulement avec les idées, mais aussi avec les mots, qui faisaient et refaisaient constamment la démonstration que les conventions du langage sont fragiles et qu'en les transgressant on fait parfois de formidables trouvailles, qu'en les soumettant à la torture on finit par leur faire avouer tout plein de vérités.

Mais, peu à peu, il a cessé de lire poètes et romanciers, passant de plus en plus de temps dans des ouvrages de référence. La maison d'Abercorn en était pleine, comme celle de la rue Marcil et plus tard les appartements montréalais que Micheline et lui ont occupés, après que les enfants furent partis: l'appartement de Rockhill qui fut quelque temps leur pied-à-terre, celui de la rue Hutchison, haut perché, avec une jolie terrasse sur le toit, puis celui de la rue Mentana, le dernier, tout près du beau parc Laurier: *Dictionnaire historique de la langue française,* dictionnaires des synonymes, des idées suggérées par les mots. Et le *Quid,* bien sûr. Ça se savait, dans le cercle d'amis. Quelqu'un voulait connaître le nom de la capitale du Vanuatu, la population du Nunavut, le poids moyen d'un varan de Komodo adulte, ou cherchait un exemple de palindrome ou la signification du mot « palimpseste » ou le nom du navire qui emporta Napoléon en exil à Sainte-Hélène, on appelait Marc. Souvent, il savait. Sinon, il trouvait la réponse ou l'information dans les cinq minutes. Pas en cherchant sur Google, ni sur Yahoo. Marc Favreau n'a jamais navigué sur le Net de toute sa vie. Il trouvait dans ses livres les réponses aux questions qu'on lui posait. Il adorait fouiller, chercher, enquêter. Quand il rentrait de travailler dans son bois ou de jouer dans le moteur de son VTT, il avait presque toujours besoin de consulter, de savoir comment s'appellent cette petite fleur aperçue parmi les mousses ou cette pièce, ce ressort, ce clapet trouvé dans le moteur... Connaître le nom des êtres et des choses, flore, faune, étoiles, outils, était pour lui un inépuisable plaisir.

« Tout ce qui bougeait, tout ce qui vivait l'intéressait, dit Patrice. Il était toujours à l'affût, il voulait toujours savoir ce qui se passait partout dans le monde. Il écoutait la radio, lisait les journaux. Mon père a passé sa vie à étudier. »

Un soir, à la veille d'un examen de géographie, Marie-Claude ayant oublié son manuel au collège, il a sorti ses atlas et ses encyclopédies et a passé la soirée avec elle dans l'histoire, la géographie, l'économie, la démographie du Benelux. Le lendemain, elle a eu un score parfait. « Il connaissait plein de choses, dit Marie-Claude, mais surtout il savait étudier, c'était pour lui un plaisir, un *hobby*. » C'était aussi, disait-il, une manière d'échapper au dur labeur de l'auteur sommé de pondre un texte. Étudier était pour lui une aimable diversion, le plus honorable et le plus pardonnable prétexte à la procrastination, cette habitude de tout remettre au lendemain que, très souvent dans les entrevues qu'il accordait, Marc s'est accusé d'avoir cultivée.

Au journaliste de *L'Humanité* qui, en janvier 1986, à la veille de la première de *L'Univers est dans la pomme* au Théâtre de la Ville, voulait savoir comment il écrivait, il a répondu : « Péniblement ! Toujours péniblement ! Je remets sans cesse au lendemain, je suis toujours en retard. Je suis un comédien, pas un écrivain. Et j'ai besoin de Micheline, de son regard, de son écoute. Sans elle, il ne me vient aucune idée et je cherche mes mots. »

Comme beaucoup d'écrivains, il entretenait une relation d'amour-haine avec l'écriture. Il aimait nettement mieux réparer une porte, coucher un arbre et le débiter, se documenter sur Pépin le Bref ou sur les travaux de Marie Curie, que fignoler un texte pour Sol. Beaucoup d'écrivains sont ainsi. Ils touchent parfois au sublime en pratiquant leur métier, mais ils connaissent aussi des affres, des passages à vide. Ce que le *gentleman-farmer*, lui, qui est un dilettante, ne connaît jamais. Or, Marc, quoi qu'il en dise, n'était pas que comédien. Il était également un auteur... et un *gentleman-farmer*. Et chez lui, c'était l'auteur qui faisait vivre l'homme des bois. Il le gâtait, lui achetait toutes les machines dont il rêvait, il le nourrissait fort bien, mettait chaque soir sur sa table de grands vins et de bonnes et rares fines, lui passait en fait tous ses caprices...

L'auteur lui-même vivait de peu, prenait peu d'espace. L'homme des bois lui avait aménagé sous les combles de la grande maison d'Abercorn un petit bureau qu'il avait appelé son Pensoir. On y accédait par un très raide escalier. On y trouvait une petite table de bois blond, une chaise droite, une étroite fenêtre qui donnait sur le faîte des arbres, du côté du soleil couchant. Assis au bureau, le penseur (ou le pensif) faisait face au mur très proche.

Mais l'auteur ne passait pas beaucoup de temps dans son Pensoir. En fait, selon Micheline et ses amis, ce n'était jamais là qu'il trouvait ses idées. Ses idées, elles lui étaient venues quand il se trouvait dans la peau du *gentleman-farmer*, seul dans le bois ou dans son atelier ou sur quelque chantier. S'il montait dans son Pensoir, c'était pour coucher ses idées sur de grandes feuilles blanches dont il couvrait les deux côtés. D'un jet. Puis il corrigeait un peu, raturait... S'il croyait avoir trouvé quelque chose d'intéressant, il descendait voir Miche. « Écoute, j'ai eu une idée de monologue sur Adam et Ève et le Paradis terrestre... que Sol appelle le Paradoxe terrestre. » Mais le monologue n'était pas écrit, ce n'était qu'une ébauche. « Bonne idée », disait Micheline. Et au cours des jours suivants, le *gentleman-farmer* laissait Adam et Ève entrer dans ses pensées... De temps en temps, il retournait dans son Pensoir. Dès qu'il savait à peu près où il s'en allait, il tapait son texte à l'ordinateur. Mais, presque toujours, il le laissait inachevé ou ne le terminait qu'à la toute dernière minute. C'est dans l'avion qui l'emmenait à Paris, en janvier 1994, que Marc Favreau a (presque) terminé et mémorisé les monologues du spectacle *Je persifle et je singe,* qu'il allait présenter quelques jours plus tard au théâtre de Ranelagh. En fait, son travail d'écriture n'était jamais tout à fait fini. Au contact du public, les monologues changeaient constamment de structure, de rythme.

Lorsqu'il jouait dans des pièces de Fo, Molière ou Kohout, il était toujours minutieusement préparé. Tous les metteurs en scène qui l'ont dirigé le disent. Mais ses textes à lui n'étaient prêts qu'à la toute dernière minute, ce qui angoissait Micheline et les metteurs en scène qui travaillaient avec lui. Mais il le faisait sans doute exprès, il laissait ses textes mijoter ou fermenter le plus longtemps possible dans son inconscient, persuadé que ceux-ci avaient là une vie autonome et que plus tard il irait les cueillir et que meilleurs ils seraient.

17

Enfin Sol

Sol et Gobelet se sont séparés au printemps 1971. D'un commun accord. Sans pleurs, sans regrets. « Nous avions fait le tour », disaient Luc et Marc à la presse et aux amis.

Quelques jours plus tard, Marcel Sabourin, passant par hasard rue Marcil, aperçut Marc qui sortait de chez lui. Il s'est arrêté, ils ont parlé ensemble un long moment, assis les pieds ballants sur le bord de la galerie, face au parc NDG où les arbres avaient commencé à faire leurs feuilles. Marcel avait, comme toujours, de nombreux projets de théâtre et de cinéma, des tournages, des mises en scène, des travaux d'écriture. Marc, lui, d'ordinaire très agité, semblait au ralenti, au « neutre ». Il venait de terminer l'écriture d'une pièce de théâtre inspirée de la commedia dell'arte, *La Combine de Colombine*, que la Nouvelle Compagnie théâtrale allait présenter au public étudiant au cours de la prochaine saison. Et il faisait avec Micheline des plans pour bâtir un chalet sur la terre qu'ils avaient achetée trois ans plus tôt à Abercorn. Mais, pour la première année depuis près de quinze ans, il n'avait rien à la télé, ni au théâtre (sauf les reprises, que Radio-Canada avait décidé de présenter au cours des deux prochaines saisons, des meilleurs épisodes de *Sol et Gobelet*). En fait, il avait refusé tous les rôles qu'on lui proposait. Sur le ton de la confidence, à son ami Marcel qui lui demandait les raisons de ces refus et de cette semi-retraite, il finit par avouer simplement : « J'ai un clown dans ma vie. »

Marcel comprit qu'entre Marc et Sol, c'était sérieux. Et que si ce dernier s'était séparé de Gobelet, il n'était pas sur le point de quitter Marc, qui ne parvenait pas à l'oublier.

Tout le monde savait, même au temps de *La Boîte à surprises* et des *Croquignoles,* que Marc était autant sinon plus à l'aise dans la peau de Sol, le clown rouge, l'auguste, l'*underdog*, le nono, que dans la sienne propre. Il avait trouvé en Sol ou avec Sol une parfaite sérénité, un confort, un réconfort, des certitudes... un grand plaisir comme auteur et bien sûr un grand succès.

« Micheline pense que je ne devrais pas le laisser tomber, disait-il à Marcel Sabourin. Elle pense que je devrais sortir Sol de la télé et l'emmener au théâtre, lui faire faire de la scène.

— Elle a cent fois raison, disait Marcel. Micheline a plus de flair que toi et moi ensemble. Et elle a plus que nous deux le sens du futur. »

Jusque-là, quelque chose avait retenu Marc, qui n'était pas la peur d'échouer, ni celle de s'ennuyer. Il craignait, non sans raison, que s'il était associé ou identifié trop étroitement à un personnage très typé, comme Sol, on lui offrirait moins souvent d'autres rôles ou, si on lui en offrait, il ne pourrait les accepter, tout occupé qu'il serait à faire vivre son clown. Or, il adorait jouer au théâtre, changer de décor, de vie, de peau. Il venait tout juste de triompher dans *Auguste, Auguste, Auguste,* de Pavel Kohout. On l'avait applaudi, on avait dit et écrit qu'il avait donné là sa meilleure performance de comédien.

En fait, en ce printemps de 1971, Marc Favreau, quarante et un ans, se trouvait à une croisée de chemins. Ou il continuait à incarner au théâtre divers personnages déjantés, défaits, explorant les riches univers des auteurs de jadis et d'aujourd'hui ; ou il s'embarquait pour une destination plus ou moins inconnue avec Sol et Micheline. C'était plus risqué, mais ils seraient totalement libres, ils créeraient leur propre univers, ils n'auraient de comptes à rendre à personne.

Au Québec, dans le peuple des clowns, Sol était un *king*, le seul en fait qui pouvait espérer connaître une carrière autonome. « Si tu le laisses tomber, disait Marcel, tu vas t'ennuyer de lui toute ta vie. Tu le connais. Il t'a déjà fait le coup. Tu seras en train de jouer dans du Molière ou du Kohout ou du Fo ou du Tremblay et il va rappliquer, il va débarquer dans ton jeu et essayer de s'imposer, de prendre la place de ton personnage. Tu ne pourras pas te débarrasser de lui. »

Sabourin savait bien que seule Micheline avait le pouvoir de convaincre Marc. Ils formaient, Marc et elle, aux yeux de tous, un couple très profondément uni, non seulement par l'amour et les enfants, mais aussi par une complicité totale, mille affinités, les mêmes goûts, les mêmes rêves… Tout le monde savait que Marc ne prenait jamais d'importante décision sans avoir consulté sa *Fleur de fenouil*.

Micheline songeait non pas à abandonner tout à fait sa carrière de comédienne, mais à ne rien faire pour la développer davantage, ne rien solliciter. On ne lui offrait toujours pas les rôles qu'elle souhaitait avoir. Et elle n'aimait pas quémander. Elle avait été peinée quand Georges Groulx, qui montait l'Iphigénie de Racine à la Nouvelle Compagnie théâtrale, ne l'avait pas appelée, alors que beaucoup de gens dans le milieu montréalais du théâtre disaient que c'était un rôle taillée sur mesure pour elle, celui d'une jeune femme prête à donner sa vie pour apaiser la colère des dieux et sauver ceux qu'elle aimait. D'autres comédiennes moins talentueuses se seraient manifestées. Pas elle. Mais elle n'était jamais amère. Ce qu'elle vivait avec Marc avait amplement de quoi remplir sa vie. Dans le cercle des amis, tout le monde voyait bien que Sol, c'était elle tout autant que Marc. Ils avaient décidé ensemble que Marc avait ce clown dans sa vie et qu'il faudrait le nourrir de textes, le sortir définitivement de la télé pour lui offrir une scène où il pourrait enfin dire et faire tout ce qu'il voulait… Au milieu de l'été, leur décision était prise et irrévocable : Sol serait leur priorité. À quarante ans, Micheline changeait de carrière ; elle serait désormais *manager*, gérante, agente de l'homme qu'elle aimait. Et, à temps perdu, elle écrirait pour le théâtre et la télévision avec son amie, la comédienne Andrée Saint-Laurent.

Sol a fait ses premières sorties en solitaire à l'automne de 1971, dans les cégeps où les jeunes qui l'avaient suivi à la télé l'ont accueilli comme un superhéros, une véritable pop star. « Je ne m'attendais pas à cela, disait Marc aux journalistes. Ces jeunes ne savaient pas mon nom et ne voulaient probablement pas le savoir ; mais ils connaissaient Sol aussi bien que moi-même, son goût immodéré pour le pain blanc tranché, sa phobie de l'eau, son amour du désordre, tous ses travers, ses manies, ses hantises. À tel point que j'ai eu par la suite l'impression qu'ils ont contribué, par leurs réactions, à mieux camper le personnage, à le définir, à lui trouver des sujets de monologues. »

Micheline continuait cependant de dire que Sol devait à tout prix aller chercher le grand public, tous les publics en fait, et ne surtout pas se confiner au public étudiant, même si celui-ci était enthousiaste. À la télé, Sol avait eu déjà énormément de succès auprès des adultes qui, au cours des récentes années, beaucoup grâce à lui et à Gobelet, et auparavant aux Croquignoles, avaient littéralement fait exploser les cotes d'écoute des émissions pour enfants. On n'avait jamais vu ça ; on n'a plus jamais vu ça.

Marc entreprit donc d'écrire des textes de plus en plus truffés d'allusions ou de clins d'œil aux adultes, des dialogues à double fond. En surface, il y avait ce feu d'artifice, un crépitement, des grimaces, des pitreries, des mots-valises loufoques... En dessous, en profondeur, on découvrait un commentaire ou une critique de la société. Marc, qui avait toujours adoré la caricature, avait trouvé sa manière, son style, son ton. Dans les cégeps, le corps professoral, tout autant que les étudiants, était secoué de rires. Mais Sol n'avait toujours pas de scène où se produire devant le grand public...

Une occasion en or lui fut donnée à l'automne 1972. Pierre Duceppe et Richard Martin, producteurs à Radio-Canada, avaient alors demandé à Marc d'écrire un texte pour Sol, à l'occasion de l'annonce des Jeux olympiques qui allaient se tenir à Montréal en 1976. Ce numéro, présenté lors d'un grand gala à la Place des Arts, serait télédiffusé par Radio-Canada dans le cadre de ses très regardés *Beaux Dimanches*. Marc a écrit *Les Œufs limpides*, première mouture, LE monologue qui allait tout déclencher. Le grand public retrouvait son cher Sol qu'on croyait, depuis la dissolution du tandem Sol et Gobelet, parti, comme beaucoup d'autres, au paradis des clowns. Or, Sol était toujours bien vivant, plus que jamais magnifiquement vivant et auguste. Il parlait cette langue particulière et unique, impraticable et imprévisible, mais que tous comme par magie comprenaient, qui ravissait et faisait rire ; et il tenait en même temps un discours qui forçait la réflexion. De plus, ce passage à la scène a changé profondément sa personnalité.

Selon Myriam Afriat-Ouaknine, qui a présenté, en 1980, un mémoire de maîtrise d'études théâtrales à l'Université de Paris VIII-Vincennes, *Du verbe au geste, l'unité poétique chez Sol (Marc Favreau)*, c'est en passant de la télé à la scène que Sol a perdu son innocence. « Il était à la télé un simple clown... Il est devenu un philosophe capable de tenir, mine de rien, un discours subversif. »

211

Déjà, dans *Les Œufs limpides* (qui deviendront *Les Œufs brouillés*), Marc rappelait que les édiles et les puissants n'en faisaient toujours qu'à leur tête. Derrière le jeu des mots, on voyait l'incassable « serpent de maire » (le jamais nommé mais toujours reconnaissable Jean Drapeau) qui n'écoutait pas du tout « la majorette silencieuse », laquelle, ayant (à cette époque plus qu'aujourd'hui, on dirait) « l'opinion pudique », n'osait pas s'exprimer haut et fort. « Elle a pas dit non, et dans son langage ça veut dire oui », avait unilatéralement décrété le « serpent de maire », qui estimait dès lors justifié de ne pas tenir de « révérendum » et d'imposer ses Jeux et son stade et son architecte aux Montréalais.

Avec *Les Œufs limpides*, Sol prenait position et ouvrait son jeu, montrait ses couleurs. Bien qu'auguste, bien que ne comprenant apparemment rien à la politique, aux systèmes et aux jeux de pouvoir, et bien que n'accusant ouvertement personne, il rappelait, à travers ses élucubrations, qu'il était du côté de la « majorette silencieuse », il démontrait par l'absurde que celle-ci se faisait avoir et que le « serpent de maire », comme tous les gens de pouvoir, était un être de grande duplicité, un antipathique clown blanc. Et le monde a compris.

La boîte à chansons la plus importante de l'époque, Le Patriote de la rue Sainte-Catherine, dirigée par Yves Blais et Percival Bloomfield, deux incontournables du *showbiz* montréalais, a alors proposé à Marc de monter un *show* solo qui serait présenté au cours de l'hiver 1973. Ce fut un triomphe absolu. Le spectacle s'appelait *Enfin Sol*, titre triplement révélateur. Sol volait enfin de ses propres ailes, il était enfin seul, lui qu'on avait depuis si longtemps attendu. Au lendemain de la première, les gens faisaient la queue devant Le Patriote pour acheter des billets. Trois jours plus tard, on affichait complet. Marc Favreau était devenu, au Québec, une star de grande magnitude. « Je n'aurais jamais pensé que les choses se seraient passées aussi vite », disait-il aux journalistes.

Même s'il n'était jamais tout à fait à l'aise, au point parfois de paraître vraiment agacé, quand on le reconnaissait dans la rue, il n'était pas insensible à la gloire et aux louanges. Il voyait bien que tout ça, les applaudissements, les ovations, les dithyrambes des critiques, changeait le monde et que le regard que posaient les gens sur ceux que la gloire avait touchés n'était plus le même. Déjà, le succès qu'avait connu Sol à la télé avait changé l'attitude des beaux-parents Gérin, qui lui faisaient désormais la plus entière confiance.

Denyse, la sœur de Micheline, lui avait raconté un jour que sa propre mère, l'épouse du notaire Gérin, qui s'était tant inquiétée autrefois de voir sa fille en amour avec un artiste sans emploi, avait eu un soir ce lapsus très révélateur devant une affiche de Sol que regardait le public du Patriote au moment de l'entracte. À deux dames qui s'extasiaient sur l'extraordinaire talent de Marc, elle avait dit : «Vous savez, c'est mon fils.» Les parents Gérin étaient désormais fiers de leur gendre. Et cette fierté, que, grâce à ses succès, Marc éveillait chez ceux qui l'aimaient et qu'il aimait, le touchait beaucoup.

Sol était encore à l'affiche du Patriote, que tous les directeurs de salle de spectacles du Québec le réclamaient. Il fallait répondre à cette demande, coordonner, organiser une tournée. Or, à cette époque, l'industrie québécoise du spectacle était très sommairement structurée, pour ne pas dire artisanale, il n'y avait pas beaucoup de tourneurs, pas de réseau bien organisé. Une seule grosse machine, en fait, soit Kébec Spec. Mais Micheline et Marc s'étaient mis dans la tête de garder l'entière maîtrise de Sol. Et de ne jamais confier ses destinées à une grosse machine distributrice. «On a choisi Sol pour être indépendants», disait Micheline.

Il fallait quand même lui trouver un agent, un *booker*. Pierre Duceppe, qui, depuis l'aventure de la Place des Arts et des *Œufs limpides*, était resté proche de Sol et du couple Gérin-Favreau, a proposé que sa femme Claire s'occupe de l'agenda et réponde aux demandes des salles de province. Au cours de la saison 1973-74, Sol a littéralement écumé le Québec, emporté par un irrépressible tourbillon, un soir à Drummondville, le lendemain à Saint-Jérôme, puis à Joliette, à Québec, à Donnacona, à Chicoutimi, à Amos... Et les demandes continuaient d'affluer de toutes parts.

À l'automne, une autre fusée, nommée Beau Dommage, a été lancée. Le public québécois, obnubilé depuis quelques années par les chanteurs et les chanteuses de la France (c'était la grande époque de Mireille Mathieu, Dalida, Sardou, Delpech, Macias et cie, qui occupaient Wilfrid-Pelletier et le Grand Théâtre de Québec pendant des semaines, voire des mois), s'emballait de nouveau pour des artistes québécois. Et parmi eux, Sol, le bien-aimé.

Mais, pour un clown, qu'il soit blanc ou auguste, être seul sur scène est toujours difficile. Même un auguste a besoin d'un faire-valoir qui l'abreuve de bêtises, le couvre de coups et le campe dans son rôle de défait, l'« augustise », en quelque sorte. Ainsi, malgré les triomphes et les salles combles, Marc, qui n'avait jamais connu la solitude sur scène, a eu des moments difficiles.

Un soir, après un spectacle au Gesù, il reçut dans sa loge Gilles Pelletier, alors directeur artistique de la Nouvelle Compagnie théâtrale. Marc avait un profond respect et une grande admiration pour cet excellent comédien, qui faisait à ses yeux figure d'aîné. Gilles Pelletier avait, dans sa vie, d'autres passions que le théâtre, il aimait la mer, la politique, la nature. Et Marc a toujours apprécié les artistes qui sont capables de faire autre chose que de pratiquer leur art... Il a donc écouté ce que celui-ci lui disait, que son jeu était par moments « plus radiophonique que théâtral. Tu te retiens trop. Ton expression corporelle est pauvre. Faut que tu bouges plus, que tu exagères tes mouvements. Si tu veux rester seul sur scène, ça te prend des accessoires ».

Quand Pelletier a revu le show quelques semaines plus tard, Sol n'était plus le même, il s'était constitué un répertoire de gestes et de mimiques. Il avait une flûte dans laquelle il aspirait. Et sa fameuse poubelle trouvée dans une « cruelle » et qui contenait, dira Marc à un journaliste, « les restes absurdes de nos grands débats de société ». La poubelle était devenu un partenaire, comme le manteau était un interlocuteur, la flûte aussi.

Mais en fait, ils étaient déjà deux sur scène. Sol, l'auguste, et Marc, le blanc. Et c'est là sans doute l'un des grands secrets de la réussite de ce clown, son génie. Il était double, à la fois rouge et blanc, auguste et rusé, tout un monde à lui seul.

18

Clés de Marc

Deux écrivains ont cohabité dans la personne de Marc Favreau. L'un concoctait les monologues de Sol, l'autre, beaucoup moins connu mais presque aussi prolifique et tout aussi personnel, rédigeait des discours et de courts essais (dont beaucoup portaient sur la langue française) ainsi que des hommages (à des amis disparus ou faisant l'objet de quelque célébration).

Lorsque Marc est mort, on a retrouvé, dans le vétuste ordinateur qu'il possédait, de nombreux textes (tous en caractères dits « Courier », 14 points) de cet autre auteur obscur, la plupart plus ou moins achevés, encore brouillons, truffés de points de suspension. Il s'agissait visiblement de textes aide-mémoire faits pour être dits, de textes de conférence ou d'allocutions, de laïus aussi, prononcés par Marc lorsqu'on lui remettait un prix ou qu'on le faisait chevalier d'un ordre quelconque.

Alain Stanké a publié régulièrement, à partir de 1978, tous les monologues écrits par le parolier de Sol. En 1997, il les a tous réunis, depuis *Les Œufs limpides* jusqu'à *Je persifle et je singe*, dans un livre justement intitulé *Presque tout Sol*, fort brillamment illustré par Marie-Claude. Marc n'a sans doute jamais cru bon de confier à son ordi ces textes déjà connus, maintes fois dits en public, plusieurs fois remaniés.

217

Il y avait cependant entreposé des notes, des flashs, des matériaux très divers qui, espérait-il, lui serviraient un jour à écrire de nouveaux monologues, comme ces fûts d'érable, de chêne ou de frêne mis à sécher derrière le garage d'Abercorn, qui un jour seraient mis en planches et serviraient à ériger quelque autre bâtiment.

Dans son ordi, ces matériaux destinés à Sol étaient soigneusement groupés par sujets, eux-mêmes classés en ordre alphabétique, depuis « Animaux » (des « libellules diffamatoires ») jusqu'à « Violence » (« Des affreux qui tapent leurs dactylos et font du harcèlement textuel »), en passant par « Argent et affaires » (un « nanti anéanti », un « sans-abri fiscal »), par « Environnement » (« l'enfer du décor », « l'empironnement »), par « Justice » (« on voit des juges de paix, mais rarement des juges de guerre » et « quand le châtiment va, tout va »), etc. Il y a là toutes sortes de pistes que Marc, le Marc qui écrivait les monologues de Sol, se proposait sans doute d'emprunter un jour ou l'autre. Il n'eut pas le temps de le faire, comme il n'eut pas le temps de terminer tous les projets caressés ou amorcés à Abercorn.

On retrouve dans ces listes de jeux de mots les préoccupations qu'il eut toute sa vie, on y voit ce qui le révoltait, l'ennuyait, le faisait rire. Il y avait, bien sûr, des « mots » destinés à faire rire uniquement (« zèdre » pour zèbre, « vermouth » ou « moumoute » pour mammouth, le « cocodrile », la « girofle » et le « mufle », ou encore « l'entorse » et les « poupons », les « tronches », les « côtelettes », les « œillets », les « paupiettes », la « plainte des pieds », les « abdominables », les « spatules », des centaines d'autres). Mais le gros de ces matériaux mis en réserve donne une bonne idée des projets de Sol restés inachevés. De toute évidence, il voulait encore et toujours parler de la justice aveugle, fustiger tous les gens de pouvoir, les nantis, et surtout, préoccupation devenue obsession, nous rappeler que nous sommes en train de détruire le « paradoxe terrestre » que nous a légué le négligent « Dispendieu », en polluant les rivières, en abusant des ressources de la nature... Derrière l'humour, à travers ces mots que rien, en apparence, ne lie, se cache toujours un constat sombre et affligeant sur l'humanité.

Quant à cet auteur plus obscur qui rédige et livre des textes de conférence ou des hommages à de chers défunts, il ne manque jamais lui non plus l'occasion de passer un savon à ses frères humains. Il le fait même avec infiniment de plaisir et de liberté quand c'est à lui qu'on rend hommage, quand par exemple le Conseil de la langue française lui décerne la médaille de l'Ordre des francophones d'Amérique, ou qu'il est nommé Chevalier de l'Ordre national du Québec ou de la Pléiade, ou qu'il reçoit le prix du mérite français ou la médaille d'Officier de l'Ordre du Canada... Il se sent alors légitimé, voire obligé, de relever les égarements, les erreurs, les fautes, les péchés de ses semblables, massacreurs de la langue ou méchants pollueurs ou les deux à la fois.

Il ne donne alors pas souvent dans le calembour ni dans le double sens. Le ton est même plutôt didactique, parfois moralisateur, souvent courroucé, surtout quand il s'agit de la langue française et des sévices qu'on lui fait subir. Après avoir remercié la noble confrérie qui lui décerne un prix ou un titre, ou l'école ou le collège ou la Chambre de commerce ou l'Assemblée nationale qui l'a invité, il se tourne vers les profs, les journalistes, les publicitaires, les politiciens, les animateurs de radio et de télé, vers tous ceux et celles qui parlent haut et fort, publiquement, et il leur reproche leurs négligences, leur laisser-aller... Il peut parfois manifester quelque indulgence, avouer que le français est effectivement une « jungle de bizarreries, de pièges, d'anomalies, d'exceptions exceptionnellement justifiables, qui fourmille d'incongruités et de mystères... » Mais il se reprend vite en disant que ce n'est pas une raison pour la mal parler, surtout quand on a la prétention et le privilège de l'enseigner. Il a souvent dit et répété aux pédagogues qu'ils devaient trouver quelques trucs pour rendre plus ludique l'étude de cette langue capricieuse. Voilà qui est amusant : ce Marc Favreau qui a toujours détesté l'école, qui n'a jamais pu supporter les leçons, se plaît à en faire… et souvent destinées aux profs.

Les publicitaires et les annonceurs aussi se sont plusieurs fois retrouvés dans sa mire. En mars 1998, au gala des Mérites du français, il a prononcé un long discours, véritable réquisitoire, dans lequel il les accusait d'encourager l'« odieux visuel » : « Quand on vous écoute, on sait au moins une chose, c'est que le danger est partout. » Le mois suivant, il poursuit sa bienveillante engueulade devant le Publicité Club. « La publicité dispose d'une arme terriblement efficace : la répétition. Elle arrive à convaincre en répétant un message comme on enfonce un clou. N'est-ce pas exactement ce que fait le professeur qui répète encore et encore jusqu'à ce que l'élève ait bien compris ? Est-ce à dire que la publicité a autant d'influence que l'école ? Si c'est vrai, je dis : "Attention !" Pas plus que l'école, la publicité ne peut se permettre de laisser passer des sottises. » Il termine son discours en suppliant presque les publicitaires de réfléchir : « De grâce, soyez plus attentifs, plus exigeants. »

Il aimait bien, il admirait Jacques Bouchard, le père de la publicité québécoise, homme fin, intelligent, plein d'humour, qui comme lui connaissait bien la France, où il a longtemps vécu, et qui avait lui aussi un profond respect pour la langue française. Mais Marc ne s'est jamais laissé convaincre, pas même par son ami Jacques Bouchard, d'associer son nom, encore moins celui de Sol, à une campagne publicitaire.

« Sol, je l'ai toujours beaucoup protégé, disait-il. Il peut parler de tout, parce qu'il est inconscient et naïf, mais surtout parce qu'il est libre. Si je l'avais asservi à des marques de commerce ou si je l'avais chargé de messages publicitaires, il aurait perdu cette liberté. J'ai donc toujours refusé qu'il fasse de la pub. »

En 1973, le Parti libéral du Québec, quel naïf!, lui a offert un pont d'or pour que Sol participe à la campagne électorale. Marc n'a pas hésité une fraction de seconde, il a refusé sans même en avoir parlé à Micheline, qu'il consultait tout le temps quand la carrière de Sol était en jeu; il savait fort bien qu'elle aurait été furieuse s'il avait accepté une telle chose. Elle ne le consultait pas toujours elle non plus quand elle refusait pour Sol des pubs de marques de céréales, de boissons gazeuses, de pains, de voitures, de vêtements, de jeux. Elle n'a jamais accepté non plus qu'on fabrique des poupées ou des marionnettes à son image et à sa ressemblance. Le bien-aimé clochard ne fut donc jamais associé à un produit commercial, ni à une idée religieuse, ni même à un parti politique, même si Marc n'a jamais caché ses allégeances nationalistes... Les seuls engagements, le plus souvent d'ordre sociétal ou pédagogique, qu'ils ont acceptés au nom de Sol étaient sans rémunération.

Il a fait campagne pour le OUI lors du référendum de 1980, il a épousé des causes humanitaires auxquelles il est resté fidèle jusqu'au bout, celle des sans-abri, de la Maison du père dont il a longtemps été le parrain. Il aimait particulièrement cet organisme dont il ne manquait jamais l'occasion de faire la promotion. Il passait à la radio, à la télé, il parlait des sans-abri et des itinérants et de ceux qui les aidaient, avec infiniment plus de conviction que de ses propres *shows* ou de ses projets d'artiste. «J'ai découvert à la Maison du père les grandes qualités de cœur et le désir d'aimer, d'aider, de soulager qu'ont tous ces bénévoles qui donnent, sans compter, leur temps, leur énergie, sachant, sans illusions, que ce n'est jamais fini, ni vraiment terminé et que, jour après jour, il leur faut continuer. À la Maison du père, j'ai surtout découvert une raison d'espérer. »

Parmi ses dernières volontés, il avait demandé à sa famille, à ses amis et au public de faire des dons à la Maison du père et à l'hebdomadaire *L'Itinéraire*, plutôt que d'envoyer des fleurs au salon funéraire. Le plus célèbre « vagabond à rien » du Québec a toujours été solidaire et sensible à la cause des pauvres et des moins chanceux, pour qui la survie constitue une lutte quotidienne. Il a également été le porte-parole de la campagne « Solidaires face à l'itinérance », des Journées québécoises de la solidarité internationale, de la coalition Eau Secours. Il a rencontré Mohamed Lotfi, fondateur de Souverains anonymes, un organisme qui aide les prisonniers à retrouver confiance en eux et en la vie, en leur donnant la parole et en diffusant cette parole à la radio et à la télé communautaires. Il est allé en prison à plusieurs reprises pour leur parler, les écouter. De même, Sol donnait régulièrement des spectacles-bénéfices au profit d'organismes communautaires comme la Halte-Répit Hochelaga-Maisonneuve, un centre de la petite enfance qui offre divers services aux familles en difficulté.

Le conférencier Favreau n'admonestait pas que les profs, les politiciens et les publicitaires. Il s'en prenait régulièrement au monde en général, s'indignant toujours de le voir massacrer la nature et la langue ou se désespérant de le voir se replier trop souvent sur lui-même.

« J'apprends que soixante pour cent seulement des Québécois sont capables de tenir une conversation en anglais, disait-il aux journalistes qui l'ont rencontré quelques jours avant la première québécoise de *L'Univers est dans la pomme*. C'est déplorable ! Nous sommes réfractaires et à l'anglais et au français de France. Nous tenons à notre patois ! Et en même temps nous prétendons vouloir nous ouvrir au monde. Nous avons une pauvreté de vocabulaire déconcertante ; on manque de mots, de précision, de clarté. C'est de l'intérieur que notre langue est menacée. Nous sommes nos pires ennemis. »

Avec Micheline et Monique Joly, il colligeait dans un bêtisier les perles cueillies dans les médias ou au hasard des conversations : « Ça l'a entraîné des paquets de jeunes à décrocher » ou « Y a pas personne qui peut savoir » ou « Ma soupe sent bonne » ou « J'ai cancellé mon appointement » et autres tournures barbares.

On a également trouvé dans l'ordinateur de Marc de courts textes réunis sous le titre « Lieux disparus ». Ce sont de petits tombeaux dans lesquels il évoque, avec plus de colère que de nostalgie, tout un monde révolu, des paysages qu'il a aimés, des édifices remarquables que, par bêtise ou indifférence, on a laissé se détériorer ou qu'on a démolis. Il mentionne par exemple ce fameux Manoir NDG qu'il a beaucoup fréquenté pendant son adolescence, admirable construction de bois qu'on a jetée à terre pour édifier à sa place un bâtiment d'une atroce banalité qu'on persiste à appeler Manoir NDG ; il rappelle le sort semblable réservé au Her Majesty's situé sur la rue Guy, côté est, entre Sainte-Catherine et de Maisonneuve, selon lui le plus beau théâtre de la ville, « l'équivalent du Royal Court à Londres ou du Édouard-VII à Paris ». Il décrit longuement la superbe salle à l'italienne de ce théâtre, ses murs tendus de rideaux de velours rouge et or... Avec Micheline, aux premiers temps de leurs amours, il y a vu la troupe Renaud-Barrault, celle de la Comédie-Française, celle de Louis Jouvet, et le Piccolo Théâtre de Milan, le Théâtre de Stratford.

Il parle aussi d'un restaurant mythique, Le 400, situé à l'angle de la rue Drummond et du boulevard de Maisonneuve. Cette magnifique et grande vieille maison de style anglais, datant de la fin du XIXe siècle, était un haut lieu de la gastronomie montréalaise très fréquenté par la gent artistique dans les années 1960. À sa place, se trouve aujourd'hui… un terrain de stationnement. Il parle aussi de Chez son père, dont le patron, M. Bouyeux, était l'ami des artistes. Et, avec raison, il se désole. Pourquoi avoir démoli le Her Majesty's et le théâtre Orpheum ? Et la maison Van Horne ? Et l'hôtel Windsor ? Se débarrasser de laideurs, oui, mais pourquoi détruire de la beauté ? « Grand dommage et grand mystère », conclut-il.

Le conférencier changeait évidemment de ton lorsqu'il était porte-parole du Salon du livre ou du Salon des métiers d'art ou président d'honneur de campagnes de financement ou des fêtes de la Saint-Jean à Sutton ou du 75e anniversaire d'Abercorn… et plus encore lorsqu'il rendait hommage à un ami.

Ce qui frappe dans ces textes, c'est qu'on y retrouve toujours l'idéal de Marc Favreau, comme si la personne à qui il rend hommage était un miroir lui renvoyant sa propre image. Il découvre en chacun des « hommagés » des qualités qu'il s'est entêté lui-même toute sa vie à développer ou des qualités qu'il a souvent dit admirer et qu'il a toujours souhaité acquérir. Ainsi, chaque fois, on croirait entendre Marc Favreau parler de lui-même.

Tout le monde dit par exemple qu'il était d'une insatiable curiosité. Dans un hommage à Gilles Pelletier, il rappelle comment celui-ci « se délecte à chercher, fouiller les textes et débusquer les intentions possiblement cachées de l'auteur (il y a du Sherlock Holmes dans cet homme !), tout ça pour comprendre, comprendre pour apprécier, pour convaincre aussi, après s'être persuadé soi-même ». Il dit encore de Gilles Pelletier qu'il est un « maniaque du mot juste et de la perfection, pourfendeur de la vulgarité, doué d'un sens de l'humour tout en finesse ». Comme lui, exactement.

On ne trouve peut-être chez autrui que ce que l'on a en soi, ses sujets de prédilection, de colère, d'indignation. Faisant l'éloge de Gilles Carle, il rappelle que, dans la langue grecque, le mot « acteur » se dit « hypocritès », mot ancêtre du français « hypocrite »… « Mais je crois avoir deviné, ajoute-t-il, que Gilles ne prise pas particulièrement les stars et leur ego incommensurable… Et je le soupçonne de se dire en lui-même, avec un sourire en coin : une vedette, c'est le contraire d'un ballon : plus c'est gonflé… moins c'est dirigeable ! » Marc, on le sait, détestait les gros ego et méprisait les stars.

Lui qui a tant aimé les arbres, il compare Félix Leclerc à un grand chêne. De Vigneault, à qui il rend hommage le jour de ses soixante-dix ans, au Lion d'or, il dit qu'il est « moitié chêne farfeuillu, moitié roseau pensif », dont les amis sont des bouleaux.

Quand il parle de Jean-Guy Moreau, on croirait également que c'est lui-même qu'il décrit. « Refusant de sous-estimer son public en faisant du comique à bon marché, il fouille, cherche et peaufine ses textes jusqu'à ce qu'il trouve le trait juste qui fera mouche… Je n'oublie pas que Jean-Guy Moreau, en plus de son merveilleux talent, est aussi un homme de cœur, toujours à l'écoute des petits et des déshérités, en somme, un véritable humaniste pour qui les causes ne doivent pas rester sans effets. »

Cherchant à définir l'art de Raymond Devos, c'est au sien propre qu'il nous ramène, à sa manière et à son style. « Pour mieux percevoir le dessous des choses, dit-il, Raymond se sert de mots, ces mots, ces locutions de tous les jours qui nous servent de béquilles, il les triture, les malaxe, savamment, avec gourmandise, il bouscule les idées reçues et les clichés, il les retourne comme un gant, pour leur faire dire autre chose, leur donner un autre sens… pour les éclairer autrement, d'une lueur folle et poétique. »

Ainsi, il prêtait généreusement ses qualités aux autres. Ainsi, il se retrouvait à travers les autres. Il nous a parlé de lui à travers Alain Stanké, Clémence Desrochers, Jean-Paul L'Allier, Kim Yarochevskaya, Yves Duteil, Guy Mauffette et bien d'autres, plus facilement et plus librement qu'en parlant de lui-même, ce qu'il détestait faire.

En 1989, Alain Stanké, qui dirigeait les Productions audio-visuelles, lui a proposé de s'auto-interviewer, *Marc Favreau par lui-même*. Il s'est prêté avec grand plaisir à l'exercice. Il s'est d'abord posé, histoire de s'agacer un peu, mais surtout de ridiculiser les journalistes et les intervieweurs, les classiques questions que, dans les magazines ou les entrevues télévisées, on pose aux vedettes : votre conception du bonheur ? Votre plus grande joie ? Votre plus grande peine ? Et bientôt, dans cette auto-interview, il répond par des jeux de mots, des contrepèteries, aux questions qu'il s'inflige. Et l'intervieweur, c'est-à-dire lui-même, se fâche et lui dit : « Dès que la conversation devient un peu personnelle, vous répondez par des pirouettes... J'essaie simplement de vous cerner, de découvrir votre vrai visage. Si vous faites un numéro à chaque question, on aura peut-être un spectacle, mais pas d'interview. »

Ainsi, Marc Favreau savait fort bien qu'il n'était pas du bonbon en entrevue. Il savait pertinemment qu'en s'esquivant, en se cachant derrière Sol, il embêtait les animateurs... Bizarrement, le génial manieur de la langue qu'il était utilisait alors une sorte de langue de bois et, disons-le, une « cassette », plusieurs cassettes, en fait, pour ne pas se livrer vraiment.

Il préférait parler (en bien) des autres, ne refusant jamais le panégyrique, même si la personne encensée était bien vivante, ce qui lui semblait pour le moins bizarre. « Je me suis toujours méfié des hommages, disait-il. Tant qu'on n'a pas dit son dernier mot, ça me semble prématuré. C'est un peu comme si on louangeait un auteur avant de connaître la fin de sa pièce. »

Derrière l'humour de Sol, on perçoit toujours cet amour inquiet des petits et des faibles et, en même temps, un constat amer sur l'humanité. Pourtant, dans la vie, Marc était un optimiste. Il avait l'intime conviction que le monde était meilleur aujourd'hui qu'hier et qu'il sera encore meilleur demain. Et il tenait mordicus à cette idée. Il croyait que certaines idées devaient être aidées, soutenues, comme les sans-abri. Il fallait se forcer à croire que le monde était chaque jour meilleur.

« Si j'ai ajouté mon grain de sel pour changer un tout petit peu le goût de la vie, je serai rassasié », disait-il aux plus démunis et aux plus aimables de ses frères humains, en mars 2005, à l'aube de son dernier printemps.

19

Sol en Avignon

Depuis qu'ils y avaient vécu, au temps de leurs premières amours, Marc et Miche n'étaient pas retournés souvent à Paris. Ils étaient trop occupés tous les deux par leur carrière, les enfants étaient trop jeunes, «Abercorn» leur prenait trop de temps, trop d'énergie. À la fin des années 1960, ils y sont retournés rapidement, ils ont fait le plein de théâtre et de *shows*, revu les lieux qu'ils avaient aimés, les copains, dont bien sûr l'inénarrable Claude Evrard, qu'ils vont retrouver de nouveau en 1975 quand ils iront passer une partie de l'été en France. Avec les enfants, cette fois.

Quelques années plus tôt, Evrard avait formé un duo de clowns avec Philippe Avron, Avron-Evrard. Ils s'étaient d'abord produits dans de petits cabarets de la Rive gauche, puis en tournée à travers la France, la Belgique, la Suisse. On les avait vus et applaudis au Festival d'Avignon, puis à Bobino pendant plusieurs semaines, à l'Olympia, à la télévision aussi. Evrard était persuadé que Sol pourrait faire aussi bien qu'eux en France. Il a donc mis dans la tête de Marc l'idée de se présenter au Festival de Nancy, dont Jack Lang, futur ministre de la Culture, était l'un des organisateurs. Des clowns venus non seulement de la France, mais aussi de l'Italie, de l'Allemagne, d'un peu partout en Europe, et même quelques-uns des États-Unis, participaient à ce festival. « C'est l'occasion de te faire voir, disait Evrard. Tous les producteurs français seront là. Et toute la presse culturelle. »

On a inscrit Sol au programme. Il donnerait trois courts spectacles d'une quinzaine de minutes dans une toute petite salle de quelques dizaines de spectateurs. Miche et Marc sont partis pour Nancy au printemps 1976, sans trop savoir quels monologues présenterait Sol. Il avait déjà un large répertoire, une bonne trentaine de textes, certains fort légers, d'autres lourds de sens, certains parfaitement bien rodés, d'autres à peine ébauchés. En tout, trois bonnes heures de monologues. Mais ils ne savaient trop, Micheline et lui, lesquels conviendraient à Nancy. Il fallait, bien sûr, écarter tout ce qui devenait difficilement intelligible pour qui ne connaissait pas intimement les réalités et les personnalités québécoises. Toute allusion au « serpent de maire » Drapeau, par exemple, perdrait là tout sens. Mais fallait-il donner dans le lourd ou dans le léger ?

Fort heureusement, Sol avait été placé vers la fin du festival. Micheline et Marc ont donc pu voir plein d'autres *shows* de clowns et d'humoristes, lire les critiques, écouter la rumeur dans les cafés, dans la rue, prendre conseil auprès d'Evrard et d'Avron. Ils ont vite compris qu'il y avait, dans ce festival, une pensée de gauche, très contestataire, très soixante-huitarde. Ils ont donc choisi, dans le répertoire dont ils disposaient à l'époque, ce qui leur semblait le mieux convenir, les textes les plus percutants de *Rien détonnant,* auxquels Marc fit de petites retouches. Il en serait toujours ainsi. Depuis *Enfin Sol* jusqu'au *Retour aux souches,* Marc a écrit pour Sol une douzaine d'heures de textes qu'il a répartis en une dizaine de spectacles à géométrie très variable, selon qu'il se produisait en Amérique ou en Europe.

La petite salle était plutôt mal équipée, piètrement éclairée, le public qui la remplissait, journalistes et industriels du spectacle, tous omnivores par obligation, était au départ indifférent. Mais bientôt les rires fusèrent, puis on s'est tu, on a écouté, on a apprécié... Même chose le lendemain. Le troisième soir, les organisateurs, ayant eu vent des réactions, donnèrent à Marc une salle un peu plus grande. Dans Nancy, la rumeur portait le nom de Sol, le Canadien.

Marc est rentré au Québec et a repris sa tournée *Rien détonnant,* tout en continuant à pondre des textes pour un autre spectacle. Il caressait alors divers projets de construction à Abercorn. Et, avec le plus vif intérêt, ils suivaient, Micheline et lui, les événements politiques qui secouaient et exaltaient le Québec où, le 15 novembre, le Parti québécois a été porté au pouvoir. Le monde de Miche et de Marc, celui des jeunes et des artistes, était en liesse. Marc, lui, débordait d'énergie.

« T'es mûr pour Avignon », lui a dit Evrard.

Le Festival d'Avignon, créé par Jean Vilar en 1947, était déjà à cette époque la plus importante manifestation annuelle de théâtre dans la francophonie. Foyer de réflexion sur les arts de la scène, depuis peu ouvert également à la danse et à la musique, il était déjà fréquenté, en 1977, par les plus grands créateurs de l'Europe et de l'Amérique, Maurice Béjart et Merce Cunningham pour la danse, Antoine Vitez, Peter Brook, Ariane Mnouchkine, pour le théâtre... fréquenté également par les critiques les plus éclairés, les plus impitoyables.

Micheline a fait les démarches nécessaires avec l'aide d'Evrard. Elle a préparé un cahier de presse fort substantiel contenant les critiques que Sol avait eues au Québec, auxquelles elle a ajouté celles, brèves mais fort élogieuses, qu'on lui avait faites lors du Festival de Nancy, de même que des lettres écrites par les organisateurs. Et elle a posé la candidature de Marc au Festival d'Avignon. On lui a bien vite répondu : Sol était invité à donner, à compter du

20 juillet, quatre représentations de son spectacle *Rien détonnant... avec Sol* dans la salle Benoît-XII, souverain pontife de 1334 à 1342 qui avait commencé l'édification du palais des papes en Avignon.

Marc avait près de quatre mois pour se préparer. « C'est trop long, disait-il. Je suis déjà prêt. Quatre mois à attendre, c'est vertigineusement long. » Il craignait, non sans raison, qu'en attendant le mercredi 20 juillet 1977, il allait à son corps défendant développer un trac monumental que rien ni personne ne pourrait apaiser. Il avait, heureusement, plusieurs *shows* à donner chaque semaine ici et là à travers le Québec, il avait de passionnants chantiers en cours à Abercorn, il avait l'amour de Micheline, les enfants, les amis, amplement de quoi se distraire et s'occuper, mais il ne se passerait pas un jour sans qu'il pense au moins vingt fois à ce 20 juillet, imaginant son entrée en scène, salle Benoît-XII, seul au monde, devant un public indifférent, froid, hostile...

Micheline, elle, pensait plutôt à développer un rêve, un projet. Elle savait qu'après Avignon, si tout se passait bien, il serait possible d'envisager faire une petite salle à Paris, peut-être même une tournée en province. Et souvent, quand ils marchaient seuls dans les chemins de bois d'Abercorn, ils se laissaient aller à rêver, ils imaginaient leur Sol sur les plus grandes scènes parisiennes.

Marc avait toujours aimé les théâtres, les salles de spectacles. Dans toutes les villes où ils s'arrêtaient lorsqu'ils voyageaient ensemble (c'était toujours le cas) à travers la France, la Belgique, l'Allemagne ou l'Italie, ils commençaient par faire de longues marches, puis ils visitaient les églises, les musées, les jardins et, immanquablement, les salles de spectacles. À Paris, Marc voulait toujours aller au Théâtre de la Ville. Il adorait ce lieu. S'y produire était son rêve secret.

Or, à l'hiver 1977, le directeur et fondateur de ce théâtre, Jean Mercure, était de passage à Montréal, avec la comédienne Anny Duperey, pour présenter *La guerre de Troie n'aura pas lieu,* de Jean Giraudoux, dont il avait fait la mise en scène. Le soir de la première, Marc et Micheline étaient dans la salle. Ils sont allés ensuite saluer les comédiens et Marc a fait part à Jean Mercure du rêve qu'il caressait de jouer un beau jour sur la scène de son théâtre. Mercure savait qui était Sol, mais il ne l'avait jamais vu et ne pourrait, hélas, le voir avant longtemps, car il devait rentrer en France le lendemain. Micheline l'a informé que Sol serait au Festival d'Avignon en juillet. Mercure n'a pas semblé étonné. « Je m'arrangerai pour qu'on vous voie », a-t-il promis à Marc. Et dès lors, en même temps que sa joie, le trac de Marc a grandi d'un cran. Ce 20 juillet, qui s'approchait si lentement, serait la chance de sa vie. S'il se cassait la gueule, si une fois sur scène, perclus de trac, il oubliait son texte, si la salle ne riait pas, ils sont terribles ces gens-là, ils ont tout vu, les meilleurs comédiens, les plus grands comiques, s'ils ne riaient pas, ne comprenaient pas… ce serait le désastre de sa vie.

Il était au Québec un comédien établi, respecté de ses pairs, adulé du grand public, qui se produisait toujours à guichets fermés. De l'autre côté de la mer Océane, il restait un parfait inconnu. Qui avait peur. Et qui, Marc étant Marc, ne le disait à personne.

Micheline, bien sûr, s'en était aperçue, mais elle n'en avait rien laissé paraître elle non plus. À quoi bon ? Avouer sa peur n'y changera jamais rien. Depuis le temps qu'il faisait du théâtre et de la télé, Marc avait su apprivoiser cet incontournable et indispensable compagnon qu'est le trac. Il était même parvenu à l'aimer. Comme un marathonien finit par aimer cette brûlante douleur et cette lourde fatigue qu'il ressent avant de trouver un second souffle qui lui donnera des ailes. Le trac est d'abord désagréable, il noue la poitrine, il donne envie de fuir, de disparaître, de souhaiter qu'arrive la fin du monde, mais quand il se dissipe, très vite, habituellement

233

dans les premières minutes après que le comédien entre sur scène et entend le premier rire qui court dans la foule, il fait place à une joie radieuse. « Le trac, c'est une petite fièvre bienfaisante et nécessaire », disait Marc. Il a dit aussi qu'il n'avait jamais connu si grand trac que ce soir-là, 20 juillet 1977, à Avignon. Ni si grand bonheur quand il a senti la salle accrochée, attentive, suspendue à ses lèvres. Il a pris son temps, il a joué magnifiquement, magistralement.

La réaction du public avignonnais a été extraordinaire. Les critiques parues au cours des jours suivants furent toutes, sans aucune exception, dithyrambiques. Sol a fait la une de *L'Humanité* du vendredi 22 juillet. « Marc Favreau est tant tellement virtuose jusqu'à la linguisthérie que l'hypocritique n'a plus qu'à se taire et à se décliner. Il faut être amoureux fou de sa langue pour la châtier avec autant de raffinement. » *Le Dauphiné de Provence* a qualifié Marc de « génie du verbe » inscrit « dans la plus grande tradition du théâtre comique et populaire ». *Le Provençal* a dit de « ce poète absolument terrible » qu'il était fils de Rabelais et de Queneau, rien de moins.

Dans *L'Express*, ce fut un pur délire. La journaliste Caroline Alexander a commencé par décrire le fouillis désespérant qu'est un festival où on est tiraillé chaque soir entre une douzaine de créations affichées et plus de cent événements marginaux. « Mais où est le choc ? demande-t-elle. La révélation qui électrise et qui donne sa lumière à un festival ? Elle existe. Elle nous arrive du Canada, sous la forme d'un Pierrot lunaire déguisé en auguste : Marc Favreau, né à Montréal en 1929... » Elle en conclut, suprême compliment, que « les adultes, grâce à lui, se sentent enfin intelligents ». Elle termine en disant que tous les directeurs de salle et tous les producteurs de spectacle de la France et de l'Europe francophone venus en Avignon faire leur marché vont s'arracher Sol. « Qu'ils fassent vite ! On aura besoin d'un Favreau, cet hiver, à Paris. »

Tout le monde s'extasiait. Jean Mercure n'avait pas pu assister au spectacle, mais il avait néanmoins tenu parole. Plusieurs de ses proches collaborateurs, dont sa propre fille, étaient dans la salle Benoît-XII, le 20 juillet au soir, quand Marc s'y est produit. Plusieurs d'entre eux sont ensuite venus le rencontrer en coulisses et l'ont chaleureusement félicité. Dans les rues, sur les places, dans les cafés et les restaurants d'Avignon, des producteurs, des imprésarios venaient également le saluer, lui serrer la main. Mais personne ne lui faisait la moindre proposition de spectacle ou de tournée.

Marc et Miche étaient donc rentrés au Québec, fort heureux certes du succès remporté en Avignon, mais quelque peu déçus de ne pas pouvoir en profiter mieux. Avignon serait-il un coup d'épée dans l'eau?

À Abercorn, Marc avait toujours de quoi s'occuper, même si cette année-là, précisément, 1978, il n'y avait pas de gros chantier en cours. Le chalet était régulièrement occupé par des invités de Marc, de Micheline ou des enfants. La (première) maison était achevée, décorée, meublée, la piscine fonctionnait bien; bref, le jardin était fait. Quant à Sol, il se demandait bien à quoi il allait s'occuper. La tournée québécoise de *Rien détonnant* était pratiquement terminée. Il était allé partout, de l'Abitibi à la Gaspésie, de Moncton à Sudbury, dans toutes les salles grandes et petites de l'Amérique francophone. Avant de le lancer de nouveau sur les routes, Marc devait lui concocter de nouveaux monologues.

Micheline, elle, avait commencé à écrire une pièce de théâtre avec la comédienne Andrée Saint-Laurent. Elles avaient déjà travaillé ensemble à un télé-théâtre, *La Femme au géranium*, une petite fantaisie interprétée par Huguette Oligny à la télé. Elles s'attaquaient maintenant à un sujet infiniment plus grave et plus costaud. *Juste un petit souvenir*, la pièce à laquelle elles vont travailler pendant deux bonnes années, une histoire de femmes à huis clos, qui parle de mort et d'amitié, de fidélité, de trahison. À travers les souvenirs, souvent contradictoires, parfois cruels et déchirants, que chacune de ces femmes garde d'une amie commune morte dans un accident de voiture, elles recréent leur jeunesse, leur monde, et surtout elles se disent les unes aux autres leurs quatre vérités. Dès le départ, le metteur en scène Daniel Roussel fut associé à cette aventure. Ils formaient, Andrée, Micheline et lui, une petite équipe très efficace, forte d'une grande amitié : Andrée, la comédienne extravertie, imprévisible et pourtant très rationnelle, fragile, fébrile, Micheline, la femme forte, sage et rieuse, intuitive, et Daniel, l'artiste polyvalent, l'homme de haute culture, brillant et exigeant, qui allait devenir un très proche ami et collaborateur de Marc...

C'est d'ailleurs Daniel que ce dernier imposera à titre de réalisateur quand, plus tard cet automne-là, avec l'auteur David Stansfield, il a commencé à écrire pour TVO, la télévision communautaire ontarienne, une série de quatre-vingt-dix sketches de quinze minutes destinés à apprendre aux anglophones l'usage des mots les plus usités et des locutions les plus répandues de la langue parlée au Québec.

Le cachet était presque symbolique. Et l'auditoire, fort restreint. Mais le sujet passionnait Marc, qui avait facilement persuadé Sol de s'investir dans l'aventure. Ils y ont trouvé énormément de plaisir. La présence de Marc a attiré de nombreuses vedettes québécoises et franco-canadiennes, écrivains, chansonniers, peintres et même politiciens qui, pour presque rien, pour le plaisir ou par devoir, parce que la cause était bonne, participaient à l'émission.

Dans chacun des épisodes, Sol faisait la démonstration de l'usage particulier d'un mot, d'une expression courante. On le voyait, par exemple, en compagnie d'un policier à qui on voulait apprendre l'usage des mots « Débrouillez-vous ». Sol le harcelait avec toutes sortes de questions plus ineptes les unes que les autres, il lui demandait mille et un renseignements, des services, jusqu'à ce que le policier, n'en pouvant plus, lui crie : « Débrouillez-vous. »

Sol s'amusait, mais par moments il s'ennuyait furieusement de la scène et pressait son auteur de lui préparer de nouveaux monologues.

Or, un beau matin de fin d'automne, Jean Mercure a téléphoné rue Marcil pour offrir à Marc le très convoité Théâtre de la Ville… en novembre 1978.

« L'année prochaine ! C'est loin, a dit Marc.

— C'est loin, je sais, a répondu Jean Mercure. Mais la programmation de cette année est déjà établie. Je vous ai réservé deux semaines l'automne prochain.

— J'aurais espéré un mois », ajouta Marc.

Mercure lui a alors promis que, si ça marchait bien, il lui donnerait son plein mois en 1979. « Dans deux ans, pensa Marc. Je vais fêter mes cinquante ans sur la scène du Théâtre de la Ville. »

20

Enfin Paris

Rien détonnant avec Sol, déjà bien rodé au Québec et dont on avait vu de bons extraits au Festival de Nancy et au Festival d'Avignon, a tenu l'affiche du Théâtre de la Ville de Paris pendant deux semaines, en novembre 1978, comme l'avait promis le grand patron, Jean Mercure. Au cours de l'été précédent, à Abercorn, Marc avait retravaillé certains monologues. Il s'était présenté sans trop de trac au grand public parisien, qui ignorait pratiquement tout de Sol. Il n'y a pas eu de matraquage publicitaire digne de ce nom. Marc a fait quelques courtes apparitions à la télé, deux ou trois radios, quatre ou cinq entrevues dont le compte rendu s'est retrouvé sur d'étroites colonnes ou au bas des avant-dernières pages des cahiers culturels. Il a quand même pu faire savoir aux rares lecteurs et auditeurs qu'il put rejoindre que Sol était un « vagabond à rien » issu d'une famille « comiquement faible », qu'il aimait bien les belles « actrisses » et des « stars molluptueuses » et qu'il avait plein de choses à dire sur l'état du monde.

Le Théâtre de la Ville, situé au centre de Paris, place du Châtelet, pratiquait à cette époque la formule des spectacles de 18 h 30. Le public était habituellement composé de gens qui cherchaient à se distraire entre le travail et un rendez-vous du soir ou qui voulaient éviter la circulation catastrophique à cette heure de la journée. La première de *Rien détonnant* eut lieu un mardi soir, le plus moche des soirs de spectacle. Marc s'était bravement avancé sur scène avec sa poubelle et sa flûte, son «déficient manteau», une pomme, un tableau noir.

Pendant trois jours, jusqu'au jeudi inclusivement, les salles ont été aux trois quarts pleines d'un public composé en bonne partie de Québécois vivant à Paris. Le vendredi et le samedi, Marc a joué à guichets fermés devant un public typiquement parisien. Et tous les autres jours de la deuxième semaine, y compris le mardi, un public délirant a rempli le Théâtre de la Ville, a ri aux bons endroits, a acheté après le *show* le disque et le livre *Je m'égalomane à moi-même*.

Quand ils se sont rendu compte, étonnés et médusés, de l'énorme succès que connaissait Sol, les médias ont parlé en toute humilité de l'extraordinaire pouvoir du bouche-à-oreille. Louis-Bernard Robitaille, le correspondant de *La Presse* à Paris, résuma les dithyrambes parisiens, rappelant que tous les autres Québécois (il nomma Diane Dufresne, Gilles Vigneault, Robert Charlebois) qui avaient tenté de séduire le public français avaient «connu des débuts (et des suites) autrement difficiles».

La presse française affirmait de son côté que, «s'il y a un terrain culturel, voire linguistique, commun entre la France et le Québec, Sol en serait l'une des rares illustrations». Marc Favreau venait d'accomplir un véritable tour de force. Comme ce gars qui réussit à vendre des «Frigidaires aux Esquimaux». Il s'était imposé devant les Français dans le domaine le plus français qui fût, le calembour, le jeu de mots, en maniant leur langue avec une dextérité qui les ravissait.

Bernard Haller, humoriste déjà bien établi en France, était venu voir *Rien détonnant avec Sol* au Théâtre de la Ville. Et il avait tenu à rencontrer Marc, à qui il a présenté

240

son agent producteur, Jean Dufour. Au cours des jours suivants, celui-ci a organisé pour Sol, avec le concours de Sylvie Dupuy, une grande tournée de la France, de la Suisse et de la Belgique. Comme le *booking* avait forcément été fait à la dernière minute, l'itinéraire de cette tournée était complètement erratique. Micheline, Marc, le régisseur Robert Duparc, parfois aussi Marie-Claude et Patrice, devaient à plusieurs reprises revenir sur leurs pas, traverser entre deux spectacles la moitié de la France, ce qui ravissait Marc qui adorait conduire, s'arrêter ici et là dans de charmants petits villages, découvrir les nombreux pays de ce si beau pays. Ils entraient, pour n'en plus jamais sortir, dans l'intimité de cette France qu'ils allaient tant aimer toute leur vie.

Ils ont fait, pour commencer, la grande banlieue parisienne, Saint-Ouen, Bobigny, quelques incursions en Normandie, en Picardie. Micheline tenait un petit journal de bord où elle consignait en quelques mots les incidents heureux ou non qui s'étaient produits avant, pendant ou après le spectacle, décrivait la salle, donnait une note, de 0 à 10, à la ville, aux organisateurs, au public, notait ses réactions, son âge. Les salles étaient souvent, presque toujours, mal équipées, la scène était grande comme la main, il n'y avait parfois pas de rideau, pas de loge. Mais Marc, porté par le succès, était heureux, confiant.

Ils étaient à Aix-en-Provence, le 5 février 1979, quand Micheline a appris que son amie, sa grande complice, Andrée Saint-Laurent, était morte dans son sommeil, à l'âge de trente-neuf ans. Son cœur, qu'elle savait fragile, avait flanché. Elle devait, le jour même, assister à un visionnement de la pièce qu'elle avait écrite avec Micheline, *Juste un petit souvenir*, qui serait diffusée au printemps par Radio-Canada (et qui serait plus tard mise en scène par Daniel Roussel pour le Théâtre du Rideau vert). Micheline et Andrée s'aimaient profondément,

241

elles s'appelaient souvent «ma sœur» ou «ma bonne», elles s'écrivaient, se disaient tout, elles avaient mille projets d'écriture pour le théâtre et la télé... La disparition si subite et si brutale de cette grande amie a bouleversé Micheline. Elle avait l'habitude, quand elle découvrait quelque sujet d'émerveillement ou d'étonnement, d'en parler à Andrée. Celle-ci disparue, elle a continué pendant des semaines et des mois, spontanément, à se dire : «Faut que je raconte à Andrée comment c'est beau Angoulême, que je lui parle de l'acoustique des arènes de Nîmes, faut que je voyage avec elle en France...» Puis elle se rendait compte qu'Andrée n'était plus là et ne serait plus jamais là, qu'elle n'entendrait plus jamais son rire, que ce serait à jamais un vide dans sa vie, une absence, l'amie partie, bientôt plus qu'un souvenir triste... comme dans cette pièce qu'elles avaient écrite ensemble.

Ils ont repris la route, s'arrêtant à Thiers, Alès, Niort... De salle en salle, le public grossissait. À Bobigny, au commencement de la tournée, Sol s'était produit devant trois cents personnes ; il y en avait bien eu sept cent cinquante en Avignon et plus de mille à Clermont-Ferrand. À Poitiers, en mars, on avait admis des gens debout. En avril, à Aubervilliers, puis au Havre, on a refusé du monde ; à La Rochelle aussi (hôtel Les Brises, magnifique) et encore à Limoges (Le Richelieu, à oublier) ; à Bordeaux, où habitait Jean Dufour, le producteur de la tournée, on a ajouté des supplémentaires. Micheline et Marc ont fait un saut à Honfleur, juste pour voir : «Comme c'est joli, le petit port, note Micheline dans son journal. Je comprends qu'on ait eu envie de le peindre.»

Retour à la grande banlieue parisienne, celle du sud cette fois. La salle Paul-Eluard, à Choisy-le-Roi, a été la seule à mériter 10 sur 10 dans le journal de Micheline. Selon elle, tout était parfait, les loges, le théâtre, la scène, les fauteuils, les organisateurs, le son, la technique, le présentateur, l'accueil, le public. Deux jours plus tard, ils étaient à Jonzac, près de Cognac, puis à Saintes et à Pons, au cœur de la Charente qu'ils avaient traversée avec les enfants trois semaines plus tôt.

Ils adoraient tous deux la vie d'hôtel, et la route, la bohème, l'imprévu. Le jour, ils faisaient de longues marches, visitaient abbayes et châteaux. Ils avaient l'impression d'avoir réussi quelque chose, d'être arrivés quelque part, toujours arrivés. À chaque moment, où qu'ils fussent, ils avaient en effet atteint leur but, qui était, qui a toujours été, de voir de la beauté. Et de la beauté, il y en avait partout, dans les moindres recoins de l'espace, à chaque détour de la route, en chaque lieu où ils s'attardaient. Plus tard, peut-être, quand ces paysages seront devenus familiers, révélant leurs petites misères, l'enchantement s'émoussera un peu. Mais cette première tournée de la France fut celle de la découverte et de l'émerveillement.

Châteauvallon, près de Toulon : « Lieu magnifique, note Micheline. Loge avec patio et vue sur la mer et les montagnes. Le spectacle est à 16 heures. Les gens sont venus en familles ; certains avaient des bébés dans les bras. Ambiance sympa. »

C'était le printemps ; les genêts et les lilas, le muguet, les glycines fleurissaient partout. Fin mars, ils étaient en Eure-et-Loir, s'arrêtaient à Dreux (promenade en barque sur la Blaise), à Chartres. Après quelques jours de repos à Paris, ils montaient dans les Ardennes, à Charleville (visite du musée Rimbaud, promenade le long de la Meuse).

Puis Sol est allé se faire voir par les soldats de l'armée canadienne cantonnés à Larhe, en Allemagne. À Strasbourg, comme à Nancy et à Besançon, il a joué à guichets fermés...

Puis ils ont retraversé la France, encore une fois, du nord-est au sud-ouest, lentement, très lentement, car Sol faisait relâche pendant une dizaine de jours ; ils sont passés par la route des grands crus, s'arrêtant à Nuits-Saint-Georges, Gevrey, Chambertin, Chambolle, Musigny,

Meursault, Pommard, Puligny, Montrachet... Il pleuvait doucement lorsqu'ils sont entrés à Carcassonne, où ils sont restés cantonnés pendant que Sol rayonnait : Albi, Toulouse.

Le 2 mai 1979, ils étaient à Biarritz, à l'hôtel El Mirador, chambre 36, avec vue sur la mer. C'était le bonheur, le gros soleil, c'était l'amour. Ils n'oublieront jamais cette longue marche, bras dessus bras dessous, au bord de la mer.

Puis ce furent Narbonne, Lyon, Rambouillet, Palaiseau (mauvais théâtre, sono pourrie, à oublier, note Micheline), Tours, enfin. La saison s'est terminée en beauté, le 31 mai, à Orléans. Ils sont restés à flâner dans la Loire deux bonnes semaines.

Marc Favreau évoluait maintenant dans les ligues majeures. Partout, il a recueilli d'élogieuses critiques, que Micheline a soigneusement conservées. Ils sont rentrés au Québec chargés de ces compliments, couverts de palmes et de lauriers, riches de tous les espoirs...

21

Clés de Sol

En un peu plus de trente ans, d'*Enfin Sol* à *Prêtez-moi une oreille à tentative*, Marc Favreau a écrit pour Sol quelque soixante-dix monologues, qui font, mis bout à bout, une bonne douzaine d'heures de spectacle. Il les a réunis sous neuf titres, en petits troupeaux de sept, huit, parfois dix. Mais, avec le temps ou selon qu'ils étaient présentés au Québec ou en Europe, les monologues qui composaient *Je m'égalomane à moi-même*, par exemple, ou *Faut d'la fuite dans les idées* ne demeuraient pas tous les mêmes. L'auteur apportait également des changements substantiels à ses textes, auxquels il faisait régulièrement d'importants ajouts.

Plusieurs monologues, souvent remaniés, mis au goût du jour, ont fait partie de deux, trois, voire quatre ou cinq *shows*. Certains ne se sont jamais fait entendre en Europe ; d'autres n'en sont jamais sortis. Il y eut, par exemple, une bonne demi-douzaine de versions du spectacle *Les Œufs limpides*, jusqu'à ce qu'il devienne *Les Œufs brouillés* : au départ, en 1972, c'était une fantaisie débridée, sans malice, sur l'esprit olympique et l'origine grecque des jeux ; à la fin, dans la dernière version, c'était devenu une charge à fond de train contre les « serpents de maire », les « dépités » et les « sénilateurs », véritables Ubu fourbes et profiteurs qui agissent ou laissent agir sans jamais écouter

« la majorette silencieuse », sans penser aux conséquences parfois désastreuses, presque toujours indésirées, de leurs décisions.

Je m'égalomane à moi-même, d'abord présenté au Québec, en 1977, avant les premiers triomphes en France, a fait l'objet d'une tournée européenne cinq ans plus tard. *Je persifle et je singe,* créé à Paris au théâtre du Ranelagh, en janvier 1994, puis promené pendant des mois à travers l'Europe, ne sera applaudi à Montréal, au Gesù, qu'à l'automne de 1996. Mais il ne s'agissait plus tout à fait du même spectacle ; Marc, toujours conseillé par Micheline, avait changé ou remplacé certains monologues.

On ne peut donc pas établir une rigoureuse chronologie des neuf spectacles à contenu très variable que Marc Favreau a présentés pendant près d'un quart de siècle à travers l'Europe et l'Amérique francophones. On peut cependant observer, surtout en lisant les critiques et les comptes rendus de ces spectacles, que les grands thèmes qui traversaient l'œuvre de Favreau ont changé continuellement, qu'ils se sont souvent radicalisés, souvent durcis au contact des actualités, des événements. Par exemple, dans les années 1970, on ne trouvait pratiquement pas d'allusions à l'écologie. Mais, avec le temps, au cœur de beaucoup de ces monologues, même certains qui avaient été écrits pendant ces années de grande innocence, Marc a ajouté des pincées, puis de grosses poignées d'indignation, de colère. À partir du début des années 1990, tout le monde a compris que l'homme était franchement préoccupé par les problèmes écologiques. Sol est toujours auguste, innocent et nono, mais derrière ses lapsus il y a une pensée, celle de Marc Favreau, et un projet… ou une résolution : pas question de parler pour ne rien dire, surtout pas juste pour faire rire. Sol et Marc étaient partis en croisade.

« Je veux bien jouer avec les mots, disait Marc, à condition de leur donner une nouvelle force, un éclairage inattendu, quelque chose qui leur permette de changer l'ordre des choses. »

Avec le temps, l'humour de Marc Favreau devenait grave, grinçant, parfois noir. Pourtant, la vie qu'il menait à cette époque était fort belle, passionnante, douce, une vie de rêve, de fête.

Presque chaque année à partir de 1979, Marc et Micheline ont accompagné Sol dans ses virées européennes. Seuls ou en compagnie d'un régisseur, ils ont parcouru la France, la Belgique, la Suisse. Ils ont profondément aimé ce monde, ils l'ont observé, étudié, ils ont mangé avec lui, bu avec lui, parlé, ri, rêvé avec lui, ils l'ont connu intimement dans ses habitudes, ses bistrots, ses petites villes endormies, ses beaux chemins bordés de platanes, ses places animées, ses vignobles, la douce France aux mille pays, le joyeux plat pays belge, la sémillante et sage Suisse… Ce fut une véritable passion. Ils ont toujours adoré Paris, ils y ont vécu des années, dans de beaux et confortables appartements où les enfants venaient parfois se joindre à eux pendant quelques semaines, quelques mois, et où ils recevaient régulièrement des amis québécois et français. Ils ont adoré la province aussi, ses gens… Ils descendaient le plus souvent possible dans de petites auberges, évitant systématiquement les grands palaces. « Miche et moi, on déteste les hôtels modernes », a dit Marc à un journaliste bruxellois qui lui demandait pourquoi ils s'étaient installés au Métropole, un vieil hôtel un peu décati, magnifiquement *destroy*, de la capitale belge.

Et ils avaient gardé en Europe cette habitude développée au Québec d'inviter au resto, après le spectacle, le producteur du spectacle, le gars qui faisait la régie, la fille qui s'occupait des relations de presse, etc. Année après année, tournée après tournée, ils se sont donc constitué là-bas aussi un vaste et solide réseau d'amis. Dans chaque ville, la meilleure table, les plus beaux vins… Les jours de relâche, ils se promenaient et visitaient vignobles, fromageries, ateliers de peintres et d'artisans, églises anciennes, jardins, toute la beauté possible.

Marc a toujours adoré conduire. Vite. « Dans Paris, disait son ami Daniel Roussel, il était à la fois pire et meilleur que les Parisiens. Pire, parce qu'il était encore plus délinquant qu'eux ; meilleur, parce qu'il maîtrisait parfaitement les codes, les trucs et surtout le plan de la ville, il savait anticiper les réactions des autres conducteurs. » Sur les routes, en dehors des grandes villes, il roulait lentement, pour goûter le paysage. Mais s'il y avait une voiture devant, il voulait toujours doubler, immanquablement. Pour le plaisir. Pour n'avoir personne devant lui.

En mars 1982, Sol s'est présenté sur la scène du théâtre Félix-Leclerc, rue Sainte-Catherine, avec un spectacle fait de monologues presque tous connus, mais coiffés d'un titre nouveau, *Si je n'étais pas revenu, on m'aurait imposé.* On ne l'avait pas vu à Montréal au cours des cinq dernières années. En fait, depuis l'automne 1978, depuis qu'il avait triomphé pour la première fois, à Paris, au Théâtre de la Ville, il s'était promené en Europe avec *Rien détonnant* puis avec *Les Œufs limpides...* Pendant tout ce temps, on ne l'avait aperçu qu'une seule fois sur une scène québécoise, très brièvement, en mai 1980, quelques jours avant le référendum sur l'indépendance du Québec. Il s'était alors rendu dans la Vieille Capitale en compagnie de son ami Mandibule, et tous deux s'étaient prononcés bien haut et bien fort en faveur du Oui. Marc Favreau, qui dans ce domaine partageait les opinions de Sol, avait profité de ce séjour au Québec pour jouer dans *Pauvre assassin,* de Kohout, dont Hélène Loiselle avait fait la mise en scène. Puis ils étaient retournés en Europe pour n'en revenir qu'en ce printemps 1982.

Micheline Gérin, *manager* de Sol et de Marc Favreau, allait faire en sorte qu'ils passent désormais le gros de leurs étés à Abercorn. Parce qu'ils y étaient heureux, qu'ils avaient les enfants et leurs amis autour d'eux et qu'ils poursuivaient les gros travaux en cours que les succès européens du généreux Sol leur permettaient de réaliser dans les meilleures conditions.

Mais cet été-là, en 1982, l'auteur Favreau devait écrire un tout nouveau spectacle pour Sol, le cinquième en moins de dix ans. Un théâtre parisien, La Potinière, lui avait en effet proposé son affiche pendant pas moins de huit mois, soit toute la saison 1982-1983, après quoi Jean Dufour et Sylvie Dupuy avaient prévu une tournée européenne qui devait durer au moins un an et demi.

Le répertoire du théâtre de La Potinière, fondé en 1919, était composé essentiellement de revues spirituelles et cancanières. Pour la première fois de son histoire, il allait proposer à son public un *one-man-show*. « Tu fais ce que tu veux, avait dit ce véritable théâtre à Marc, mais on souhaiterait du matériel aux trois quarts neuf. » Marc écrit donc, en cet été 1982, à Abercorn, une demi-douzaine de nouveaux monologues, qu'il réunira sous un titre déjà utilisé au Québec cinq ans plus tôt, *Je m'égalomane à moi-même*, peut-être le plus « français », par la forme, le ton et le contenu, de tous ses *shows*. Marc s'inspirait plus que jamais de l'actualité et des réalités sociales et politiques que tout le monde à l'époque, tant en Amérique qu'en Europe, connaissait, toujours les mêmes, forcément et désespérément : les criantes injustices dont Sol était témoin…

Il était maintenant bien connu en France. Mais ce long séjour à La Potinière en a fait une vedette d'envergure. On allait désormais comparer Marc Favreau aux plus grands. Les Français tenaient mordicus, semble-t-il, à le situer dans leur espace littéraire ; ils comparaient donc cet « obsédé textuel », cet « auguste de la cloche », ce « prince du verbe », ce « clown planétaire », ce « rêveur cosmique, mangeur de mots tordus », ce « philosophe SDF », aux auteurs qu'ils connaissaient... On le plaçait d'emblée à la hauteur des grands comiques de l'époque, Raymond Devos, Bernard Haller, Zouc et Dimitri. Et de plus en plus souvent à la hauteur de ceux d'autrefois. Selon *L'Humanité*, par exemple : « Raymond Queneau retrouverait chez Sol ses chères *forgeries*, Boris Vian son langage-univers facétieux, Jacques Prévert y récupérerait ses pieds de nez au sens commun. » Des comparaisons avec de grands auteurs, il y en aura tout le temps. Buster Keaton et Charlie Chaplin, Alphonse Allais, Lewis Carroll, Rabelais, Molière, etc. Le summum sera atteint en 1994 quand un journaliste de *Nice-Matin*, après une représentation jugée « époustouflante » de *Je persifle et je singe*, parlera de « souffle comique et cosmique qui frôle l'homérique ».

Marc connaissait bien l'âme et l'histoire des Français. Il avait écrit pour eux des monologues qui les touchaient directement. Il leur parlait par exemple du « Roi-Sommeil », indifférent et aveugle, tout comme l'avait été leur Roi-Soleil, à la misère des manants et des petits ; il leur rappelait l'esprit de leur « révélation française [...] quand tous ces pensifs se révoltaient ». Il épinglait joliment les « inanitions munies » et leurs « inefficasques bleus », grondait contre le dieu télé, contre les marchands d'armes, les « vendeurs de mirages »... Et les Français riaient... jaune, le plus souvent. Et ils s'extasiaient tous devant la science des mots de ce « formidable acrobate de la langue ».

« La nature du rire chez Sol n'est pas que bouffonne, a écrit Myriam Afriat-Ouaknine dans l'ouvrage aride et austère qu'elle lui a consacré. Reste l'apparente maladresse qui se révèle, au tournant de quelque pirouette dangereuse du mot, être extrêmement maîtrisée. » Elle décrit l'auteur Favreau comme un champion de l'acrobatie concertée, du dérapage contrôlé, du jeu de massacre lexical, syntaxique et sémantique.

« Sol joue avec la structure même des mots comme avec des pièces de Lego qu'il s'amuse à assembler pour obtenir des ensembles morphologiquement hybrides mais sémantiquement cohérents. »

Quatre ans plus tard, en septembre 1984, une autre jeune Française, Gisèle Grynberg, a présenté une thèse en linguistique à l'Université de Nice, *Étude comparative des jeux de mots chez R. Devos et Sol (M. Favreau)*. Elle y analyse minutieusement deux monologues de ce dernier, *Cauchemar psychotique* et *La Clé anglaise*, où Marc, par Sol interposé, règle ses comptes avec le monde journalistique et « folitique », avec les « médiocres d'information », les « rétracteurs en chef ».

« Sol nous fait rire en racontant les divagations d'un clochard sur lesquelles se greffent, par l'entremise de lapsus ou de mots fabriqués, des images cohérentes ayant trait à un autre monde… Le parti pris de l'auteur de déformer, substituer, permuter, incorporer, créer des mots-valises et glisser des lapsus a un but précis : créer un double sens, nous entraîner à suivre deux textes à la fois, deux textes qui se développent parallèlement chacun de façon cohérente. »

Devos racontait des histoires à double sens ; Sol aussi, mais il fait plus, selon Grynberg, il arrive à mener parallèlement deux histoires, celle que raconte l'auguste, celle que raconte le clown blanc. Voilà la force et le génie de Favreau. En créant son propre langage, en se donnant un accent unique, il échappait pratiquement à toute critique. Il était le seul locuteur d'une langue qu'il a lui-même forgée, dont lui seul connaissait les règles, mais que pourtant tout le monde comprenait.

Prenons les divagations de l'aspirant « homme de fer » et « chef d'entrecrise » de *La Clé anglaise*. On doit sans cesse reconstituer mentalement les mots exacts et déjouer les pièges des lapsus, qui ne sont évidemment jamais innocents. Le mot « exployé », par exemple, qui n'existe pas en français, devient, dans le contexte où Sol présumé innocent le plonge, parfaitement compréhensible, satirique, chargé de sens. Le calembour et le jeu de mots, chez Sol, ne sont jamais innocents, jamais gratuits. Ils ont presque toujours une fonction satirique. En fait, tout est prémédité chez cet innocent. Plus le temps passe, plus s'alourdissent les thèmes autour desquels Marc construit ses monologues.

Et on découvre que, par moments et de plus en plus souvent, derrière l'auguste Sol se profile l'effrayante caricature du grand Dominateur, d'un véritable Ubu. Marc Favreau a créé un clown à double personnalité, qui parle toujours à double sens, un clown et son clone, en fait. Voilà sa force et son génie. Sol est bitextuel, à la fois auguste et blanc. Mieux encore : il est un bon blanc, franc, honnête, qui ne cherche pas à posséder le monde, mais à le déniaiser un peu, à l'amener à réfléchir, à changer, à devenir meilleur.

Ce n'est qu'à l'automne de 1987, après plus de cinq ans d'absence, que Sol a remis les pieds en terre nord-américaine, avec un nouveau spectacle qu'il avait créé à Paris l'année précédente, *L'Univers est dans la pomme*. Marc, lui, était revenu à quelques reprises au Québec. Il avait joué, deux ans plus tôt, dans *Mort accidentelle d'un anarchiste*, la pièce de Dario Fo présentée à Montréal pendant près d'un mois, puis en tournée à travers tout le Québec. Marc et Micheline avaient alors fait la connaissance de Paule Maher, qui gérait les spectacles et les tournées de la compagnie Jean-Duceppe. Paule avait étudié en administration à l'École nationale de théâtre, elle connaissait toutes les salles du Québec, tous les producteurs, tous les régisseurs.

Quand Sol est arrivé avec *L'Univers est dans la pomme*, Micheline, qui s'entendait bien avec Paule, lui a confié l'organisation de la tournée, la plus importante, la plus longue, la plus réussie jamais faite par Sol. Paule et son frère Claude, homme de théâtre, metteur en scène, sont devenus des intimes des Favreau et resteront jusqu'à la fin d'indispensables collaborateurs. Malgré les demandes fréquentes qui lui étaient adressées, Micheline n'a jamais accepté de confier le destin de Sol à une grosse maison de production. Elle a formé autour de lui une petite équipe capable de faire tout le travail de production et de promotion. Depuis 1976, Francine Chaloult s'occupait des relations de presse, Robert Duparc veillait à l'organisation des tournées et à la régie des spectacles que Paule avait «bookés», Daniel Roussel, Claude Maher et quelques autres agissaient comme conseillers à la mise en scène. Mais, en toutes choses, c'est Micheline qui avait le dernier mot. Elle a su entretenir, avec Francine, Paule, Robert et les autres, des liens d'affaires et d'amitié; jamais de contrats, jamais de conflits d'aucune sorte. Marc, lui, ne participait à peu près jamais aux réunions et aux décisions concernant la carrière de Sol. Il regardait le monde, il pensait, il écrivait; il montait sur la scène qu'on lui avait désignée, au jour choisi par Micheline, et il livrait la lourde marchandise dont il était chargé.

L'Univers est dans la pomme aborde des sujets qu'on ne pourrait en effet d'aucune manière qualifier de légers ou de minces: il s'agit d'un survol de l'histoire de l'humanité, rien de moins, depuis «très énormément jadis», depuis Adam et Ève surpris nus et naïfs dans leur «paradoxe terrestre» jusqu'à la conquête de l'espace, en passant par les grandes inventions, la découverte de l'Amérique, l'extermination des Amérindiens, avec en filigrane un sombre bilan, un portrait saisissant et plutôt désespérant du monde d'aujourd'hui que dominent les goinfres et sans-cœur «États-Munis», qui sans vergogne exploitent le «Fier Monde».

22

La terre minée

Les faits suivants sont avérés et bien documentés. De très nombreuses personnes peuvent en témoigner.

Micheline et Marc recevaient souvent. Surtout à Abercorn, bien sûr. Mais aussi à Montréal et à Paris, soit chez eux, soit au restaurant. Une table partagée avec des amis était pour eux non pas une image du bonheur, mais le bonheur lui-même, une nécessité, le summum de la civilité.

C'était toujours Micheline qui faisait les invitations. Elle appelait Monique et Benoît ou Françoise et Gilles, Luc et Loulou, Clémence et Louise ou Lise et Jean, Nadine et Rémi, Claude et Paule, Loulou et Raymond, Daniel, Francine et Georges-Hébert ou Angèle et Mario, beaucoup d'autres. Parfois deux ou trois couples amis mis ensemble. Pas pour discuter affaires, jamais, mais pour se parler, rire, être heureux.

De l'avis de tous, Micheline possédait à la perfection l'art de recevoir. Elle avait un petit calepin dans lequel elle notait les mets qu'elle avait préparés à l'intention de chacun des couples invités, de manière à ne pas se répéter… ou à le faire s'ils en manifestaient le désir.

« Arrivez tôt », disait-elle. L'été, à Abercorn, on finissait la journée, s'il faisait beau, au bord de la piscine. L'automne, on allait marcher dans la forêt, des feuilles mortes jusqu'aux genoux. L'hiver, on faisait les chemins de bois en raquettes ou en skis. Puis arrivait l'heure exquise : rosé, champagne ou vin blanc, *gin tonic* pour Marc. L'été, si on mangeait sur la terrasse, on entendait le chant des grillons, les coassements des ouaouarons, les hululements des oiseaux de nuit... et beaucoup de rires ; l'hiver, Marc mettait de la musique, du jazz, il aimait Coltrane, Charlie Parker, des *big bands* et du classique aussi, Schubert, Chopin, Haendel souvent, rarement des chansonniers, trop accaparants (mais il connaissait par cœur beaucoup de chansons de Brassens, Vian, Ferré). Et jamais trop fort, une musique de fond, comme un décor, pour l'ambiance.

Ce n'est qu'à la nuit tombée, même la très tardive nuit de juin, que Micheline commençait à préparer son repas. Avec une maîtrise et un sang-froid impeccables. Sa cuisine était très française, provençale, méditerranéenne, toujours assez élaborée et colorée, jamais légère. Et quand elle cuisinait, elle se répandait abondamment, c'est-à-dire qu'elle salissait énormément de chaudrons, de poêlons, de pots, d'ustensiles. Et elle ne lavait, ne rinçait, ne rangeait rien. Marc, pendant ce temps, tenait compagnie aux invités et tisonnait habilement la conversation, faisant de très rares incursions dans la cuisine, à la demande de Micheline, pour trancher l'ail et l'oignon avec une fière et spectaculaire minutie. Et il ouvrait les bouteilles (des bordeaux surtout, pomerol, saint-émilion, haut-médoc, cahors, des vins corsés, costauds), il goûtait, servait le vin, en parlait avec une grande connaissance et un infini plaisir. Il parlait aussi, et en détail, des mets que Micheline était en train de préparer. Mais lui-même, se qualifiant de gâte-sauce, ne participait jamais à leur élaboration. Sauf, rarissimement, quand il décidait de tout faire lui-même. Il fallait alors, évidemment, que ce soit très spectaculaire, plutôt risqué et compliqué, et généralement à base de fines boissons, des pétoncles au Pernod, un bœuf

À Paris, où le couple vit depuis un an, Micheline apprend qu'elle a reçu le prix Nesbitt (meilleure comédienne) pour son rôle dans *Ceux qui se taisent* de Roger Sinclair.

En 1954, Marc interprète dans *Le Survenant* le rôle de Beau-Blanc, un cousin rural du fou du roi... un presque frère de Sol.

C'est au TNM en janvier 1954, dans le *Dom Juan* de Molière, où il tient aux côtés de Monique Joly le rôle de Pierrot, que Marc a récolté pour la première fois applaudissements et bravos.

Dans *Les Enquêtes Jobidon*, le plus populaire thriller de la télévision québécoise des années 1960, Marc prête vie à l'intrépide détective Stan Léveillée.

Sol avec son comparse Bouton.

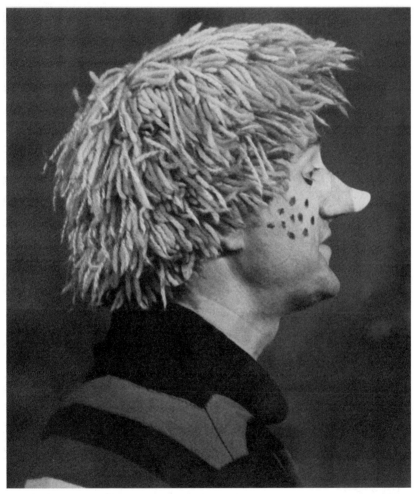

Au temps des *Croquignoles*, de 1963 à 1967, Marc se retrouve pour la première fois dans la peau (inconfortable) d'un clown blanc, Berlingot.

Dans l'histoire de la clownerie québécoise, Sol et Gobelet (Luc Durand) ont atteint des sommets inégalés, touchant parfois au sublime.

Gobelet, Isabelle (Suzanne Lévesque) et Sol, l'inoubliable trio qui, pour toute une génération, a fait revivre l'esprit de la commedia dell'arte.

L'homme au « déficient manteau » dans toute sa splendeur.

bourguignon baignant dans un pommard, un sabayon aromatisé de champagne rosé.

Mais, en temps normal, c'était Micheline qui faisait la cuisine et le service et qui desservait. À la fin du repas, les comptoirs, le plan de travail, la cuisinière, tout était encombré d'un bout à l'autre d'assiettes empilées, d'ustensiles et de chaudrons sales. Quand, tard dans la nuit, après les fromages et le dessert et le rituel des fines, les invités partaient ou, à Abercorn, montaient se coucher, Marc restait seul et faisait tout le « ramassing », le « laving », l'« essoring », le « ranging » de la cuisine. Jusqu'à ce que tout soit dans un état absolument impeccable, chaque chose à sa place, chacune des tuiles du comptoir et du plancher bien astiquée. Et personne ne pouvait l'aider dans cette tâche nocturne. Si l'un ou l'autre des invités insistait pour veiller avec lui, il devait s'asseoir derrière le comptoir, prendre un verre et faire avec lui la conversation pendant qu'il accomplissait sa tâche.

Mais, de l'avis de plusieurs, il préférait rester seul. Il s'enfermait alors bien confortablement dans sa bulle pour affronter l'impressionnant chaos qu'il allait ordonner, tranquillement, patiemment, méthodiquement. D'abord vider les assiettes et ranger les restants récupérables, mettre les fromages sous la cloche, rincer assiettes et ustensiles, les placer dans le lave-vaisselle, récurer les chaudrons... C'était comme faire un casse-tête. Ou écrire un texte. Peu à peu, le chaos se dissipait et Marc reprenait avec plaisir le contrôle de la cuisine, y imposait l'ordre, la clarté, la paix.

Et pendant qu'il travaillait, tout à son affaire, des idées lui venaient, souvent les mêmes, des idées inquiétantes et irritantes qu'il tenait bien souvent de Micheline et dont il ne put bientôt plus se défaire. Au moins une fois par jour, Micheline avait du nouveau sur le trou dans la couche d'ozone, sur la mauvaise gestion des déchets nucléaires, le gaspillage de l'eau, la pollution agricole par les herbicides et les insecticides ou le problème domestique des phosphates et des nitrates qui détériorent la «nappe frénétique». Avec le temps, Marc a raffiné sa méthode, récupérant le plus possible, jetant pelures et épluchures dans le bac à compost, mettant à la poubelle de moins en moins d'ordures, utilisant surtout de moins en moins de détergents, bannissant ceux qui ne sont pas facilement biodégradables. Micheline lui avait dit, un jour: «Tu devrais faire quelque chose. Avec la coalition Eau Secours, par exemple.» Il y pensait maintenant chaque fois qu'il ouvrait le robinet.

On ne manque pas d'eau, à Abercorn. Il y a un puits artésien, profond de près de 100 mètres, qui à longueur d'année donne généreusement une eau très froide, très bonne. Et aussi un puits de surface qui, advenant une panne d'électricité, fournit une eau moins froide, mais parfaitement saine, qui sent la terre fraîche et qui sert en été à arroser les plantes.

Ainsi, en faisant son barda, seul dans la nuit paisible, pendant que là-haut dormaient son amour et ses amis, Marc pensait à l'eau, source de vie. Et à la terre, salie, truffée de déchets, minée, «peut-être même terminée», pensait-il. Et peu à peu il s'indignait et, à travers les mots, s'apaisait. C'est ainsi qu'est née, dans la nuit abercornaise, *La Plainte aquatique.* «Y a très très énormément jadis, au début du commencement, de l'eau y en avait...»

Longtemps, Marc a été rébarbatif au discours écolo ou granola. Il a fumé pendant plus de cinquante ans. Il a aimé passionnément les doux poisons de la vie, les grosses Gitanes, le whisky, les vins et les fines, le foie gras. Il a souvent dit, à ses amis, mais aussi à des journalistes qui s'étonnaient de sa forme et de sa vitalité de sexagénaire ou de septuagénaire, qu'il n'avait pas de foie, pas de reins, pas de poumons, que du cœur. Il pestait alors contre l'intolérance ambiante. «Un de ces jours, disait-il, on va découvrir que des gens sont allergiques au rouge et on va tout peindre en beige.»

Marc Favreau, comme homme, n'était vraiment pas un auguste naïf et démuni. Il avait cependant quelque chose du Candide de Voltaire, qui préconisait une sagesse toute pratique. Candide avait compris que la vie est médiocre et le monde plutôt épais, mais « un jour tout sera bien, voilà notre espérance ». En attendant que chacun cultive son jardin, pour son plaisir et son bien-être et celui des siens. C'est ce que Marc a longtemps fait, sans trop s'occuper de l'avenir, ni même penser à l'héritage qu'il allait laisser à ses enfants et à ses petits-enfants. Il a bien vécu, insouciant... jusqu'à ce que ces idées que Micheline avait instillées en lui grandissent et finissent par occuper ses pensées. « Mon obsession, c'est l'eau », répondait-il en substance, quelles que soient les questions que lui posaient les journalistes. Il a contacté Hélène Pedneault, la pasionaria de l'eau, fondatrice de la coalition Eau Secours, pour lui offrir ses services, ceux de Sol. Il écrit, il parle, il convainc, il espère.

« Pour moi, la plus belle image de l'espoir, c'est l'arc-en-ciel... et l'arc-en ciel, c'est de l'eau, des milliards de minuscules gouttes d'eau traversées par le soleil. S'il fallait que nos arrière-petits-enfants voient un jour l'arc-en-ciel perdre ses couleurs et devenir tout gris... ce serait vraiment... la fin du monde. »

Et pour lui, bien sûr, tout est lié, le problème de l'eau et celui de la justice sociale.

« Faudrait jamais oublier, disait le conférencier Favreau aux Journées québécoises de la solidarité internationale, que notre égoïsme est énorme, monstrueux. Nous, gens du Nord, bien nantis, nous sommes-nous jamais vraiment souciés du sort de ceux du Sud ? Comme tout le monde, moi aussi je suis porté à dire : à quoi bon ? Tout ce que je peux faire, ça ne sera toujours qu'une goutte d'eau dans un océan de misère... Mais si je réfléchis, je me dis que oui, ma goutte d'eau ajoutée à toutes les autres gouttes d'eau, ça finit par faire beaucoup, des milliers, des millions et des milliards de gouttes d'eau… et ça donne des ruisseaux, des rivières et des fleuves… Faut espérer. Et agir. »

Quand il montait se coucher, toujours après tout le monde, il avait des idées, des bribes de monologues en tête, la cuisine était parée pour le petit-déjeuner, il avait monté la table dans la petite serre attenante à la cuisine. Le matin, premier levé (« La vanille appartient à ceux qui se lèvent tôt ; il faudrait écrire ça tous les soirs dans son cornet »), il reprenait possession des lieux. Dès qu'il y mettait le pied, il allumait la radio, pour se retremper dans la rumeur du monde, l'excitante rumeur du monde. Puis il préparait son jus d'orange.

23

Pas juste pour rire

Il y eut encore un hiatus long de cinq ans au cours duquel on n'a pas vu Sol en terre québécoise. Il vivait en Europe, où il avait repris *L'Univers est dans la pomme* et promené en tournée un tout nouveau *show, Faut d'la fuite dans les idées,* dont la première montréalaise n'eut lieu que le 22 septembre 1992, au Théâtre Saint-Denis.

Faut d'la fuite dans les idées est fait de sujets tout aussi vastes que *L'Univers est dans la pomme*: Dieu, sa création, son homme, la justice «sans balance» qu'exerce ce dernier, la charité qu'il ne pratique qu'envers lui-même, la paix qu'il ne sait que troubler, la nature qu'il agresse sauvagement. Sol, plus que jamais perplexe, doute même de l'efficacité du «Dispendieu» qui a créé ce monde. Selon lui, il a travaillé trop vite, il a joué maladroitement avec les couleurs, il n'a pas trouvé la bonne pour colorier sa plus ou moins humaine créature; il ne lui a pas dit non plus, de façon claire et précise, comment agir avec sa création. À qui appartient-elle, au fait, cette fameuse création? Et le «Dispendieu» a demandé à l'homme d'aimer son prochain sans lui dire qui c'est, ni quand l'aimer, ni comment, ni pourquoi. Et après le prochain, qu'y a-t-il? Que doit-il faire du lointain? Doit-il l'aimer lui aussi, ou le haïr, lui tourner le dos? Grosses questions qui nous amènent à douter avec raison de la justice des hommes et de leur habileté à gérer la création, qui amènent aussi à déplorer leur propension, pour ne pas dire leur acharnement, à la détruire. On est au début des années 1990, Sol est pratiquement devenu un militant écolo. Il réussit, tout au long de ce spectacle, même avec des numéros dont le ton semble au départ tout à fait anodin, à nous replonger brutalement dans la dure réalité.

Quand, par exemple, il conclut *La Plainte aquatique* en disant que « tout baigne dans l'huile », on pense fatalement à l'*Exxon Valdez* (le procès était toujours en cours en 1992), ce pétrolier qui, échoué sur les côtes alaskanes, a déversé en mer quelque 40 000 tonnes de pétrole brut.

L'attitude de l'homme moderne déçoit de plus en plus Marc Favreau. Lui qui avait toujours cru que la civilisation ne pouvait que grandir, s'épanouir, s'assagir, il se demande maintenant s'il ne s'est pas laissé influencer par Sol, qui voit toujours tout en rose. Il constate que les humains sont toujours aussi égoïstes, racistes, intolérants. Il se laisse même par moments envahir par une certaine nostalgie. Il décrit, dans des billets qu'il prépare pour la radio, les charmes et les beautés qu'avait Montréal dans les années 1930 et 1940... et qu'il n'a plus. Il se demande si la société québécoise n'était pas plus libre et plus charitable au temps de la tant décriée Grande Noirceur. « Avoir vingt ans aujourd'hui m'apparaît plus difficile que dans mon temps », dit-il en entrevue.

Pourtant, les journalistes qu'il rencontre à cette époque le décrivent comme un homme heureux, soit qu'il leur ait parlé de son bonheur, soit qu'ils en aient décelé chez lui la présence. Mais il ne parlait toujours pas facilement de lui. Du temps qui passe, bien sûr, de sa maison à Abercorn, des arbres, de l'eau, mais pas de confidences, pas de commentaires sur ses états d'âme. Il finissait cependant par leur faire comprendre qu'il était, à soixante-trois ans, toujours en pleine forme. Il s'était un peu cassé la gueule en jouant dans *Ubu-Roi*, mais il restait de bonne humeur, même s'il portait un regard sans complaisance sur l'industrie de l'humour québécois, qui connaissait alors un boom sans précédent. Depuis quelques années, l'énorme machine de Juste pour rire mettait sur le marché d'interminables cohortes d'humoristes. Pour tous les goûts.

Il ne le disait pas de façon aussi explicite, et surtout pas en public, mais il était évident qu'il n'aimait pas cette idée de «juste pour rire». Ce qu'il faisait n'était pas juste pour rire.

«Il faut que le jeu de mots ait un sens, disait-il. J'avoue en avoir déjà fait qui n'en avaient pas beaucoup, c'est sûr. J'ai caboté, moi aussi. J'ai fait des jeux de mots juste pour faire rire. Mais j'ai compris que ceux-là ne durent pas longtemps. Au fond, on ne peut vraiment s'amuser qu'en évoquant des choses graves. Rire de ce qui est déjà drôle ou évidemment ridicule, ça ne vaut pas le coup. Il faut débusquer le rire là où il se cache, souvent dans les plus sombres recoins de la réalité.»

Il avait remarqué que le gros des matériaux qu'utilisaient alors la grande majorité des jeunes humoristes provenait de la télévision et du *show-business*, infiniment plus que de la vraie vie de tous les jours et de tout le monde. On parodiait, on ridiculisait, on imitait chanteurs, actrices, animateurs, personnages mâles et femelles de téléromans et de *sitcoms*. Et il trouvait ça «un peu court». Comment dire des vérités sur le monde quand on le réduit à ce petit écran opalescent? Marc, qui n'écoutait pratiquement jamais ce «dominateur commun», qu'il a dit exécrer, emmenait forcément son public ailleurs. Et bientôt il a voulu se dissocier de ce courant d'humour en répétant, chaque fois qu'il en avait l'occasion, qu'il n'était pas un humoriste. «Je viens du théâtre, disait-il, je suis un comédien.» Il a rappelé ceci à Nancy Laforest, du journal *The Link*: «*I'm not a stand-up comic, but rather a character with special qualities and a sense of linguistic humor.*»

Au cours de la saison 1994-1995, mémorable tour de force, Marc a promené simultanément deux spectacles en tournée, *Faut d'la fuite dans les idées*, au Québec, et, en Europe, *Je persifle et je singe*, gros *show* fait de dix nouveaux monologues qu'il a finalement apportés de ce côté-ci du monde à l'automne 1996.

Je persifle et je singe commençait (un peu comme le film *Terminator 1*) par un énorme bang et un éclair aveuglant suivi d'un noir total. Puis un gros projecteur faisait découvrir sur la scène un type qui semblait fraîchement tombé des nues. Dans *Terminator*, il s'agissait d'Arnold Schwarzenegger tout nu ; dans *Je persifle et je singe*, c'était Sol enveloppé dans son « déficient manteau ».

On pourrait cependant dire de ce spectacle qu'il était en contre-plongée. Alors que, précédemment, Marc partait des plus vastes thèmes imaginables (Dieu, le Paradis terrestre, l'Univers, l'Histoire, etc.) pour nous ramener à notre humaine et terrestre et actuelle condition, il commençait cette fois au niveau du quotidien pour nous mener à l'universel et à des considérations morales parfois vertigineusement élevées.

Il évoque les peurs, toutes les peurs qu'on ressent, peur des maladies, des hôpitaux, de la pollution, peur du terrorisme, peur de perdre sa *job*, de manquer d'argent, de prendre l'avion ou le métro, peur de vivre aussi, voire peur du bonheur, ce trop grand inconnu. Certaines peurs sottes à pleurer, sans fondement ou injustifiées ; d'autres bien réelles, comme la peur d'avoir gâché la nature, d'avoir mal agi, ou encore le regret de ne pas avoir agi. Et dès lors, toutes nos attitudes, nos habitudes, nos certitudes sont remises en question. Et on se demande ce qu'on fait dans ce monde, à part y créer du désordre et de la pollution, de la misère, de l'horreur.

C'était pendant le siège destructeur et meurtrier de Sarajevo que « les Inanitions unies et leurs inefficasques bleus » ne parvenaient pas à lever. Encore une fois, le constat était affligeant, les accusations très graves. Et malgré cela on riait, parce qu'au premier plan c'était le discours de Sol qu'on entendait, c'était sa vision du monde qui nous était donnée.

« J'ai beau le laisser au vestiaire quand je sors de scène, disait Marc, sa façon de penser me poursuit toujours parce que c'est moi, finalement. Sol, c'est moi. C'est ma naïveté à moi : c'est ce que j'en ai gardé, ce que je garde de mon enfance. »

Il porte donc sur le monde un double regard : celui de Sol, émerveillé toujours, plein d'espoir, et le sien propre, le regard d'un homme qui vient d'avoir soixante-dix ans, qui peut considérer qu'il a réussi sa vie (professionnelle, amoureuse, sociale, familiale). Il a reçu plein de prix et d'hommages officiels, il entrera bientôt dans le dictionnaire Larousse des noms propres : « SOL (Marc **Favreau**, dit), *Montréal 1929*, artiste comique canadien. Il joue subtilement avec les mots dans des monologues empreints de poésie. »

Marc Favreau dit Sol a réussi sa vie, sa famille et sa carrière, mais il reste lucide, conscient des désordres du monde, inquiet.

À l'été 1999, Paule Maher lui répétait que les demandes continuaient d'affluer pour un nouveau spectacle de Sol, qui fêtait cette année-là ses vingt-cinq ans. Marc ne voulait pas écrire tout de suite des monologues originaux. Il s'était mis dans la tête de prendre le temps de vivre, de voir plus régulièrement ses petits-enfants, de faire quelques voyages avec Micheline, voir Paris, la Corse, la Toscane, la Grèce. Mais l'idée lui est cependant venue de préparer une anthologie, un *show* qui serait fait des meilleures pièces qu'il a écrites depuis *Enfin Sol.* Il a tout de suite trouvé un titre qui lui plaisait bien : *Le Retour aux souches.*

Il a revu avec Micheline tout ce qu'il avait écrit au cours des vingt-cinq dernières années, pensant d'abord mettre de côté les monologues qui avaient mal vieilli ; il y en avait fort peu, presque tous restaient remarquablement actuels. « Affligeant, pensa Marc. Ça veut dire que peu de choses ont changé en un quart de siècle. Le monde est pas meilleur, pas plus fin. » Avec l'aide de Claude Maher, ils ont quand même fait un premier tri et regroupé les monologues par thèmes, qui, mis bout à bout, formaient un spectacle qui allait durer près de… six heures. C'était géant et excitant, mais ça n'avait aucun sens.

En août, Micheline, Francine Chaloult et Paule Maher se sont réunies, rue Hutchison. Et elles ont eu ce que Marc allait plus tard appeler « une idée de folles » : *Le Retour aux souches* serait fait de trois *shows* de deux heures : *Les Œufs limpides, La Plainte aquatique* et *Le Fier Monde*. Les directeurs de salle auraient le choix d'en prendre un, ou deux, ou les trois. Marc, lui, n'aurait pas le choix de mémoriser et de maîtriser quelque six heures de texte. « Il voudra jamais faire ça », disaient Paule et Francine. « Je m'en charge », répondait Micheline.

Ça n'avait toujours pas de sens, mais c'était drôlement tentant, c'était du jamais vu, peut-être du jamais fait dans toute l'histoire du *showbiz*, promener trois *one-man-shows* en tournée, pendant des mois, des années peut-être. Marc a tout de suite accepté, parce que c'était fou et dangereux et parce que, disait-il, « on ne résiste pas à une conspiration de femmes ».

Presque tous les matins de l'automne 1999, dans le petit théâtre de la Licorne, rue Papineau, il a « placé » et répété les trois *shows* du *Retour aux souches* sous les regards attentifs et sévères de Claude Maher et de Micheline. « Il voulait être dirigé comme un comédien, dit Maher. Il possédait parfaitement plusieurs versions de certains monologues, il nous les proposait toutes, l'une après l'autre, mouture française, mouture québécoise, modèle 1985, modèle 1995. Et on choisissait ensemble celle qui convenait le mieux au public québécois du tournant du millénaire. »

Paule Maher a préparé une grande tournée qui a commencé en janvier 2000 à Sainte-Foy, pour se terminer presque cinq ans plus tard, en décembre 2004, au Berkeley Street Theatre à Toronto, sept *shows* à guichets fermés. Avec relâche tous les étés, bien évidemment.

À peine un mois plus tard, à la fin de janvier 2005, Sol débarquait à nouveau sur les scènes québécoises avec *Prêtez-moi une oreille à tentative*, son dernier spectacle.

Tous les journalistes qui, à cette occasion, rencontraient Marc, qui avait eu soixante-quinze ans en novembre, ont noté qu'il semblait en superforme et qu'il était plus loquace que jamais. Il ne fumait plus. Il n'aimait toujours pas parler de lui. Mais il y avait des sujets sur lesquels il était plus que jamais intarissable, la langue, l'environnement, et Sol bien sûr, dont il avouait être devenu la marionnette.

« Il fait de moi ce qu'il veut. S'il n'était pas toujours à insister pour partir en tournée, je resterais bien pépère à Abercorn avec Micheline ; le jour, je m'amuserais dans mon bois, elle ferait de la tapisserie ; le soir, on jouerait au Scrabble ou on ferait un casse-tête en écoutant de la musique. On verrait plus souvent nos enfants et nos petits-enfants. Deux ou trois fois par semaine, on recevrait des amis… Mais à Abercorn, où la vie et la nature sont si belles, Sol s'ennuie à périr. Sol, c'est une fleur de macadam, un itinérant, il ne tient pas en place. Et il faut qu'on le suive, Micheline et moi, qu'on s'en occupe. »

C'était toujours Marc qui, en vingt minutes, préparait le maquillage de Sol. « Je peux ainsi créer l'illusion qu'il n'a pas d'âge, disait-il. Il suffit alors que je sois capable de le jouer comme lorsque j'avais trente-cinq ans. »

Maquiller Sol lui prenait une vingtaine de minutes, qu'il passait seul devant le miroir de sa loge avec ses crèmes, ses crayons et ses pinceaux. Il entendait la rumeur de la salle pendant qu'il dessinait les cernes sous les yeux, les épais sourcils, la grosse barbe noire ; puis il nouait sa cravate, glissait ses pieds dans ses vieilles godasses trouées et enfilait son « déficient manteau ». La salle avait été plongée dans l'obscurité et le silence. Dans trente secondes, il allait entrer en scène. Et alors, il n'aurait plus d'âge, il vivrait de cette seconde vie que donne la scène, comme ce vieux saltimbanque italien qu'il avait vu jadis au His Majesty's et qui portait, en même temps que le masque, l'éternelle jeunesse d'Arlequin.

Mais Marc savait bien, au fond, qu'il était entré dans un âge froid. Et qu'il faudrait bien qu'il fasse un jour ses adieux à la scène et qu'il envoie Sol faire sa vie au paradis des clowns.

24

La belle mort

On a beau avoir fait le sot toute sa vie,
le plus dur c'est le dernier moribond.

L'été 2005 a été, au Québec, d'une beauté et d'une générosité inoubliables, un pur chef-d'œuvre de la nature. On l'a beaucoup dit et répété : ce fut l'été idéal, pour qui avait le bonheur de le passer à la campagne, été très chaud, très humide, très ensoleillé. Il y eut bien quelques épisodes de sécheresse, mais aussi de belles pluies qui tombaient au bon moment, tout ce qu'il faut pour rendre la végétation exubérante. À Abercorn, les plates-bandes déliraient, la pelouse était verte comme jamais, dans le potager tout croissait, il y eut des fraises, des framboises, des tomates, des concombres, l'abondance.

Jean-Claude Vigor et Louise Portal animaient cet été-là une émission de radio, *Nos étés amoureux*, qui le dimanche matin emmenait les auditeurs de Radio-Canada visiter les beaux domaines de campagne ; ils se sont arrêtés à Abercorn, qu'ils avaient placé en tête de leur palmarès, pour la beauté des lieux, la grande diversité des espèces, le calme, le chaleureux accueil.

On entend Marc dire à la radio : « J'ai soixante-quinze ans. Je ne me souviens pas avoir vu un si bel été. » Il

269

ignorait bien sûr que c'était son dernier. Peut-être pas tout à fait, cependant. Sans doute qu'il se disait parfois que c'était dans le domaine du possible, que cet été si beau, si doux, si généreux pouvait bien être le dernier de sa vie. Il ne pouvait ignorer que, à cet âge vénérable qu'il avait atteint, on peut s'attendre à tout, surtout quand, comme lui, on n'a jamais fait trop attention à sa santé.

Plus tard, après qu'il fut parti, en y repensant, en se souvenant de lui au cœur de ce magique été, plusieurs se sont dit qu'il y avait eu des signes, quelques indices. La mort rôdait autour d'Abercorn. En y repensant, en revoyant les images de cet été-là, on décelait ici et là sa présence.

Marc paraissait parfois fatigué. Il était rentré de son bois, une fin d'après-midi, en disant qu'il avait dû trop forcer, avoir eu trop chaud, qu'il devait être déshydraté. Et il était allé se coucher, sans dire bonsoir, sans dire bonne nuit aux amis, sans avoir pris son sacro-saint *gin tonic*. Il disait parfois qu'il faudrait bien un jour vendre « Abercorn ». « C'est trop d'ouvrage », disait-il. Il demandait de plus en plus souvent à M. Daigneault de s'occuper de certains travaux qu'il s'était toujours réservés. La pelouse, par exemple, qui l'été précédent faisait encore son bonheur. Il passait une pleine journée sur son tracteur, enivré par l'émouvante odeur de l'herbe coupée. Or, même si la pelouse était, en cet été 2005, plus fournie que jamais, il laissait à M. Daigneault le soin de la tondre. Plus étonnant encore, il lui a confié la corvée des châssis doubles, rituel auquel d'habitude il s'astreignait avec plaisir chaque printemps, chaque automne. Et quand Pierre, le frère de Micheline, est venu chercher du bois de foyer, pour la première fois il ne lui a pas donné un coup de main. Son frère Bernard, qui ne l'avait pas vu depuis plus d'un an, a eu un choc quand il est passé le voir, dans le nouvel appartement de la rue Mentana : « Il n'a jamais été bien rond, disait-il, mais quand je l'ai vu ce jour-là, il n'avait plus que la peau et les os. »

En septembre, Gilles Pelletier et Françoise Gratton sont venus passer quelques jours à Abercorn. Il faisait toujours beau et chaud. Ils ont passé l'après-midi sur le bord de la piscine, ils ont fait une partie de croquet. Ils ont dîné sur la terrasse. Ils ont parlé jusque très tard dans la nuit, buvant des fines, des marcs de Bourgogne et de vieilles prunes dont Marc possédait une belle collection.

« Il nous a dit, ce soir-là, qu'il avait vendu une partie de la forêt, se souvient Gilles. On a compris alors qu'il avait moins envie de défricher, que les grands projets d'aménagement étaient devenus moins importants. »

Ses habitudes de vie changeaient. Depuis les premiers temps de leurs amours, Micheline et lui faisaient pratiquement tous les jours de longues marches. Il s'en abstenait parfois quand il avait bossé tout le jour dans le bois. Mais, cet été-là, il bossait de moins en moins dans le bois… et il accompagnait de moins en moins Micheline dans ses marches. Il avait mal aux jambes. Il ne se plaignait pas. Mais parfois elle l'entendait, la nuit, qui geignait dans son sommeil ou qui se massait les jambes, il se levait, faisait quelques pas, se recouchait, s'endormait ; les crampes le réveillaient de nouveau, lui qui avait toujours dormi comme un loir. Et lui qui avait toujours pinsonné le matin, il se réveillait taciturne, hagard et abattu.

Daniel Roussel a bien connu Marc, il l'a plusieurs fois dirigé au théâtre, il a souvent été à sa table. « Marc, c'était du vif-argent, disait-il, il miroitait, il rayonnait. Quand tu étais avec lui, il était avec toi. Toujours. Totalement. On ne pouvait imaginer Marc dans la lune. Il était présent, attentif. Il savait écouter. » Or, cet été-là, Daniel a remarqué pour la première fois que la présence de Marc était plus légère, incertaine… Il était ailleurs. Déjà.

Il a fini par avouer à Micheline que les os lui faisaient mal, même en plein jour. Micheline a tout de suite téléphoné à Claude Lamarre, sa belle-fille, qui est médecin.

«Je te passe Marc.» Et Marc a commencé par rassurer Claude, par vouloir diminuer son mal, comme si avoir mal était une honte ou un vice. Mais Claude l'a pressé de questions. Elle a pensé qu'il avait peut-être un problème de calcium. Et elle l'a convaincu de faire un bilan de santé et de subir des tests pour ses os. Marc l'a promis. Il aimait beaucoup Claude, il avait confiance en elle.

En 2001, un peu avant la première du *Retour aux souches*, il l'avait appelée un soir, évidemment après que Micheline eut insisté, pour lui raconter qu'il avait de la difficulté à respirer, «comme si j'avais un poignard qui m'entre dans le cœur à chaque respiration». Claude lui a arrangé une rencontre avec un cardiologue, qui lui a dit qu'il devrait arrêter de fumer, lui a fait subir un électrocardiogramme et a ainsi découvert qu'il avait près du cœur des vaisseaux méchamment obstrués. On a pratiqué une angioplastie. Le lendemain, Marc se sentait «comme un neuf». Deux semaines plus tard, il avait recommencé à fumer comme avant, trente cigarettes par jour au moins. Un an a passé, fait de dur labeur, de tournée, d'abus, encore quelque douze mille cigarettes, gin et whisky tous les jours. Et la douleur est revenue, la même exactement, le coup de poignard à chaque respiration. Marc a rencontré un autre cardiologue, qui fut plus explicite, plus brutal, qui lui a dit: «C'est comme vous voulez; vous fumez, vous mourrez, sûr et certain. Fumer, dans votre cas, c'est suicidaire, donc criminel. Et c'est idiot.» Marc a quand même réfléchi pendant quelques jours, et il a cassé cette funeste habitude qu'il avait entretenue avec tant de plaisir depuis plus de soixante ans. Autour de lui, on s'étonnait. «T'as pas trouvé ça difficile? Tu t'es pas senti tout croche pendant des jours?» On savait bien, le connaissant, qu'il allait répondre immanquablement par un non sans équivoque, impassible et stoïque. «C'est pas difficile. J'y pense plus.»

Quand, de temps en temps, Micheline l'avait entraîné dans un spa où ils faisaient tous deux un jeûne intégral d'une semaine, pas de tabac, rien à manger, que de l'eau à boire, il en sortait toujours enchanté, ne parlait jamais des difficultés du jeûne, mais que du plaisir qu'ils avaient eu tous les deux à le casser, de la première gorgée de jus de raisin qu'ils avaient avalée, un vrai feu d'artifice, une explosion de saveurs.

Marc n'aimait toujours pas qu'on croie qu'il était souffrant. Il trouvait tout apitoiement inutile et impudique. Devant les amis, il jouait donc au gars en forme, mais de plus en plus difficilement. Il avait bien été obligé de leur dire que, s'ils avaient vendu l'appartement de la rue Hutchison, qu'ils avaient tant aimé, pour aller vivre rue Mentana, c'était d'abord et avant tout parce qu'il en avait assez de vivre dans un quatrième sans ascenseur.

En août, ils sont partis aux îles de la Madeleine. Avec André, le frère de Micheline, sa femme, quelques amis. Et Sol qui allait donner quatre spectacles à Havre-Aubert. Il faisait toujours extraordinairement beau. Et Marc semblait avoir retrouvé sa forme et sa bonne humeur. Il ne refusait jamais d'aller marcher sur les longues plages désertes ou de rouler jusqu'à la Grosse-Isle. Un soir que Sol faisait relâche, il a préparé un grand feu dans un trou, bien à l'abri du vent. Le ciel était plein d'étoiles. Et ils ont parlé du bonheur, de la douceur de vivre dans ce pays, de l'avenir de la planète. Dans quelques jours, Marc allait reprendre la tournée de *Prêtez-moi une oreille à tentative*, dont il avait déjà donné une quarantaine de représentations au printemps, tournée qu'il avait interrompue en mai pour passer l'été à Abercorn, le plus bel été du monde.

Quelques semaines plus tard, Gilles et Françoise ont assisté à ce spectacle. Marc semblait fatigué. Il avait des moments d'hésitation, ses gestes semblaient plus saccadés, presque mécaniques. « On a cru à quelques reprises qu'il avait des trous de mémoire, une sorte de trac, raconte Gilles. Il n'avait plus la parfaite intensité d'autrefois. Il ne jouait plus, il travaillait. »

Le temps des jeux était bel et bien terminé.

À la fin de septembre, au moment de s'embarquer de nouveau dans la grande tournée, Micheline avait proposé à Marc d'engager un chauffeur. Elle s'attendait à une rebuffade ; Marc avait toujours adoré conduire, beau temps, mauvais temps, où qu'ils fussent et quelle que fût l'heure du jour ou de la nuit. Mais il a tout de suite accepté la proposition. Paule avait un ami comédien, Denis Lamontagne, qui passerait prendre Micheline et Marc pour les conduire au lieu du *show* et les ramènerait ensuite à la maison. Depuis toujours, après un *show*, ils allaient au restaurant, avec des amis le plus souvent. C'était fini, ça aussi. Ils rentraient maintenant directement à la maison, Marc endormi dans la voiture. Il se versait un whisky qu'il ne buvait pas ; Miche lui préparait une petite pâte à laquelle il touchait à peine.

Elle savait que ce serait très dur. Elle avait tenté de l'amener à renoncer à la tournée. Ils n'en avaient nul besoin, matériellement. Les enfants gagnaient bien leur vie. Mais, cette fois, Marc ne voulait rien entendre.

Il a joué à Magog, puis à L'Assomption. Le 1er octobre, il était à Sainte-Foy, dans la grande salle Rousseau qu'il aimait beaucoup. La foule était électrisée, survoltée. Les promoteurs regrettaient de n'avoir pas acheté deux ou trois spectacles de plus. Et ils ont « booké » Sol pour l'année suivante, à l'automne 2006. Marc disait à Micheline : « Je me sens mieux, je pense que je suis passé au travers. » Et, ce soir-là, ils sont allés au restaurant.

Le lendemain, ils fêtaient leur cinquante et unième anniversaire de mariage. Ils avaient pensé rester quelques jours à Québec, qu'ils ont toujours beaucoup aimé et où ils avaient de bons amis, Jean-Paul L'Allier, Johanne Mongeau... Mais Micheline avait dit, la veille au soir : « Il fait beau, on serait tellement mieux à Abercorn. » Marc était content. Abercorn, c'était de l'ouvrage, mais il s'y sentait mieux que partout ailleurs. Chez lui, protégé.

Dans l'après-midi du 2, pendant qu'ils roulaient sur l'autoroute, Micheline a suggéré qu'ils appellent Monique et Benoît. « On ira manger ce soir avec eux au Saint-Amour. » Le Saint-Amour, à Sutton, était le meilleur restaurant de la région. Ils y avaient leurs habitudes.

Micheline a appelé Monique et Benoît, qui ont accepté l'invitation.

« Des amis nous avaient dit que Marc était fatigué, raconte Monique. Mais il nous est apparu en forme, souriant, détendu. Quand on a abordé la question de sa santé, il a esquivé. »

Mais il avait changé. Il mangeait peu. « Pour la première fois de ma vie, je crois, je l'ai vu ne pas vider son assiette. » Et Micheline a dit qu'il était comme ça depuis quelque temps, il trouvait toujours qu'il y en avait trop dans son assiette.

Le mercredi 5 octobre, grosse conférence de presse dans un petit restaurant du Plateau Mont-Royal, La montée de lait. Tous les médias étaient là, presse écrite, radios, télés. On lançait un coffret de *Sol et Gobelet*, on présentait l'itinéraire de la tournée et on annonçait six spectacles au Gesù, à compter du 18 octobre.

Mais, auparavant, il y eut Belœil le 8 octobre, puis Brossard le samedi suivant. Marc était de nouveau fatigué, distrait, il dormait mal. « Et il était dans la lune, disait Micheline, ce qui ne lui ressemble pas. Marc n'a jamais été du genre songeur. »

Le lundi 17 octobre, juste avant de partir faire l'émission de Marie-France Bazzo, *Indicatif présent*, il a dit à Micheline qu'il ne se sentait vraiment pas bien. Et qu'il allait passer voir son médecin, Marquis Fortin, en quittant Radio-Canada. Micheline le trouvait stressé, ce qui était un peu normal, il se produisait le lendemain soir au Gesù, là où il avait joué pour la première fois de sa vie, cinquante et un ans plus tôt.

Micheline a écouté l'entrevue que Marc a accordée à Bazzo. Il était vif, enjoué. Elle avait remarqué qu'il avait la voix enrouée depuis quelque temps. Et il lui semblait que ça paraissait plus à la radio.

« Il est rentré passé midi. Par l'arrière. Je le vois encore, a dit Micheline. Je savais qu'il avait très mal et qu'il était inquiet. Marc n'était pas plaignard. S'il laissait voir qu'il avait mal ou qu'il était inquiet, c'était certainement très sérieux. Il est resté dans l'embrasure de la porte, sans un mot. Je lui ai demandé ce que lui avait dit le médecin, il m'a répondu qu'il avait des ombres au foie et qu'il devait passer d'autres tests la semaine suivante. »

Le médecin avait découvert avec stupeur que les radiologistes qui avaient examiné les radiographies de Marc, lorsqu'il avait fait son bilan de santé, n'avaient pas remarqué ces taches, pourtant assez évidentes.

« Il m'a donné des médicaments pour que je sois capable de jouer demain soir. »

Le lendemain, jour de grande première au Gesù, dans l'après-midi, Micheline a téléphoné à Paule Maher pour lui dire qu'elle voulait lui parler. Paule est arrivée tout de suite rue Mentana. « Marc m'a accueilli avec effusion, comme d'habitude. Il semblait de bonne humeur. Ou plutôt, il jouait au gars de bonne humeur. Micheline m'a dit qu'il avait des ombres au foie, un cancer. Il m'a dit qu'il allait se battre. »

« T'annules rien. On continue comme prévu. J'aurai mes traitements de chimio entre les *shows*. »

Micheline a parlé aux enfants, à Monique et Benoît, à Françoise et Gilles, à Francine Chaloult. Au cours des jours suivants, Marc a subi d'autres tests. Et on a su alors que les ombres au foie étaient des métastases. Et que le cancer, déjà généralisé, provenait vraisemblablement des poumons.

Marc a quand même donné ses six spectacles au Gesù. Mais il avait mal au dos, tellement que Micheline devait lui faire un bandage qui lui serrait la poitrine, atténuant la douleur, mais rendant sa respiration plus pénible. Il avait dit à Micheline quelques fois : « Ça serait formidable de mourir sur scène. » « Tu te prends pour Molière », disait-elle en riant.

Comme s'il avait voulu réaliser son rêve, malgré le mal qui le rongeait, il a emmené Sol à Gatineau le 27 octobre. Et à Saint-Jérôme le surlendemain. Et c'est là, le 29 octobre 2005, qu'il a compris que tout était fini. À l'entracte, il a dit à Paule Maher qu'il renonçait à poursuivre sa tournée. « Faudra tout annuler, lui dit-il. Mes jambes ne me suivent plus. » À quelques reprises, il s'était senti vaciller sur la scène. Il avait quand même fini le spectacle. Ils savaient dès lors, Micheline et lui, qu'il avait franchi le point de non-retour.

« Combien de temps, docteur ?

— Quelques mois, peut-être six.

— Six mois, c'est long. »

Puis, comme s'il avait peur que le médecin le prenne en pitié, il a ajouté : « Vous savez, docteur, j'ai fait une vraie belle vie, j'ai été chanceux, j'ai été comblé, j'ai eu une très belle vie. »

Il ne voulait pas souffrir, et surtout pas qu'on le voit souffrir. « Marc était une force de la nature, a dit son beau-frère Pierre. Quand il est tombé malade, il n'en a rien laissé paraître. Il fallait qu'il reste le même dans notre regard. Il ne voulait pas qu'on le voie malade et diminué. »

Un matin, dans l'appartement de la rue Mentana, Micheline s'est assise tout près de lui, l'a entouré de ses bras, tendrement, elle a posé sa tête sur son épaule et elle a dit : « Ça n'a aucun sens, ce qui nous arrive. »

Elle a vu qu'il était sur le point d'éclater en sanglots ou en cris de rage... Il a pris quelques grandes respirations, il a dit : « Je vais pas là, Miche. N'y vas pas toi non plus. Ça sert à rien, tu le sais. »

Et ils ont parlé de sa mort... froidement, raisonnablement, sans débordements d'émotion. Elle lui a demandé ce qu'il souhaitait qu'il se passe quand il ne serait plus là. Elle savait qu'il voulait être incinéré. Il a dit qu'il aimerait que ses cendres soient mêlées à la terre d'Abercorn.

« Je vais planter un arbre là où je les aurai répandues, a dit Micheline.

— Dans ce cas-là, plante un saule décoratif. »

Le 7 novembre, l'avant-veille de son soixante-seizième anniversaire, Marc est allé à l'hôpital pour subir d'autres tests, et recevoir d'autres très mauvaises nouvelles.

« Combien de temps, docteur ?

— Quelques mois, deux ou trois, mais on ne s'en va pas loin. »

En sortant de chez le médecin, ils sont passés à la poissonnerie et au marché de fruits et légumes. Micheline a mis plein de bougies sur la table. Et de la musique, du Bach et du Haendel. Elle a débouché un très grand vin dont Marc a bu deux verres. À la fin du repas, il a dit : « C'est fini, je ne boirai plus de vin. Et je ne mangerai plus beaucoup. » Ce n'était pas une décision, ni une résolution. C'était un constat. « Il savait que c'était fini, a dit Micheline. Et qu'il n'aurait plus jamais faim, plus jamais le goût du vin. »

Quelques jours plus tard, Micheline et son amie Monique devaient faire des essayages chez un couturier dans le nord de la ville. Malgré la fatigue évidente sur son visage, Marc a tenu à les accompagner. L'atelier se trouvait devant un grand chantier de construction qui semblait ce jour-là, un samedi, faire relâche. « Je vais vous attendre », a dit Marc. Les deux femmes ont passé une grosse heure et demie avec le couturier. Quand elles sont ressorties, pas de Marc en vue. Elles l'ont attendu un moment, l'ont appelé, elles l'ont enfin vu sortir du chantier, figure sépulcrale, enveloppé dans un imper clair trop grand pour lui. « Il nous a regardées avec un triste sourire, dit Monique. On n'a rien dit, personne. On est rentrés en silence tous les trois. »

Marc avait alors compris que toute résistance était inutile et illusoire. Marc Favreau était un réaliste, il savait évaluer ses chances. « Il fonçait dans la vie, dit Daniel Roussel, écartant les branches, regardant toujours devant. Quand il a vu la mort et qu'il a compris qu'il ne pourrait lui échapper, il s'est avancé vers elle. La mort, il l'a vue comme une expérience. Cet homme-là insérait dans sa vie toute occasion d'apprendre. »

Il savait alors qu'il ne reverrait jamais Abercorn, qu'il ne boirait plus jamais de pomerol, qu'il ne connaîtrait plus jamais le voluptueux plaisir de « posséder » une salle, de la faire crouler de rires, de l'émouvoir, de l'inquiéter. Il savait aussi qu'il ne serait pas, contrairement à ce qui était prévu, le porte-parole du 50e Salon des métiers d'art. Il avait quand même commencé à préparer son discours : « Un chandelier, un stylo, un chandail, une théière ou un bijou… ces objets qu'on fréquente tous les jours peuvent prétendre eux aussi à cette qualité de vie dont on parle tant ! »

Micheline et lui avaient très régulièrement fréquenté le Salon depuis ses modestes débuts, près d'un demi-siècle plus tôt. Ils avaient tous les deux une passion pour les œuvres d'art au service du quotidien et un grand respect pour les artisans, « ces obsédés du travail soigné, ces maniaques de la création originale, qui cherchent sans cesse à créer de nouvelles formes et ne sont satisfaits que lorsque leurs œuvres sont parfaites, fonctionnelles, utiles à l'humanité ».

Marc ne prononcera jamais ce discours. Il était déjà très gravement malade, pour ne pas dire à l'article de la mort, quand, en décembre, le Salon a ouvert ses portes…

Il avait commencé à lire *L'Histoire de Pi*, de Yan Martel, qui avait remporté cette année-là le Man Booker Prize. Lentement, quelques pages à la fois. Il disait à Micheline que cette histoire lui ressemblait. « J'ai l'impression que c'est de moi qu'il parle. » Le petit Pi avait pratiqué les trois grandes religions ; il était à la fois chrétien, musulman et bouddhiste. Peut-être Marc se souvenait-il, en suivant son histoire, de « La Conjonction ET », de Louis Aragon, qui lui avait appris jadis, quand il avait l'âge de Pi, à toujours considérer le double aspect des choses ? Et qu'il y avait dans le monde, partout et toujours et en toutes choses et dans toute âme, du vrai ET du faux, de la noirceur ET de la clarté. Et qu'il fallait accepter tout cela.

Et il y a un naufrage dans l'histoire de Pi. Celui-ci se retrouve au milieu de l'océan, seul sur un radeau en compagnie d'un tigre. « C'est mon histoire », continuait à dire Marc. Il se retrouvait, lui, seul face à la mort.

Le jeudi 15 décembre, les médecins ont décidé d'interrompre les traitements de chimiothérapie. Marc était trop affaibli pour les supporter. Et ces traitements n'avaient eu jusque-là que des effets palliatifs pratiquement imperceptibles. Marc se laissait aller. À Claude Lamarre, qui lui demandait ce qu'il voulait, ce qu'il souhaitait, il a répondu : « Je veux aller au ciel. »
Sa vie était devenue un enfer ; il voulait mourir.

J'ai le prestige. Je tombe dans une presse à épices, dans un goinfre sans fond... Et finalement, je m'abîme dans l'entonnoir fatal du fainéant total.

Il a eu une nuit très agitée. Il a lutté contre des démons, il a parlé, crié. Il ne s'est calmé qu'au petit matin. Et il a dormi un peu. À son réveil, il a dit à Micheline : « Je crois que j'ai perdu consistance. » Elle lui a préparé un jus d'orange, dont il n'a pris que quelques petites gorgées. Il avait mal. Et froid. Et peur. Quand Claude est arrivée, elle a vu que c'était la fin. Il fallait l'emmener à l'hôpital. Mais elle ne voulait pas qu'il passe par l'urgence. Il ne lui restait que quelques heures à vivre ; il ne pouvait quand même pas les passer dans un corridor d'hôpital. Marc comprenait fort bien la situation. Et il acquiesçait, sans un mot, d'un signe de tête. « On ne va pas à l'urgence. »

Claude a fait des arrangements pour qu'il soit admis aux soins palliatifs dès son arrivée à l'hôpital. Quand l'ambulance est venue le chercher, Claude est montée à bord avec lui. Marc entrait alors en agonie. Il était pris de convulsions saccadées. Un infirmier lui a injecté un sédatif. Mais le sédatif tardait à agir. Claude lui parlait doucement pour tenter de l'apaiser.

Ils se sont retrouvés seuls dans la petite chambre des soins palliatifs de l'hôpital Notre-Dame. Et tout allait trop vite. Marc se laissait aller, emporter dans la mort, tomber dans la mort. Alors, Claude a crié de toutes ses forces : « Non, Marc, tu vas trop vite, attends, Micheline s'en vient. Tu vas trop vite, arrête-toi, fais pas ça, les enfants s'en viennent, attends. »

Et il a attendu. Quand Micheline et les enfants sont arrivés, il avait retrouvé son calme, il a eu un dernier regard sur ceux qu'il avait le plus aimés de toute sa vie. Puis il est mort. Très élégamment. Et au bon moment. Une belle mort. Après une belle vie, une vraie vie.

La muse au bois dormant

C'était un samedi de février, à l'heure exquise, l'heure bleue ou, comme aurait dit Sol, l'heure de « l'impératif ». Micheline et ses invités, Claude Maher et sa blonde Louise Gamache, Louise Duperré, sa très chère Loulou, et Raymond Roussel, son amoureux, venaient de rentrer d'une longue randonnée en raquettes dans les bois d'Abercorn, tout joyeux, tout attendris et moulus par le grand air et la fatigue.

Micheline tenait à jouer dehors quelques heures tous les jours. Seule ou avec d'autres, dans les rues de Montréal ou les bois d'Abercorn, elle marchait. La marche est vivifiante. Qu'on soit deux ou cinq ou tout seul avec soi-même, elle rythme les pensées, elle stimule et en même temps elle apaise. Et c'est bon pour la santé. Micheline pensait toujours à la santé, la sienne et celle des autres. Sans trop se priver, elle faisait attention à ce qu'elle mangeait et buvait, elle surveillait son poids, prenait ses vitamines... Et quand elle sortait au grand air, comme ce jour-là, elle était satisfaite. Et en plus la nature était vraiment magnifique, gros soleil scintillant sur neige fraîche.

Il avait en effet beaucoup neigé au cours des deux jours précédents. Tellement que, la veille au soir, ils avaient pensé ne pas venir. Micheline avait insisté. « Ça nous fera du bien », disait-elle. Et c'était l'anniversaire de Raymond, elle lui avait préparé un cadeau et un gâteau. Elle avait finalement convaincu tout le monde. Ils étaient donc arrivés la veille au soir, dans la tempête qui s'achevait. Ils s'étaient couchés tôt, levés tard et, après un copieux déjeuner, étaient sortis jouer dehors.

Même avec des raquettes, ils s'enfonçaient dans la neige jusqu'aux genoux. Claude et Raymond se relayaient pour ouvrir le chemin. Suivaient Loulou, Louise et Micheline, qui disait en riant que vieillir avait du bon : « On est poli avec les vieux, on les respecte, on leur ouvre le chemin. » Elle venait la dernière, donc, mais c'est elle qui a guidé les hommes jusqu'au ruisseau qui descend vers la frontière américaine. Fatalement, ils ont vu Marc partout ; Marc qui avait ouvert et entretenu les chemins qu'ils empruntaient, qui avait dégagé les clairières qu'ils traversaient...

Il était mort depuis quatorze mois exactement, jour pour jour, le 17 décembre 2005. Et, depuis ce temps, Micheline travaillait très fort à être heureuse. C'était difficile, mais elle y parvenait, elle avait de bons moments, d'heureux moments, elle voyait ses amis, elle se savait entourée, elle savait vivre encore, même si celui qui l'avait tant fait rire, qui pendant plus d'un demi-siècle l'avait émerveillée, aimée, n'était plus là, même si elle le voyait encore partout. Elle n'avait d'ailleurs pas cherché à se dérober, à fuir cette présence. Elle avait continué à venir régulièrement à Abercorn, avec les enfants d'abord, puis avec des amis, mais seule parfois. Comme le 9 novembre dernier, justement, le jour où il aurait eu soixante-dix-sept ans. Elle était arrivée tôt dans l'après-midi, seule, elle s'était promenée sous la petite pluie fine en pensant à lui. Puis elle avait passé la soirée en sa compagnie, en rangeant des centaines de photos qui racontaient leur vie, sa vie. Et elle avait tout revu, leur mariage, leur jeunesse, les voyages, les soirs de première. Elle avait retrouvé des visages qu'elle croyait perdus, des paysages presque oubliés. Mais pas de tristesse, nulle part. Marc était encore trop présent partout pour qu'elle soit triste.

Le soleil commençait sérieusement à décliner quand ils sont rentrés. Loulou a fait un feu dans la cheminée. Avec du bois des arbres que Marc avait abattus, tronçonnés, des bûches qu'il avait fendues et cordées dans l'abri qu'il avait monté près de la maison, avec son fils Patrice.

Ils se sont assis au salon, Micheline a apporté le vin blanc et les canapés. Elle a mis de la musique, « la même qu'aurait choisie Marc », a pensé Loulou. Micheline et lui avaient les mêmes goûts en toutes choses. Elle s'est assise dans la causeuse, près du foyer. Ils ont parlé de Marc, naturellement. Et des enfants, de la peine de Marie-Claude, de Patrice. Puis des choses de la vie, de la guerre en Irak, du temps qui passe trop vite, des voyages que chacun se proposait de faire pour couper le trop long hiver. Ils ont ri aussi. Puis Micheline s'est levée pour aller mettre ses oiseaux au four, des cailles, refusant l'aide que lui proposaient Louise et Loulou. Quand elle faisait à manger, elle préférait être seule. Même Marc n'était pas le bienvenu dans sa cuisine. Elle avait ce qu'il appelait son « désordre » qu'on ne devait pas troubler.

La nuit était tombée tout doucement sur Abercorn. Louise, Claude, Raymond et Loulou écoutaient Chopin, devant le foyer crépitant. Ils ont entendu une plainte, la voix de Micheline, puis un bruit mat. Ils l'ont trouvée par terre, entre le cellier et la porte d'entrée, inconsciente. Raymond a tout de suite appelé le 9-1-1. Claude a tenté de réanimer Micheline en lui donnant la respiration artificielle. Ils se disaient entre eux qu'elle avait dû glisser, sa tête avait heurté le chambranle de la porte ou le coffre de bois… Mais chacun pensait en soi-même qu'il avait entendu la plainte de Micheline avant le bruit de sa chute.

Loulou a joint Patrice au téléphone : « Ta maman a fait une chute, elle est inconsciente. » Claude Lamarre, la blonde de Patrice, qui est médecin, a tenu à parler à Loulou. « Comment est-elle tombée ? Comment sont ses yeux ? Sa respiration ? » Elle était inquiète. Elle répétait à Patrice : « Ta mère ne tombe pas. »

Entre-temps, Louise et Loulou se sont rendues au chemin pour attendre l'ambulance. Quand celle-ci est arrivée, une vingtaine de minutes plus tard, Micheline n'avait toujours pas repris conscience. Il faisait nuit noire sur Abercorn. Loulou a rappelé que Micheline lui avait dit, quelques jours plus tôt, qu'elle avait parfois des maux de tête la nuit. Mais ils voulaient croire encore qu'elle s'était blessée en tombant, qu'elle avait trébuché. Le tapis peut-être avait glissé sous ses pas. Ou le bas de sa robe s'était pris dans sa chaussure.

Ils ont éteint le four, laissé toutes les lumières allumées, suivi l'ambulance jusqu'à l'hôpital de Cowansville, où un rapide examen au tomodensitomètre (*scanner*) a révélé que Micheline avait eu une rupture d'anévrisme. Trente minutes plus tard, elle était admise aux soins intensifs du Centre hospitalier universitaire de Sherbrooke. Ses quatre invités sont rentrés à Abercorn, dans un grand désarroi.

Ce soir-là, Marie-Claude était allée au cinéma avec Philippe. Ce n'est qu'en fin de soirée qu'elle a finalement appris ce qui s'était passé. Elle et Patrice ont quitté Montréal dès l'aube pour se rendre au chevet de leur mère.

Micheline a reçu des sédatifs pendant quarante-huit heures et a subi une batterie d'examens. Puis elle s'est réveillée, confuse bien sûr, mais pendant un moment elle a semblé cohérente. Dès que possible, on a procédé au colmatage de la brèche par où le sang s'était répandu. Et elle a été plongée de nouveau dans un coma profond.

Elle a passé sept semaines dans cet hôpital de Sherbrooke. Par la fenêtre de la chambre où elle dormait, on voyait les montagnes au loin, l'hiver dur, brutal, beaucoup de ciel. Elle a vécu tout ce temps dans des limbes traversés parfois de brèves lueurs... Ses enfants venaient à tour de rôle passer quelques heures auprès d'elle, ainsi que Denyse, sa sœur, et ses frères, et ses amis, cherchant le moindre signe, une pression de la main, un frémissement de la paupière. Elle répondait parfois. On s'appelait : « Elle m'a reconnu », « elle a parlé », « elle a souri ».

Et même, un jour, Loulou l'a clairement entendue, elle a dit, avec un pâle sourire : « Je vous tire ma révérence. » Et aussi : « Ça demande beaucoup d'efforts, vous savez. »

Le 6 avril, elle a été transférée à l'hôpital Notre-Dame, rue Sherbrooke, à Montréal. Par l'étroite fenêtre de la chambre du cinquième étage, le regard surfait sur le faîte des arbres du parc Lafontaine et se butait aux hauts édifices de l'autre côté. Il faisait gris, il faisait froid.

Micheline a eu d'autres périodes d'éveil, très courtes. Elle semblait écouter, comprendre même ce qui lui était arrivé... Puis elle retournait dans les limbes, ailleurs, seule.

Autour d'elle, on disait : « Dans le fond, heureusement que ce n'est pas arrivé du vivant de Marc. Il aurait été complètement dévasté, impuissant. Ou très fâché. Marc ne savait rien faire sans elle. C'était toujours elle qui prenait toutes les décisions. Les déménagements, les voyages, les sorties au théâtre, au restaurant, au cinéma, les invitations à dîner, l'achat des maisons... Et c'était elle qui négociait les cachets, acceptait ou refusait les rôles qu'on proposait à Marc. C'était toujours elle qui parlait au nom de Sol, qui discutait avec les producteurs, les directeurs de salle, exigeant pour son artiste une loge confortable, une publicité efficace, un cachet convenable. »

Le printemps est venu. Et Micheline ne répondait toujours pas. Elle s'enfonçait, chaque jour davantage, au cœur de la nuit... Elle est morte le 24 mai 2007.

Micheline et Marc auront passé sur cette Terre un nombre à peu près égal de jours. Il est mort le 17 décembre 2005, trente-huit jours après son soixante-seizième anniversaire ; elle avait eu le sien le 30 mars 2007, cinquante-cinq jours avant de partir à son tour.

Épilogue

Les enfants de Sol

Pour célébrer, en 2006, le dixième anniversaire des Franco-fêtes, on a demandé à dix personnalités québécoises qui avaient joué un rôle actif ou qui avaient été honorées au cours des Francofêtes précédentes de parrainer un mot de leur choix en écrivant une phrase qui le mettrait en valeur.

Gilles Vigneault a choisi « poudrerie ». Clémence Desrochers, « encre ». D'autres ont écrit sur « badinage », « fleuve », « harfang », « kaléidoscope », « phare »… Marc Favreau, lui, a fait savoir, à l'automne 2005, qu'il était inspiré par le mot « griot ». Gravement malade, il n'a pas eu le temps de développer sa pensée. On sait cependant, grâce au fidèle Larousse et au sympathique Robert, deux autres fous du langage que Marc a abondamment fréquentés toute sa vie, ce que ce mot désigne.

Griot, griotte : en Afrique noire, membre de la caste de poètes musiciens ambulants, dépositaires de la tradition orale, et réputé être en relation avec les esprits. « *La coutume veut que le noble parle très peu et que son griot parle à sa place* », a écrit Amadou Hampâté Bâ, poète malien de langue française et de culture peule.

Marc Favreau était un noble. Sol était son griot, à la fois dépositaire et passeur d'une tradition très riche, vaste et vive, un énorme bagage d'idées, de projets, de rêves. Grâce à lui, Marc a mis la langue française, notre langue, en liberté, il l'a élargie ; et tout de suite, dès qu'elle fut libre, elle est allée partout, elle a parlé à tout le monde, elle s'est mise à tout remettre en question, à critiquer les systèmes et les pouvoirs, à défendre les petits contre l'aveugle oppression des grands, de ceux qui se croient grands. La naïveté de Sol était un leurre dont Marc s'est servi pour attraper des vérités et les asséner au monde. Sol semblait dire n'importe quoi ; en fait, il était un crieur de vérités.

Marc a sorti la poésie des livres et des bibliothèques. La vraie poésie qui a le pouvoir de changer le monde, il l'a jetée dans la rue en compagnie de son griot. Or, la rue était justement remplie de jeunes. Et Sol s'est mêlé à eux, naturellement, parce qu'il leur ressemblait et parce qu'ils l'ont accueilli comme l'un des leurs. Voilà pourquoi et comment on le retrouve aujourd'hui en compagnie de ces jeunes artistes, ces poètes, ces griots qui ont des choses à dire, qui parlent vraiment (et jamais en compagnie des humoristes dont les propos ne dépassent pas la banale actualité).

Sol fait aujourd'hui partie du groupe Loco Locass, il habite comme Fred Pellerin à Saint-Élie-de-Caxton, il voyage à travers la francophonie en compagnie de Grand Corps Malade, il se produit régulièrement avec les « rappeurs » et « slammeurs » les plus fermement engagés, eux aussi passeurs de culture, eux aussi griots ; ils sont les vrais enfants spirituels de Marc Favreau. Ils se reconnaissent en lui. Et ils retrouvent à travers lui l'esprit des grands poètes qui ont illuminé l'époque et le monde de Marc Favreau et de Micheline Gérin : Henri Michaux, Raymond Queneau, Prévert, Aragon et compagnie, l'esprit aussi des cinéastes qui, comme Carné et Kazan, les ont marqués et enchantés, des peintres et des sculpteurs dont ils ont aimé la juste et féconde révolte, des auteurs de théâtre, Molière, Fo, Kohout, Racine, qui ont créé des personnages frères et sœurs de Sol, frères et sœurs d'Ubu, tout ce qu'il faut pour faire un monde.

Aujourd'hui, ce sont eux-mêmes qui le disent, Loco Locass, Fred Pellerin et compagnie perpétuent l'esprit d'un poète toujours vivant, d'un clown qui a su résister aux pouvoirs, échapper aux systèmes et aux modes. Tous les griots du monde savent bien que les clowns ne meurent jamais, car ce ne serait pas drôle.

Le jour de ma mort, tiens-toi bien
Le jour de ma mort
Tout le monde me serchera
Personne ne me trouvera,
Tout le monde pensera que je me subside
J'aurai disparu, j'aurai disparu
Mais je serai pas vraiment mort,
Personne ne pourra entériner ma fripouille mortelle.

Crédits photographiques

Les photographies publiées dans cet ouvrage proviennent des archives des amis de Micheline et Marc et de la famille Gérin-Favreau, à l'exception de celles énumérées ci-dessous.

L'éditeur a mis tout en œuvre pour rechercher les auteurs et propriétaires des photographies paraissant dans cet ouvrage. En cas d'omission, il reste néanmoins ouvert aux remarques des lecteurs attentifs.

Cahier photo 1

page 1b : © Stan Studio.

Cahier photo 2

page 1h & b : © Lausanne Studio ;
page 2h : © Henri Paul, Société Radio-Canada ;
page 2b : © Henri Paul ;
page 3 : © Société Radio-Canada ;
page 4 : © André Le Coz, Société Radio-Canada ;
page 5 : © André Le Coz, Société Radio-Canada ;
page 6 : © André Le Coz, Société Radio-Canada ;
page 7 : © André Le Coz, Société Radio-Canada ;
page 8 : © Léopold Brunet.

Table

ÉPILOGUE

Cet ouvrage a été composé en New Baskerville 12/14
et achevé d'imprimer en octobre 2007 sur les presses de
Quebecor World Saint-Romuald, Canada.

Imprimé sur du papier Quebecor Enviro 100 % postconsommation,
traité sans chlore, accrédité Éco-Logo et fait à partir de biogaz.

 certifié   procédé sans chlore   100 % post-consommation   archives permanentes   énergie biogaz